21世纪高职高专财经类规划教材
21SHIJI GAOZHIGAOZHUAN CAIJINGLEI GUIHUA JIAOCAI

人际关系与沟通技巧（第2版）

Renji Guanxi yu Goutong Jiqiao

龙璇 ◎ 主编
黄琳 孙玉洁 ◎ 副主编

人 民 邮 电 出 版 社
北 京

21SHIJI GAOZHIGAOZHUAN CAIJINGLEI GUIHUA JIAOCAI

图书在版编目（CIP）数据

人际关系与沟通技巧 / 龙璇主编. -- 2版. -- 北京：人民邮电出版社，2020.2（2023.8重印）
21世纪高职高专财经类规划教材
ISBN 978-7-115-52404-1

Ⅰ. ①人… Ⅱ. ①龙… Ⅲ. ①人际关系学－高等职业教育－教材 Ⅳ. ①C912.11

中国版本图书馆CIP数据核字(2019)第240639号

内 容 提 要

人际关系与沟通对任何人来说都是十分重要的课题。本书以人际关系、人际交往、人际沟通过程为主线，逐一介绍了认识自我和他人、基本人际关系、互相交流的原因、互相交流的方法、人际沟通的技巧，以及职场中与同事、上司、下属、客户的沟通方法等内容。

本书及配套资料中有大量的案例分析、游戏训练、情境训练等内容，希望以此帮助读者在“做中学，学中做”的过程中将知识内化。本书以二维码链接视频片段、案例原文、拓展性知识等内容，可拓展读者视野、拓宽学习渠道。

本书配有电子课件、教学大纲、讲义、实训指导手册、视频案例、文字案例、教材中自我认知参考意见、模拟试卷等教学资料，索取方式参见“更新勘误表和配套资料索取示意图”。

本书可作为普通高等院校和高职高专院校相关课程的教材，还可作为各类培训机构的培训用书，也适合自学者使用。

◆ 主　　编　龙　璇
　副 主 编　黄　琳　孙玉洁
　责任编辑　万国清
　责任印制　周昇亮

◆ 人民邮电出版社出版发行　　北京市丰台区成寿寺路 11 号
　邮编　100164　　电子邮件　315@ptpress.com.cn
　网址　https://www.ptpress.com.cn
　涿州市京南印刷厂印刷

◆ 开本：787×1092　1/16
　印张：14.25　　　　2020 年 2 月第 2 版
　字数：347 千字　　　2023 年 8 月河北第 11 次印刷

定价：46.00 元

读者服务热线：(010)81055256　印装质量热线：(010)81055316
反盗版热线：(010)81055315
广告经营许可证：京东市监广登字 20170147 号

第 2 版前言

本书自 2016 年出版以来，得到了广大读者的肯定与厚爱，采用本书的院校从最初的十来所已增加到五六十所。编者对此既感到欣慰，又感到压力巨大。

本次改版，采纳了部分用书老师的意见和建议，在保留第 1 版优点和特色的基础上，在以下几方面做了较大的调整。

（1）将原来的第九章、第十章调换前后顺序；替换或增加了个别“训练营”的内容，如第四章第一节中的“信任之旅”、第六章第二节中的“做一名合格的听众”、第七章第二节中的“躲起来的正方形”均为替换或新增内容。

（2）对相关案例进行了更新、优化。除经典案例外，章首的导引案例、正文内的案例链接、知识巩固与实践训练中的案例基本都更换为取材于近两年日常生活中的新案例。

（3）以二维码链接的形式提供了更多的视频片段、案例原文、拓展性知识等内容，以进一步提高本书的可读性和实用性。

（4）本书第 1 版已配有电子课件、教学大纲、讲义、实训指导手册、视频案例、文字案例、教材中各类题目的参考答案、模拟试卷等教学资料，今后我们将对配套教学资料继续进行更新、完善和补充，其下载方式参见书末的“更新勘误表和配套资料索取示意图”。

为更好地落实立德树人这一根本任务，编者团队在深入学习党的二十大报告后，在本书重印时对局部内容进行了微调，新增了素质教育指引等配套教学资料。

鉴于编者水平有限，书中疏漏和不妥之处在所难免，恳请广大读者批评指正（联系方式见“更新勘误表和配套资料索取示意图”）。

编 者

目录

上篇 人的一生离不开人际关系

第一章 我们生活在社会关系中 …… 2

导引案例 “狼孩”传奇 …… 2

第一节 为什么社会关系对我们如此重要 …… 3

一、社会关系是人的本质需要 …… 3

二、建立社会关系是人归属的需要 …… 3

三、良好的社会关系是人健康、全面发展的需要 …… 4

第二节 处理人际关系的基本原则 …… 7

一、诚信原则 …… 7

二、交互原则 …… 7

三、尊重原则 …… 7

四、互惠原则 …… 8

五、宽容原则 …… 8

第三节 如何构建良好的人际关系 …… 10

一、个体交往 …… 10

二、社会交往 …… 11

三、网络交往 …… 12

知识巩固与实践训练 …… 17

自我认知 …… 18

第二章 人际交往从认识自我和他人开始 …… 20

导引案例 小和尚卖石头的故事 …… 20

第一节 怎样认识自我和评价自我 …… 21

一、自我概念既有客观性又有主观性 …… 21

二、自我评价时高时低 …… 21

三、自我概念稳中有变 …… 22

第二节 如何在人际交往中管理自我形象 …… 24

一、自我形象的重要性 …… 24

二、自我形象六要素 …… 25

三、自我形象管理 …… 25

第三节 理解人与人之间的差异 …… 29

一、人的性格类型鉴别 …… 29

二、几种性格类型 …… 30

三、认知的偏差 …… 33

知识巩固与实践训练 …… 35

自我认知 …… 36

第三章 我们周围的人际关系 …… 39

导引案例 “改变世界的科技狂人”埃隆·马斯克和他的母亲 …… 39

第一节 亲子关系 …… 40

一、左右孩子一生的亲子关系 …… 40

二、亲子关系的特点 …… 41

三、与父母沟通的技巧 …… 41

第二节 师生关系 …… 45

一、大学师生关系的特点 …… 45

二、与老师交流的原则 …… 47

三、与老师交流的艺术 …… 47

第三节 同学关系 …… 49

一、大学生人际交往的基本特点 …… 49

二、影响大学生人际关系的主要因素 …… 51

三、大学生人际交往的原则 …… 52

四、大学生人际沟通的技巧 …… 53

第四节 恋爱关系 …… 55

一、大学生的恋爱特点 …… 55

二、学会在爱情中成长 …… 56

三、正确面对爱情引发的困惑 …… 57

知识巩固与实践训练 …… 60

自我认知 …… 61

中篇　构建和谐的人际关系需要人际沟通

第四章　人们为什么会互相交流……64

导引案例　中国的爱迪生被你枪毙了……64
第一节　人的成长离不开与他人的交流……65
一、人成长的过程就是与他人交流沟通的过程……65
二、人们通过沟通建立、发展和改善人际关系……65
三、人们通过沟通交流信息获得感情与思想……65
第二节　为什么人际沟通如此重要……68
一、人际沟通是传递和获得信息的需要……68
二、人际沟通是改善人际关系的需要……68
三、人际沟通是形成和发展社会心理的需要……69
四、人际沟通是自我认识的需要……69
五、人际沟通是保持身心健康的需要……69
第三节　影响人际沟通的因素……70
一、文化因素对人际沟通的影响……71
二、环境因素对人际沟通的影响……72
三、个人因素对人际沟通的影响……73
第四节　如何培养人际沟通能力……77
一、意识和思维方面的沟通能力……77
二、情绪方面的沟通能力……78
三、表达方面的沟通能力……80
知识巩固与实践训练……83
自我认知……84

第五章　人们怎样互相交流……86

导引案例　写给儿子的一封信……86
第一节　人际沟通的两种方式……87
一、语言沟通……87
二、非语言沟通……89
第二节　人际沟通的基本步骤……94
一、做好沟通前的准备工作……94
二、确认对方的需求……95
三、准确阐述自己的观点……96
四、恰当地处理双方的异议……96
五、达成一致协议……97
六、双方共同实施……98
第三节　如何消除人际沟通的障碍……100
一、为什么会存在人际沟通障碍……100
二、人际沟通障碍的类型……100
三、克服人际沟通障碍的方法……103
知识巩固与实践训练……105
自我认知……107

第六章　我们需要掌握的人际沟通技巧……109

导引案例　一次订餐经历……109
第一节　有效发送信息……110
一、明确信息的接收对象……110
二、确定恰当的发送内容……110
三、选择合适的信息传递形式……111
四、选择合适的信息传递时机……111
第二节　有效倾听……112
一、倾听的原则……113
二、倾听的类型……113
三、倾听的技巧……114
第三节　有效提问……117
一、提问的原则……117
二、有效提问的技巧……118
第四节　有效反馈……120
一、有效反馈的特性……120
二、有效反馈的技巧……121
第五节　有效的肢体语言……124
一、恰当运用肢体语言的技巧……125
二、改善自己的肢体语言……125
三、洞察对方的肢体语言……126
知识巩固与实践训练……128
自我认知……129

下篇　职场中的人际沟通

第七章　初入职场——职场中的人际关系……132

导引案例　我的职场第一年……132
第一节　了解工作环境并进入职业角色……133
一、尽快了解工作环境……133

二、尽快适应职场人际关系 …… 134
三、尽快进入职业角色 …… 134
第二节　职场人际关系解析 …… 136
一、职场人际关系的特点 …… 136
二、影响职场人际关系的因素 …… 137
三、职场人际关系的发展过程 …… 138
四、职场人际关系的处理原则 …… 139
第三节　与不同类型的人的沟通技巧 …… 141
一、性格矩阵图 …… 142
二、四种性格类型的特点 …… 142
三、不同类型的人之间的相处之道 …… 143
知识巩固与实践训练 …… 147
自我认知 …… 149

第八章　与同事沟通的技巧——伸出你的手 …… 151

导引案例　职场隐形人 …… 151
第一节　熟悉工作环境并融入团队 …… 152
一、要尽快“入乡随俗” …… 152
二、融入同事的爱好之中 …… 152
三、增进与同事的交往和沟通 …… 152
第二节　认识你的同事 …… 154
一、同事之间的差异 …… 154
二、四种典型的同事 …… 154
第三节　与同事相处的原则、技巧与禁忌 …… 157
一、与同事相处的基本原则 …… 157
二、与同事相处的基本技巧 …… 159
三、与四种典型的同事相处的技巧 …… 161
四、与同事相处的禁忌 …… 162
知识巩固与实践训练 …… 164
自我认知 …… 166

第九章　与上司沟通的技巧——抬起你的头 …… 168

导引案例　支持上司就是成就自己 …… 168
第一节　认识你的上司 …… 169
一、和上司难相处的原因 …… 169
二、四种典型的上司 …… 170
第二节　与上司相处的原则、技巧与禁忌 …… 173
一、与上司相处的基本原则 …… 173
二、与上司相处的基本技巧 …… 174
三、与四种典型的上司相处的技巧 …… 176
四、与上司相处的禁忌 …… 178
知识巩固与实践训练 …… 181
自我认知 …… 183

第十章　与下属沟通的技巧——打开你的心扉 …… 184

导引案例　微信风波 …… 184
第一节　认识你的下属 …… 185
一、看待下属的几种观点 …… 185
二、四种典型的下属 …… 186
第二节　与下属相处的原则、技巧与禁忌 …… 189
一、与下属相处的基本原则 …… 189
二、与下属相处的基本技巧 …… 190
三、与四种类型的下属相处的技巧 …… 191
四、与下属相处的禁忌 …… 192
知识巩固与实践训练 …… 194
自我认知 …… 196

第十一章　与客户沟通的技巧——拿出你的真诚 …… 197

导引案例　被真诚打动的客户 …… 197
第一节　销售沟通概述 …… 198
一、销售关系中的沟通风格 …… 198
二、客户的类型 …… 198
三、与客户沟通的原则 …… 199
第二节　与客户沟通的技巧 …… 201
一、与客户沟通的基本技巧 …… 201
二、与不同类型的客户沟通的技巧 …… 205
三、销售沟通中的障碍与润滑剂 …… 208
知识巩固与实践训练 …… 210
自我认知 …… 212

附录　自我认知参考意见 …… 215

主要参考文献 …… 221

更新勘误表和配套资料索取示意图 …… 222

上篇

人的一生离不开人际关系

第一章 Chapter 1 我们生活在社会关系中

学习目标

1. 了解为什么社会关系对我们如此重要。
2. 了解处理人际关系的基本原则。
3. 掌握构建良好人际关系的方法。

关键概念

社会关系　人际关系

导引案例

“狼孩”传奇

1953 年，当 Rodríguez 还是个 7 岁孩子的时候就被父母遗弃了。从 7 岁到 19 岁，他独自生活在西班牙南部一个荒凉的地区，那里荒无人烟，远离文明。据他说，他是被狼养大的，狼保护他，给他食物。由于没有人可以说话，他逐渐失去了说话的能力，只会尖声嚎叫。

1965 年初，Rodríguez 被一名护林员发现，他最终由警察在大山深处找到并被带下了山。1966 年夏末，Rodríguez 被送到医院疗养，由修女们教他学习语言。后来，一位医生把他带回家，教他如何穿衣、吃饭以及说话，甚至还安排了足球比赛，让他和当地的孩子一起玩儿。但 Rodríguez 拒绝了，因为他完全“不适应社会规范”，而且只要有机会就会试图跑回山里去。他感觉在野外生活的那段时光是“无忧无虑的”。他总是觉得很难和别人相处，因为人们对他的无知感到困惑，对他无法与人交流感到愤怒。Rodríguez 后来住在西班牙西北部一个安静的、大约有 60 户人家的小村庄里。

2010 年，西班牙导演 Gerardo Olivares 执导了一部名叫 *Entrelobos* 的电影，讲述了 Rodríguez 在山区的生活。

西班牙人类学家 Gabriel Janer Manila 在 20 世纪 70 年代访谈 Rodríguez 之后写了一篇博士论文。在对 Rodríguez 进行了一系列智力测试后，Janer 确定他没有学习障碍。相反，Janer 总结道：“Rodríguez 的情感和认知一直停留在被遗弃的童年时期，他没有学习人类交往的规则，而是将动物之间的生活理想化了。即使是现在，Rodríguez 仍试图将他在山中世界遵守的规则应用到人类社会中。”

本例原文

思考与讨论

1. “狼孩”Rodríguez 为什么会生而为人，“长而为狼”？
2. 在一个人的成长过程中，社会生活和社会实践能起到哪些作用？

人是一种关系的存在物，人的一生中无论是肉体还是精神，都表现为一种关系的生成与发展，这点决定了人与其他动物之间的区别。社会化是人格形成的核心，作为社会人的物质基础，如四肢、毛发与大脑等器官是人身体的一部分，是与生俱来的，即先天获得的。但是社会人的本质、特征，如思维、推理、语言与表达能力等，则是社会赋予的，即后天获得的。那些脱离了人类社会很久的人，仅仅是生物人，而不是社会人，他们只有进入人群中，才能成为真正意义上的“人”。也就是说，人的社会化必须也只能在人群中完成，在社会中完成。

第一节 为什么社会关系对我们如此重要

人是生活在社会关系中的，因此既具有自然方面的属性（如体型、性别等），也具有社会方面的属性。社会关系是人类特有的现象，是人区别于动物最显著的标志之一。社会关系的好与坏，不仅是一个人心理健康水平、社会适应能力的综合体现，而且也是一个人一生发展重要的影响因素。

一、社会关系是人的本质需要

什么是人？这个看似简单的问题，几千年来却引发了无数中外思想家、哲学家的不断追问。古希腊神话中有一个传说：人面狮身的怪兽斯芬克斯蹲在山崖上，向每个过路人问同样一个谜语：“什么东西早晨用四条腿走路，中午用两条腿走路，傍晚用三条腿走路？”凡猜不中谜底的人都被他吃掉了。后来，聪明的俄狄浦斯答对了，谜底就是“人”！怪兽斯芬克斯听后跳崖而死，于是俄狄浦斯被推举为国王。这个传说体现了人类对自己生命历程朴素的追问，开启了人类对自我本质追问的历史之门。

与他人建立关系是人的自然行为，人具有超越地球上其他生物的属性——社会属性。社会属性来自人类社会的物质生产实践，是人类区别于其他动物最根本的特征。在以物质资料生产为基础的社会交往中，人与人之间的物质、精神、情感等交往形式即人际交往也随之产生。所以，社会关系是人的本质需要，是人生存与发展的方式和条件。离开了人际交往，人就失去了社会性，也就不能称之为人；离开了社会关系，人就失去了从事各种活动的条件，也就无法生存和发展。不管你愿不愿意，社会关系都实实在在地存在着，它对每个人来说都是必需的，也是必要的；它让每个人在其中成长，在其中成功。

二、建立社会关系是人归属的需要

我们每个人生来都在一种驱动力的影响下，努力寻找、建立、维持和保护强大的社会关系；在这种驱动力的推动下，通过人际沟通在学校、社区、单位和其他环境中建立各种社会关系。这会让我们身处各种群体中，从而觉得自己似乎并不孤单。人的这种归属的需要，已为人类心理和行为专家的研究所验证。例如，马斯洛需求层次理论认为，个体成长与发展的内在力量是动机，而动机是由多种不同性质的需求所组成的。各种需求之间有层次高低之分，由低到高分别是：生理需求、安全需求、社交需求、尊重需求、自我实现需求；每一层次的需求与满足，将决定个体人格发展的境界或程度。一般来说，某一层次的需求被相对满足后，追求更高层次需求的满足就成了行为的驱动力。

马斯洛需求层次理论除了第一个层次具有最基本的层次和顺序特征外，其他四个层次的分层和排序都不是那么明显，往往会存在交叉或错位。而其中的社交需求，也叫归属需求，是最为奇特的需求，马斯洛对它的表述很复杂、模糊。这一需求是由人类的社会性决定的，是人类社会性的一个重要体现。这是一个更为广泛的、能够向需求的上下游弥漫，同时又能够从上下游需求的满足中得到满足的需求。也可以理解为，这一需求的满足能够给上下游其他四种需求带来满足，是实际满足、满足的可能性或是满足的幻象。

三、良好的社会关系是人健康、全面发展的需要

社会关系是人们在物质交换和精神交流过程中所形成的关系，它包含着情感和意志等因素，体现着人们之间亲疏好恶的心理距离。人们在相处和交往中总是伴随着喜欢、亲近或冷漠、疏远的情感，如果双方都可感受到心理的满足，就会结为亲密的、和谐的关系；如果双方或某一方感受不到心理的满足，就会形成疏离的，甚至是冲突的、对抗的关系。所以，人们的社会关系关乎人的身心健康。

人是社会人，人的主观能动作用的发挥受制于其所处的社会关系，人的变化发展和人所生活于其中的社会关系的变化发展是相一致的，人在创造社会关系的活动中也向着全面发展的方向前行。那么，要想充分发挥人的主观能动作用，实现人的全面发展，必然要求个体要拥有强大的社会关系。另外，良好的社会关系也是促进个体社会化的重要条件。个体社会化是个人通过加入社会环境、社会关系并与其相互作用，由自然人转变为社会人的过程。个体社会化对于正在发展中的青年人来说尤其重要。

总之，人作为社会性动物，在穷其一生的漫长生涯中，时刻与他人相互发生着作用，因此人与人之间形成了一种广泛的社会关系。一位哲人说过，一个没有交际能力的人，犹如陆地上的船，是永远也不会航行到广阔的大海里去的。

知识营

什么是社会关系？

社会关系是指人们在共同生产和生活过程中形成的人与人之间的关系，社会学常从以下多个角度来区分社会关系的类型。

1. 按结成社会关系的主体划分

按结成社会关系的主体不同，社会关系可分为以下几类：个人与个人的关系，它是全部社会关系的起点，是社会中最简单、最基本的关系；个人与群体的关系，如一个职员与同事们的关系；群体与群体的关系，它更集中地体现了社会关系的基本倾向；社会现象之间的关系，它是高层次、大范围的社会关系，如失业与犯罪率的关系等。

2. 按交往的密切程度划分

按交往的密切程度不同，社会关系可分为初级关系与次级关系，亦称首属关系与次属关系。前者指建立在感情基础上的社会关系，它反映的是人们之间广泛、深入、直接的交往，如夫妻关系、朋友关系等。后者则与此相反，指以事缘为基础的社会关系，如同行关系、上下级关系等。

3. 按社会关系矛盾的性质划分

按社会关系矛盾的性质不同，社会关系可分为对抗性关系和非对抗性关系。前者指交往双方的根本利

益不一致、发展方向完全相反，如剥削与被剥削关系。后者指交往双方的根本利益一致、发展方向大致相同，但局部和眼前利益有不一致之处，如同一阶级内部各成员间的关系。

4. 按社会交往的方向与选择划分

按社会交往的方向与选择不同，社会关系可分为垂直关系与水平关系。中国古代社会的君臣、父子、夫妻之间主要是垂直关系，现代社会的夫妻与兄弟之间主要是水平关系。

5. 按社会关系的规范化程度划分

按社会关系的规范化程度不同，社会关系可分为正式关系与非正式关系。前者指已经制度化、比较稳定、有一定程序、受一定原则制约的关系，如法律关系等。后者指未制度化、没有固定模式、不受原则制约的关系，如恋爱关系、朋友关系等。

王雪华《清代吏胥的血缘、地缘和业缘关系》一文有助于读者加深对血缘、地缘、业缘关系的认识。

6. 按社会关系建立的基础划分

按社会关系建立的基础不同，社会关系可分为血缘关系、地缘关系和业缘关系，具体如下。

（1）血缘关系，人们以血亲或生理联系为基础而形成的社会关系。

（2）地缘关系，人们直接建立在空间与地理位置关系基础上的社会关系。

（3）业缘关系，人们以广泛的社会分工为基础而形成的社会关系。

社会关系与人际关系

人际关系就是人们在生产或生活活动过程中所建立的一种社会关系。这种关系会对人的心理产生影响，从而使人在心理上形成某种距离感。人际关系的建立受诸多因素的影响：双方需求的互补性、双方态度的类似性、双方距离的远近及双方之间的交往频率等。

社会关系与人际关系的区别为：先有人际关系，后有社会关系，人际关系是社会关系的具体体现；人际关系更强调相互作用的个性特征，而社会关系则是指它所包含的共性方面。

马斯洛需求层次理论简介

马斯洛需求层次理论

人类的需求是分层次的，由低到高分别是生理需求、安全需求、社交需求、尊重需求、自我实现需求。人都潜藏着这五种不同层次的需求，但在不同的时期所表现出来的对各种需求的迫切程度是不同的。人的需求是从外部得到的满足逐渐向内在得到的满足转化的，人最迫切的需求才是激励人行动的主要原因和动力。

当低层次的需求基本得到满足以后，其激励作用就会降低，其优势地位将不再保持下去，此时高层次的需求会取代它成为推动行为的主要原因。

高层次的需求比低层次的需求具有更大的价值。热情是由高层次的需求激发出来的。人的最高需求即自我实现需求就是以最有效和最完整的方式表现其个人潜力，唯此才能使人得到巅峰体验。

感觉剥夺实验——麦克吉尔实验

感觉剥夺实验简介

1954 年，心理学家贝克斯顿（Bexton）、赫伦（Heron）和斯科特（Scott）等，在付给学生被试每天 20 美元的报酬后，请他们在缺乏刺激的环境中逗留。具体地说，就是让被试在没有图形视觉（须戴上特制的半透明塑料眼镜）、限制触觉（手和手臂上都套有用纸板做的手套和袖头）和听觉（实验在一个隔音室里进行，用空气调节器的单调嗡嗡声阻断其听觉）的环境中静静地躺在舒适的帆布床上。刚开始，许多被试都是大睡特睡，或者考虑其学期论文。然而两三天后，他们便决意要“摆脱”这单调乏味的环境。实验结果显示：被试感到无聊和焦躁不安是最基本的反应。在实验过后的几天里，被试注意力涣散，思维受到干扰，不能进行清晰的思考，智力测验的成绩不理想。另外，被试在生理上也发生了明显的变化。通过对脑电波的分析，证明全部被试的大脑活动都严重失调，有的甚至还出现了幻觉（白日做梦）。赫伦认为，感觉剥夺能够对被试的心理和行为产生重要的影响。这种影响既触及了感知觉、记忆、思维、想象等心理过程，也触及了诸如态度、遵从、动机与需要等个性心理特征。感觉剥夺实验的心理学意义在于：

感觉剥夺让被试不能承受，如果只是让你在一个封闭的空间中待五天，你能承受吗？推荐观看密闭空间实验视频，而后与朋友讨论社会环境对我们的重要性。

密闭空间实验

其一，剥夺感觉势必会影响知觉、记忆、思维等较高级和复杂的心理现象。没有刺激、没有感觉，人不仅不会产生新的认识，而且连正常的心理机能也得不到维持。

其二，认识环境是一种比物质享受更迫切、更强烈的需要。

其三，感觉剥夺实验还从一个侧面说明，如果离开人类赖以生存的社会环境，那么人类正常的心理状态是不可能存在的。

案例链接

什么样的人最有可能获得幸福的人生？

1938 年，时任哈佛大学卫生系系主任的阿列·博克（Arlie Bock）教授组织了一支科研团队，其成员来自医学、生理学、人类学、心理学、精神医学等多个领域，共同开启一项研究计划：追踪 268 名哈佛大学的精英男性本科生，从青少年到人生终结，关注他们的高低转折，记录他们的状态境遇，做到即时记录、滴水不漏。最终通过总结他们的一生回答一个问题：什么样的人最有可能获得幸福的人生？

与此同时，哈佛大学教授、波兰裔美国犯罪学家谢尔顿·格鲁克主持了名为“格鲁克研究”的项目，研究对象为 456 名出生于波士顿附近贫困家庭的年轻男性。他们大部分住在廉租公寓里，受教育程度不高，父母也没什么文化，有的人家中甚至连热水也没有。

最终两个项目被合并，科研团队对这 724 名男性全面进行追踪分析，形成了长达 70 多年的研究项目——The Grant & Glueck Study。这 724 名男性经历了第二次世界大战、经济萧条、经济复苏、金融海啸……，他们结婚、离婚、升职、当选、失败、东山再起、一蹶不振……，有人顺利退休安度晚年，有人早早夭亡。

研究简介（文字）

研究简介（视频）

究竟什么样的人，最终能够比别人活得更有幸福感？哈佛大学的研究告诉我们：只有拥有良好的社会关系，才能让人们幸福、开心。

思考与讨论

1. 结合以上案例，请谈谈你对人际关系的认识。
2. 想一想，社会关系是如何影响一个人的生存和发展的。

训练营

我们是一家人

游戏目标

破冰，使成员之间彼此加深了解，懂得赞扬别人，培养成员的归属感和团队意识。

游戏程序

（1）将全部人员分为数组，每组 3～4 位成员。编号为 A1，A2，B1，B2，C1，C2……，以此类推，根据人数而定，每组由相对不熟悉的成员组成为宜。

（2）先在组内进行成员间的自我介绍，内容包括姓名、籍贯（省市县）和爱好等。然后推举一位小组成员代表小组进行介绍，要求将组内每一位成员的情况介绍完整，还可加上自己的评价。（大家可以提问）

（3）当A1小组介绍完，B1、C1小组代表要对A1小组的发言做一句话的评价（只可以是正面的）。当A2小组介绍完，B2、C2小组代表要对A2小组的发言做一句话的评价（只可以是正面的）。以此类推，直到所有小组介绍完毕。

（4）每组介绍成员的代表和发表评价的代表不能是同一个人。

相关讨论

（1）你是否容易记住别人？通常使用什么方法记住别人？

（2）自我介绍和他人介绍，哪一种方法更容易令你印象深刻？

（3）你是否善于赞扬别人？

（4）你是否善于寻找其他组成员的共同点？

第二节 处理人际关系的基本原则

每个人都希望自己拥有良好的人际关系。尽管每个人对拥有良好人际关系的动机可能有所不同，对朋友的要求与期望也不尽相同，但渴望赢得朋友、保持友谊、避免人际关系破裂的目的是毋庸置疑的。在处理人际关系时，应遵循以下五项原则。

一、诚信原则

人无信不立。诚信原则是指在人与人的交往中要真诚相待，要说真话而不能说假话，要遵守诺言、以诚待人、讲究信义。诚信是人际交往中最基本的要求，所有人际交往的手段、技巧都应该建立在真诚交往的基础上。

在人际交往中，只有交往双方以诚相待，彼此之间减轻自我防卫心理，相互理解、接纳，产生信任感，才能真正建立起良好的人际关系。那种“逢人只说三分话，未可全抛一片心”的交往信条和假意逢迎、吹牛撒谎的交往行为，都会损害健康的人际关系。

二、交互原则

爱人者，人恒爱之；敬人者，人恒敬之。人际关系的基础是人与人之间的相互重视、相互支持。在人际交往中，喜欢与厌恶、接近与疏远都是相互的。对喜欢、接近自己的人，人们通常愿意与之建立并维持良好的人际关系；反之，对厌恶、疏远自己的人，人们也会疏远他，自然也就无法建立起良好的人际关系。这就是人际交往中的交互原则。

三、尊重原则

每个人都有自尊心，并且都希望不会被别人的言行伤害。自尊心的强弱是以自我价值感来衡量的，人的自我价值感主要来自人际交往过程中他人对自己的反馈。因此，他人在人们的自我价值感的确立方面具有特殊意义。他人的肯定会增强人们的自我价值感，而他人的否定会直接威胁到人们的自我价值感。因此，人们对来自人际关系世界的否定性信息特别敏感。他人的否定会激起人们强烈的自我价值保护的倾向，表现为躲避否定自己的人，以维护自尊心。所以，我们在同他人交往时，必须积极尊重他人的自我价值感，以维护其自尊心。

四、互惠原则

我为人人，人人为我。在人际交往中要遵循互惠原则，这与人们的交往动机和交往目的是分不开的。人际交往其实就是人与人之间物质的交换与精神的交流过程，彼此所追求的就是通过交换或交流达到互惠互利的目的。若交往双方在满足对方需要的同时，也能得到对方的回馈，人际关系就会继续发展；若交往的一方只想获得而不想给予，人际关系就会中断。互惠互利性越高，交往双方的关系就越稳定和密切；反之，交往双方的关系就越波动和疏远。所以，交往双方都必须遵循互惠原则。

五、宽容原则

海纳百川，有容乃大。在人际交往中，对于非原则性问题，以及遇到的冲突、矛盾要有耐心，要抱以宽容、忍让的态度；对于他人的缺点，不要用“放大镜”来审视，而要以宽广的胸怀来容纳。社会越是发达，社会中的价值体系就越是多元化，由此必然会引起人们个性发展的丰富性，也必然会引起个体间冲突的增多。因此，要想求同，必先存异。只有兼收并蓄、存异求同、相互包容，才能维持良好的人际关系。

知识营

我们为什么如此重视友谊？

很难想象如果没有朋友，我们的生活会变成什么样。有时，我们需要从朋友那里寻求社会和情感问题的答案；有时，我们需要朋友帮忙做出一个决定或是处理一件事情；有时，我们仅仅和朋友待在一起就很放松。朋友能丰富我们的生活和情感，使我们生活在世界上不会感到孤单，甚至能帮助我们减轻压力、战胜困难，朋友有益于我们的身心健康。

友谊对我们如此重要，但大多数友谊并不是永恒的。有些友谊可以像亲情一样长久，有些友谊则仅出现在特定的阶段，比如和同学、同事、社团团友或是在某些社交活动中结识的朋友之间的友谊。所以，与大多数人际关系一样，友谊从开始到维系也有其生命周期。社交学家和友谊研究专家威廉·罗林斯曾提出“友谊的生命期——六阶段模型”（见图 1.1）。

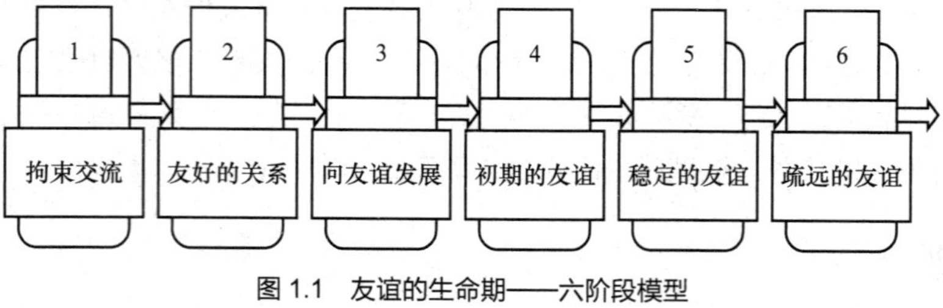

图 1.1　友谊的生命期——六阶段模型

（1）拘束交流阶段：在这个阶段，双方的交流才刚刚开始，彼此之间还很陌生，所以此时的交流基本上会遵循陌生人之间的社交规范，互相很礼貌也很客气，只分享很少的个人信息。

（2）友好的关系阶段：经过一段时间的交往和了解之后，双方开始进入友好的关系阶段。在这个阶段，双方的谈话逐渐轻松友好起来，并且开始分享各自的故事、经历等。这只是一般友谊的开始。

（3）向友谊发展阶段：如果交往双方有一方在以后不长的日子里主动接近另一方，这将会把双方的感情推向友谊发展阶段。在这个阶段，双方的交流变得比较社交化，少了很多条条框框的约束。

（4）初期的友谊阶段：如果交往双方继续在一起活动，享受彼此之间的谈话，那么就进入了初期的友谊阶段。这时双方开始意识到彼此是朋友，相互交流的更多是私人话题，交流的形式也不再那么正规了。

（5）稳定的友谊阶段：随着时间的推移，交往双方的友谊可能会步入稳定发展的阶段。这时，双方的友谊得到了彼此的完全确定，且非常信任对方，甚至会调整自己对某些问题的态度和看法以适应对方。

（6）疏远的友谊阶段：做了几年的亲密朋友后，由于彼此不再喜欢对方，或者随着生活环境的变化，彼此交流的机会少了，双方的关系会越来越疏远和冷淡，甚至不再来往。

人际关系与沟通的古训

“言必信，行必果”“己所不欲，勿施于人”“忠恕”“克己复礼”“温、良、恭、俭、让”“欲速则不达”“君使臣以礼，臣事君以忠”“事君数，斯辱矣；朋友数，斯疏矣”“不在其位，不谋其政”“巧言令色，鲜矣仁”“礼之用，和为贵。先王之道，斯为美”……在学习本课程时，你是不是感觉有些内容用一句古训就能概括？

上述各句均出自《论语》。除《论语》外，传统的“四书五经”等儒家经典的核心思想均是“修身、齐家、治国、平天下”，对我们为人处世极具指导意义。建议读者在学习本课程中，多与同学交流对人际关系和沟通具有指导作用的古语（需注意多方查询其含义，不可望文生义）。

《论语》中的48个经典句子

案例链接

你永远不知道跟你玩的是谁

意大利插画家 Marco Melgrati 曾根据现实题材创作过一幅画——你永远不知道跟你玩的是谁。

画中的猫把蛇尾当成鼠尾，毫不畏惧地用爪子抓着。

这幅画的意义是：你永远不知道跟你玩的人是谁，所以要尊重每一个人，不要轻易看不起和低估任何人。你看到的可能只是一点点，而别人其实早已看清了你，只是考虑要不要伤害你。尊重别人，其实是在庄严自己。懂得尊重别人，也是一个人有教养的最大体现。

案例素材补充

思考与讨论

1. 这幅画给了你什么启发？
2. 你有过被尊重或者不被尊重的经历吗？说说你的感受。

训练营

众人食指托竹竿

游戏目标

培养团结协作的意识。

游戏程序

（1）准备一根2米多长的细竹竿。3男3女为一组。3个裁判，从左、右、前三个方向观察。

（2）参与人员各自伸出左右食指托起竹竿，并将竹竿平放到地上。在这一过程中，谁的手指离开竹竿谁所在的组就失败。

（3）每组游戏时间限五分钟，无论成功还是失败，都可以重来至时间到。

（4）如果游戏没有成功，可减少人数再来一次。

相关讨论

（1）你认为团队活动成功或失败的主要原因是什么？

（2）你认为团队项目与个人项目的不同之处是什么？

第三节　如何构建良好的人际关系

为了建立起自己所期望的、有利于身心发展的人际关系，我们必须懂得：人际交往作为人与人之间相互作用和相互影响的一种行为过程，是一切人际关系的基础，离开了人际交往，人际关系就无从谈起。因此，掌握正确、恰当的人际交往方法和技巧是非常有必要的。下面我们分别介绍个体交往、社会交往和网络交往的方法和技巧。

一、个体交往

人际交往既是一门学问，也是一门艺术。人际交往的质和量决定着人际关系的程度和水平，而个体交往方法的优劣则直接决定着人际关系的质量。

1. 了解人的基本心理规律

要想顺利地进行人际交往，就需要懂得一定的心理学常识，了解人的基本心理规律。皮格马利翁效应告诉我们：自尊心和自信心是一个人的精神支柱，是一个人取得成功的先决条件，所以，千万要注意保护自己和他人的自尊心和自信心不被破坏。否则，要想让一个人重建自信，不知比破坏一个人的自信要难上多少倍。

人的一切社会活动、行为模式、生活状态、思考方式、思想动态都离不开心理规律的支配。无论是与人合作，还是与人谈判、说服他人、结交朋友、经营婚姻等，只有掌握了人的心理规律，才能通过倾听他人的言语、观察他人的行为，洞悉他们内心真实的想法，充分地理解他们，从而轻松地与他们相处；也才能做到事先预测对方可能的行为，恰到好处地解决出现的问题。

总之，正确把握人的心理需求和心理规律是处理好人际关系的前提。

2. 让自己成为受欢迎的人

人都有被他人注意、被他人尊敬、被他人赞赏、被他人接纳等各种心理需要。学会运用与人交往的“4A 法则”，即接受（Acceptance）、赞赏（Approval）、欣赏（Appreciation）、感激（Appreciate），可以帮助我们成为受欢迎的人：首先，要学会接受，虚心听取他人的意见，肯定他人是不同的个体，像接受自己一样接受他人；其次，要学会赞赏，赞赏他人的优点，学习他人的长处；再次，要学会欣赏，关注他人，不怠慢他人，不伤害他人的自尊心；最后，要学会感激，只要别人帮助了自己，无论事情大小都心存感激并表示感谢。

当然，运用“4A 法则”并不意味着要在人际交往中为受到他人的欢迎而采取虚假、伪善的态度，以致失去自我，而是要在人际交往中多关注他人，多看别人的长处和优点，并在交往中自然表达自己的情感。

3. 给人留下良好的第一印象

第一印象在人际吸引中具有重要作用。人们会在初次交往的短短几分钟内对交往对象形成一个总体印象，即第一印象。如果第一印象是良好的，那么人际吸引的强度就大；如果第一印象不是很好，则人际吸引的强度就小。在人际关系建立与发展的过程中，第一印象会深刻地影响人与人交往的深度。因此，在人际交往中给人留下良好的第一印象是十分重要的。

心理学家戴尔·卡耐基曾在《怎样赢得朋友和影响他人》一书中，根据大量来自实际生活的成功经验，总结出在人际交往中给人留下良好第一印象的六条途径：①真诚地对别人感兴趣；②微笑；③多提别人的名字；④做一个耐心的听者，鼓励别人谈他自己；⑤谈符合别人兴趣的话题；⑥以真诚的方式让别人感到他自己很重要。

4. 合理把握交往的频率和深度

一般来说，人们之间交往的频率越高，就越容易形成密切的人际关系。在现实生活中，我们经常会发现原本关系亲密的两个人，由于交往变少，关系可能就会淡薄下去；而原本不熟悉的两个人，由于交往增多，关系可能就会密切起来。不过，交往的频率高只能说明交往双方之间了解彼此的机会增多了，并不意味着必然会形成密切的人际关系。比如，有些人之间的交往频率不是很高，但却能建立起较密切的人际关系，而且感情很深，那是因为他们之间的交往层次有深度。

二、社会交往

从本质上来说，个人与社会的关系是个体与以一定的社会关系为基础的人联合起来的关系，人与人的结合与联系可以放大个体的力量。为了建立良好的社会交往关系，我们必须掌握社会交往的基本方法。

1. 树立自信

对于自己而言，信心表现为一种自信，就是人们对自我要有正确的判断，从而相信自我、认同自我；对于他人而言，信心则表现为一种信任。自信与信任是交往双方相互感知、相互影响的一个情感过程，所以自信带来的信心是人们进行社会交往的基础。在社会交往中，我们只有足够相信自己所掌握的知识、相信自己所具备的能力、相信自己所坚持的信仰和信念，才能得到他人的信任。

2. 尊重他人

在社会交往中，要得到他人的信任，就必须尊重他人。要做到尊重他人，就必须：善于了解他人，只有了解他人的心理，了解他人的思想行为，才能做到理解和包容他人；善于理解他人，只有学会换位思考，从对方的角度去考虑问题，才能做到理解他人；乐于关怀他人，只有满腔热情地关心他人，尤其是对于弱者要具有仁爱之心，才能确实做到尊重他人。

3. 学会沟通

沟通是人与人之间交往的重要方式。心理学家认为，一个人除了八小时左右的睡眠外，其余时间的百分之七十都花在了与他人各种直接或间接的沟通上。所以，要想建立良好的人际关系，就必须学会沟通，了解沟通的形式、学习沟通的技巧、善于把握沟通的时机、恰当运用沟通的语言，做一个主动、积极、合格的沟通者。

4. 善于反思

所谓反思，是指思考过去的事情，并从中总结经验教训。尤其对于年轻人来讲，无论是社会交往观念还是社会交往能力都尚待完善和提高，所以要学会反思，善于发现自己在社会交往中的优势与不足，总结出成功的经验和失败的教训，并从中探寻规律；同时，也要善于观察和发现他人在社会交往中的经验、技巧，并虚心学习。总之，我们要善于在社会交往中通过反思和学习不断调整、完善自己，为建立良好的社会关系创造条件。

三、网络交往

网络交往是建立在互联网基础之上的一种不分国界、不分地区的与他人交流的方式。网络交往具有虚拟性、开放性、互动性、大众性、多元性等特点，在交往过程中要注意做到以下几点。

1. 具备自我保护意识

网络环境的开放性、虚拟性和多元性等特点，给了不法分子以可乘之机，使得网络犯罪的滋长和泛滥成为目前的国际性问题。对于网络环境的管理，是世界各国面临的既头痛又棘手的问题。在网络交往中，我们要具备自我保护意识。无论是使用QQ或微信与他人聊天，还是玩网络游戏，都不要轻易相信陌生人，更不要轻易向他人透露过多的个人信息，一定要增强自我保护意识。

2. 学会去伪存真

网络自身的开放性、虚拟性等特征，使得一些网络信息存在虚假性和混乱性，因而学会辨别各种网络信息的真伪是对我们进行网络交往的基本要求。这就要求我们具有广阔的视野、渊博的知识和敏锐的辨别力，做到理性而不盲从。由于一些人会肆无忌惮地利用网络交往的虚拟性和随意性进行违法活动，因此我们不可对这种虚拟的人际关系投入太多，更不宜轻易把其引入现实生活中。

推荐读者观看新闻视频，进一步讨论网络交往中的注意事项。

3. 加强道德自律

面对网络交往这种不同于现实意义上的人际交往方式，在法律、法规和监管跟进不力的情况下，道德的作用就显得尤为重要。在网络交往中，我们要做到真诚待人、彼此尊重、平等相处、互惠互利、杜绝欺诈，不说污言秽语，做网络文明人。

知识营

人际关系建立与发展的过程

补充学习素材

人际关系是人与人之间由于交往而产生的一种心理关系。它主要表现在交往过程中人与人之间的心理距离，反映着个人或群体在寻求满足社会需要、事业需要时的心理状态。人际关系的产生、变化和发展，决定了交往双方心理需要满足的程度。

奥尔特曼和泰勒（Altman & Taylor，1973）认为，良好人际关系的建立和发展，从交往由浅入深的角度来看，一般需要经过定向、情感探索、感情交流和稳定交往四个阶段。

（1）定向阶段。这一阶段包含对交往对象的注意、抉择和初步沟通等多方面的心理活动。当两个人彼此没有意识到对方的存在时，双方关系就处于零接触状态。此时，双方是完全无关的，谈不上任何个人意义的情感联系。如果一方注意到对方，或彼此相互注意，则意味着人与人之间的相互作用已经开始了。

（2）情感探索阶段。在这一阶段，随着双方共同情感领域的加深和扩大，双方沟通的内容开始变得广泛，自我暴露的深度和广度也在逐渐增加。

（3）感情交流阶段。在这一阶段，双方关系的性质开始发生实质性变化。此时，双方在人际关系上的信任感、安全感已经得到确立，因而谈话或交流也开始广泛涉及自身的许多方面，并有较深的情感投入。

（4）稳定交往阶段。在这一阶段，双方心理的相容性会进一步增强，自我暴露也更为广泛和深刻。此时，一方已经允许另一方进入自己高私密性的个人领域，并愿意与另一方分享自己的生活空间。

美国学者杰尔·厄卡夫和维利·伍德提出了“人际关系金字塔”模型（见图 1.2）。他们认为“攀登人际关系金字塔是一项长期的任务，是一次长途旅行，攀登过程不可能是一蹴而就的”。

图 1.2　“人际关系金字塔”模型

影响人际关系的几种主要因素

一、认知因素

在人际交往中，认知因素包括对他人的认知、对自己的认知和对交往本身的认知。对自己的认知关键在于自我评价是否恰当：过高地评价自己，就是自负，自负往往在语言、行动等方面表现狂妄，容易造成他人的反感；过低地评价自己，就是自卑，往往表现为不愿或害怕与人交往；对交往本身的认知也会影响交往行为，因为交往的过程是彼此互相满足对方需要的过程，如果只考虑自己的需要而忽视他人的需要，就会引起交往障碍；对他人的认知如果产生偏差，则会影响人际交往的顺利进行。

社会心理学研究发现，在人际交往的认知过程中主要存在着以下几种心理效应。

（1）第一印象。人们初次见面时产生的印象称第一印象，又称首因效应。

（2）近因效应。近因效应是指最近的信息对人的认识具有强烈的影响，最后给人留下的印象比较深刻。

（3）光环效应。光环效应又称晕轮效应，是指在人际交往中，人们仅仅依据某个人的一种或几种特征来概括他在其他方面一些未被了解的人格特征，从局部信息形成完整印象的心理倾向。

（4）刻板印象。刻板印象也叫常规化效应，是指在人际交往中，人们往往习惯于机械地将交往对象归于某一类群体中，对于某个人或某一类人产生的一种比较固定的看法。

补充学习素材

（5）投射效应。投射效应是指内在心理的外在化，即以己度人、由己推人，把自己的情感、意志等特征投射到他人身上，强加于人，以为他人也如此，结果往往对他人的情感、意向做出错误评价，产生人际交往障碍。比如，一个心地善良的人会以为别人都是善良的；一个经常算计别人的人会觉得别人也在算计他等。

（6）定势效应。定势效应是指由于人们头脑中存在着某种固有想法，而影响对他人的认知和评价。

二、情绪因素

在人际交往中，情绪也是一个重要的因素。一个人如果情绪反应过于强烈，会表现出不分场合、不分对象的冲动，给人留下感情用事、不成熟的印象；而情绪反应过于冷漠，则会被视为不友好，对人没感情，有架子，瞧不起人。以上这两种情绪都对建立良好的人际关系十分不利。因此，在人际交往中，健康的情绪应是适时、适度的。

三、相似性因素

俗话说“物以类聚，人以群分”，如果交往双方在理想、信念、价值观、兴趣、爱好等方面存在相似之处，具有共同或相似的生活、学习习惯，在感情上就容易产生共鸣，从而更容易形成良好的人际关系。社会学家纽科姆曾通过实验研究过这个问题。他向自愿参加研究的大学新生提供了16周的免费住宿，在住进宿舍前，他先对这些彼此不认识的被试进行人生态度、价值观和个性特征等测验，再穿插着将相似及不相似的大学生安排在一间房子里住。然后，他定期测验他们对一些事情的态度、看法，以及对室友的评价。结果表明，初期，房间距离是决定彼此交往频率的重要因素；但到了后期，彼此的态度、价值观和个性特征的相似性，超过了空间距离的重要性而成为建立密切人际关系的基础。在研究的最后阶段，当让这些大学生自由选择舍友时，结果在价值观、个性等方面具有更多相似性者均喜欢合住在同一房间。这说明，兴趣相投、谈得拢、有共同语言的人们之间能相互吸引，容易产生亲密感，有利于形成良好的人际关系。

四、互补性因素

在人际交往中，当双方的需要和期望正好互补时，往往会产生强烈的吸引力。大量的心理学资料和日常生活中的事例都证明，很多婚姻都是基于互补关系缔结的。例如，一个支配型的男子常会娶一个依赖型的女子为妻，一个喜欢控制别人的泼辣女子则往往会与一个被动型不愿做决定的沉默男子结为夫妇。他们一方的个性倾向和行为特征正好满足了对方的需要，并构成了互补关系。在现实生活中，属于支配型的男人与同样属于支配型的女人是很难做一对和睦夫妻的。

五、人格因素

心理学研究发现，那些具备使人喜爱、仰慕并渴望接近的性格特征的人对他人有着持久的吸引力。人们一般都喜欢真诚、热情、正直、开朗的人，讨厌自私、虚伪、庸俗的人。

皮格马利翁效应

皮格马利翁效应，亦称“罗森塔尔效应（Rosenthal Effect）”或“期待效应”“毕马龙效应”，由美国著名心理学家罗森塔尔和雅格布森在小学教学中予以验证提出。该效应指出，人们基于对某种情境的知觉而形成的期望或预言，会使该情境产生适应这一期望或预言的效应。通俗地说，即你期待什么，就有可能得到什么；你得到的不是你想要的，而是你期待的。

皮格马利翁是古希腊神话中塞浦路斯的国王，他善于雕刻，他曾用象牙雕刻了一座表现他理想中的女性的雕像。久而久之，他竟对自己的作品产生了爱慕之情，于是祈求爱神阿弗罗狄忒赋予雕像以生命。阿弗罗狄忒为他的真诚所感动，就使这座美女雕像活了起来。皮格马利翁遂称她为伽拉忒亚，并娶她为妻。后人就把由期望而产生实际效果的现象叫作皮格马利翁效应。

提高人际关系水平和沟通能力的建议

学习本课程（本书）的目的不是要记住多少知识，也不是多取得几个学分作为拿到毕业证的筹码，而是希望读者在学习后能切实提高自身处理人际关系的能力，将来生活更幸福、工作更顺利。

本书学时（篇幅）有限，更为关键的是如不能将所学内容落实到自己的言行中，变成自己的习惯、融入自己的“血液”，即使能背诵本书也终是竹篮打水一场空。故而，编者在此为读者的学习提出以下几项建议。

（1）检验自我，寻找短板。认识自我比认识他人更困难，读者可通过各章后的“自我认知”栏目进行自我测验，找出自身的不足和优势，以便有针对性地弥补不足、强化优势。读者还应对照本书相关知识点检验自己的思想、行为，如有偏差则应加强学习和实践，以求减小偏差。

（2）学而思，思而学。“学而不思则罔，思而不学则殆”，一味读书而不深入思考就不能深刻理解其含义而陷入迷茫，一味空想而懒于学习或钻研终究也是沙上建塔、一无所得。对本书的学习也是一样，对各个关键知识点应通过课上及课下的思考、分析、讨论加以理解、消化，并归纳总结，明了其背后的道理和各种逻辑关系，这样才能将其牢记在心，更好地去指导实践。本书中的案例链接、训练营、知识巩固与实践训练等都可成为读者增加思考、分析、讨论的机会或话题。

（3）学而时习之。对知识仅限于理解而不能将其熟练运用在实际生活中，知识则毫无用处。与其他书不同，本书的内容和我们的日常生活息息相关，因而可随时开展实践练习。读者应在学习中、学习后通过自己的一言一行、一举一动加以实践，争取尽早将所学知识融入自己的行为习惯中。

（4）每日三省吾身。实践效果不一定令人满意，事后宜自行或与同学、朋友共同总结得失，找出差距、不足及问题所在，争取日后有所改进。

（5）一日不练三日空。无论当下你的人际关系水平、沟通能力如何，只要你骄傲自满，放弃学习、思考、实践、反省的机会，你就会止步不前。无论是在本书的学习中还是在日后的生活或工作中，都应坚持学习、实践，否则若干年后即会感慨“如果当初……”“假如……”。

> 儒家经典理论多和修身有关，与本书内容有极高的相关性，各种网络百科均有“儒家思想”词条，推荐读者通过网络百科做进一步学习。
>
> 后面在学习中遇到相关名词时，也可通过网络百科进行拓展学习。

案例链接

第一印象——打开事业大门的金钥匙

本例原文

20 世纪 90 年代初，张正清正在北美某大学攻读硕士学位，还有不到一年的时间就要毕业了。随着毕业的临近，因为当时正值经济萧条时期，大多数人都很难找到一份好工作。

张正清一贯注重个人形象。每次出门前，她总是会根据出席场合的不同对自己进行精心装扮，而且非常注重给人留下良好的第一印象。

在一次专业学术会议上，张正清保持着一贯的典雅装扮。她举止大方、侃侃而谈，脸上始终洋溢着微笑，她的表现给一位跨国公司的老总留下了深刻的印象。这位实力强大的加拿大老总回去后，随即让人事部门联系了张正清，邀请她毕业后到他旗下的美国分公司工作。对于这样的好事，张正清当然乐于接受。就这样，还没有毕业的张正清就被这家大公司给“预订”了。

思考与讨论

1. 通过以上案例，请你谈谈对第一印象的认识。
2. 想一想，社会关系是如何影响人的生存与发展的。

案例补充素材（视频）

训练营

天黑请闭眼

游戏目标

通过课外业余活动，培养团队精神，活跃团队气氛，增进团队成员的感情交流，提高团队的凝聚力和团队成员的语言沟通能力。

游戏布置

1. 人员分配

建议将每次活动的参与人数限定在 11～16 人。如果参与人数为 11～14 人，就按 3 警 3 匪（杀手）配置；如果参与人数为15～16人，则按4警4匪（杀手）配置。

2. 角色及基本规则

（1）警察：带领平民公决，找出杀手。

（2）杀手：找出警察并在天黑时将其杀掉。

（3）平民：帮助警察公决，找出杀手；任何时候，平民都不得故意帮助杀手。

游戏程序（以12人游戏为例）

（1）裁判将洗好的12张牌（其中有3张警察牌、3张杀手牌和6张平民牌）交由大家抽取。每个人只能看自己的牌，且不要让其他人知道自己抽到的是什么牌。

（2）裁判开始主持游戏，众人要听从裁判的口令。

（3）裁判说：天黑了，请大家闭眼。

（4）等大家都闭眼后，裁判说：杀手请睁眼。

（5）抽到杀手牌的3个杀手睁眼，确认自己的同伴。

（6）确认完同伴后，由任意一位杀手或众杀手统一意见并示意裁判杀掉某人，如果意见无法完全统一，则由裁判采取其中多数人的意见（不给任何意见者，被裁判视为同意其他人的意见）。注意不要发出声音，以免让别人察觉。

（7）裁判在示意并确定将被杀死之人后说：杀手请闭眼。

（8）稍后，裁判说：警察请睁眼。

（9）抽到警察牌的3个警察睁开眼睛，相互确认自己的同伴。

（10）确认完同伴后，由众警察统一意见并指出一个大家认为是杀手的人，然后由裁判做出相应的动作来告知警察被指认人的准确身份（点头是杀手，摇头是平民）。

（11）指认完成后，裁判说：警察请闭眼。

（12）稍后，裁判说：天亮了，请大家睁眼。

（13）待大家都睁眼后，裁判宣布这一轮谁被杀，同时指示被杀者留遗言。

（14）被杀者可以指认自己认为是杀手的人，并陈述理由。遗言毕，被杀者退出本局游戏，不得继续参与游戏进程。但如果其仍留在房内，则在其他人闭眼时亦必须闭眼，以免影响游戏继续进行。

（15）裁判主持由被杀者右侧第一人开始逐一陈述自己的观点，发言完毕后必须说“过”以表示发言结束。每个人每轮只有一次发言机会，且除自己发言时间以外不得发表任何意见。

（16）发言完毕，由裁判主持投票。从本轮被杀者右侧第一个人开始进行投票，裁判叫到谁，想投票给他的人都可以投票。每个人只有一次投票机会，也可弃权不投。

（17）投票完毕，得票最多者视为被公决出局，可留遗言，然后退出本局游戏。此时，本局游戏第一轮结束。

（18）按照上述顺序进入本局游戏第二轮，重复以上过程。

（19）直到某一种身份者全部出局，本局游戏结束。此时，依照游戏胜负判定方法由裁判判定本局结果。

相关讨论

（1）在陈述环节，你认为被淘汰出局是什么原因导致的？

（2）在这个游戏中，获胜一方获胜的原因有哪些？

知识巩固与实践训练

一、不定项选择

1. 人际关系的外延包括（　　）。

A. 朋友关系　B. 夫妻关系　C. 亲子关系

D. 同事关系　E. 师生关系

2. 美国心理学家马斯洛把人的需求分为（　　）。

A. 生理需求　B. 安全需求　C. 社交需求

D. 尊重需求　E. 自我实现需求

3. 我们一定要非常重视与他人在（　　）交往时仪表、衣饰、言谈举止、神态风度等留给他人的表面直观印象。

A. 私人　B. 正式　C. 首次　D. 因公

4. 人际交往的“4A 法则”包括（　　）。

A. 接受（Acceptance）　B. 赞赏（Approval）

C. 重视（Appreciation）　D. 感激（Appreciate）

E. 适应（Accommodate）

5. 刻板印象使人的社会知觉过程简化，因此它具有（　　）的作用。

A. 简化　B. 社会适应　C. 抽象化　D. 消极

6. 光环效应是一种（　　）的现象。

A. 社会适应　B. 信息干扰　C. 先入为主　D. 以偏概全

7. “酒逢知己千杯少”，反映了人际吸引中的（　　）条件。

A. 互补性　B. 接近性　C. 熟悉性　D. 相似性

8. 亲缘关系属于（　　）。

A. 血缘关系　B. 地缘关系　C. 业缘关系

9. 支配型的男性和服从型的女性能相处得很好，爱唠叨的女子也许会嫁给一个少言寡语的男子而生活安宁，这体现了（　　）因素对人际关系的影响。

A. 报酬　B. 相似　C. 熟悉　D. 互补

二、思考与讨论

1. 你认为以网上交往代替面对面交往将如何改变一方对另一方的感知？

2. 相互关系的建立包括定向、情感探索、感情交流、稳定交往四个阶段，请概括每个阶段的内容。

三、案例分析

有病的不是身体，而是人与人之间的关系

传说，郧州城有个李员外，患头疼病已很久，他重金遍请郧州名医，却没人能弄得清病因。听说郧州城外 70 里的静慈寺住持慧澄法师医术高明，这天，李员外便乘马车专程去求见。

望闻问切一番后，慧澄法师说用三味饮剂即可治愈他的头疼病。李员外听说自己的病能治好，惊喜万分。

慧澄法师从寺院围墙边摘来一些淡紫色的花揉碎，然后让李员外卷起裤腿，把那些花的汁液涂抹在两腿上。接着，慧澄法师又拿来一个茶壶，往里面装满淡红色的水，却没有让李员外马上喝，而是让他把寺院外田里的稗草全都拔完，并只有在歇息的时候才能喝茶壶里的东西。李员外按照法师的要求做完以后，身体感觉到从未有过的轻松。

慧澄法师给他的第二味饮剂，要现冲现喝，每隔七日喝一个疗程，每个疗程为连续两日，共需十个疗程。

慧澄法师给他的第三味饮剂是粗瓷碗盛的清水，同时告诉他粗瓷碗盛的清水一定得是别人家的才行。李员外再次按照法师的要求做了，他的头疼病再也没有犯过。

到了年底，慧澄法师来到李员外府上，为他揭开了三味饮剂的谜底：第一味是西瓜汁；第二味是茶水；第三味是清水。

慧澄法师解释说，李员外的头疼，是常年饱食酒肉、血燥气盛，加上诸事缠身、思虑深重，体内气血冲顶所致。让李员外下田，一方面是为了使他快速出汗，排减毒素和浊气；另一方面是为了让蚂蟥吸出一部分血，以降低血压。而蚂蟥喜欢甜味，让他喝下西瓜汁，是为了吸引蚂蟥……李员外之所以没感觉到疼痛，也没发现伤口，是因为在他腿上涂抹了有轻微麻醉作用并且能快速敛肌的曼陀罗汁液。另外，还让李员外每隔七日来一趟寺院，再住两日，无非是为了让他定期戒掉酒肉，吃些清淡饮食，好驱除体内的毒素，并且让他暂时远离俗务，多多休息。第三味饮剂——粗瓷碗盛的清水，目的是平和李员外的心性。粗瓷碗只有佃户家才有，李员外频频到佃户家里喝水，才有机会跟他们同饮同聊；密切了关系，处理起事务来就更顺利，平日里心情也就更平和了。心和气顺，头疼病自然也就好啦。

本例原文

思考与讨论

1. 就故事中的“三味饮剂”谈谈人际关系。
2. 这个故事对你有什么启发？

自我认知

人际关系综合诊断量表

本量表共有28个问题，对每个问题做“是”（打√）或“否”（打×）的回答（注意应迅速答题，凭第一感觉作答方能准确）。

一、诊断题目

1. 对自己的烦恼有苦难言。（　　）
2. 和陌生人见面时感觉不自然。（　　）
3. 过分羡慕和妒忌别人。（　　）
4. 与异性交往太少。（　　）
5. 对连续不断的会谈感到困难。（　　）
6. 在社交场合感到紧张。（　　）
7. 时常伤害别人。（　　）
8. 与异性来往时感觉不自然。（　　）
9. 与一大群朋友在一起时，常感到孤寂或失落。（　　）
10. 极易受窘。（　　）
11. 与别人不能和睦相处。（　　）

12. 不知道与异性相处如何适可而止。(　　)
13. 当不熟悉的人对自己倾诉他的生平遭遇以求同情时，自己常感到不自在。(　　)
14. 担心别人对自己有坏印象。(　　)
15. 总是尽力使别人欣赏自己。(　　)
16. 暗自思慕异性。(　　)
17. 时常避免表达自己的感受。(　　)
18. 对自己的仪表（容貌）缺乏信心。(　　)
19. 讨厌某人或被某人所讨厌。(　　)
20. 瞧不起异性。(　　)
21. 不能专注地倾听。(　　)
22. 自己的烦恼无人倾诉。(　　)
23. 受别人排斥与冷漠。(　　)
24. 被异性瞧不起。(　　)
25. 不能广泛地听取各种意见、看法。(　　)
26. 自己常因受伤害而暗自伤心。(　　)
27. 常被别人谈论、愚弄。(　　)
28. 与异性交往时不知如何更好地相处。(　　)

二、计分方法

将上述题目的答案写入表 1.1 中，按“√”1 分、“×”0 分统计各组的总分。得分解析请参阅本书附录“自我认知参考意见”，对自己的人际关系状态做出初步的判断。

表 1.1　人际关系综合诊断记分表

组号	题号及答案							得　分
Ⅰ	1(　)	5(　)	9(　)	13(　)	17(　)	21(　)	25(　)	小计：
Ⅱ	2(　)	6(　)	10(　)	14(　)	18(　)	22(　)	26(　)	小计：
Ⅲ	3(　)	7(　)	11(　)	15(　)	19(　)	23(　)	27(　)	小计：
Ⅳ	4(　)	8(　)	12(　)	16(　)	20(　)	24(　)	28(　)	小计：
得分合计								

第二章

Chapter 2

人际交往从认识自我和他人开始

学习目标

1. 了解怎样认识自我、评价自我。
2. 掌握如何在人际交往中管理自我形象。
3. 理解人与人之间的差异。

关键概念

自我　自我形象管理　性格类型　认知的偏差

导引案例

小和尚卖石头的故事

从前有座山，山上有座庙，庙里有一个老方丈和一个小和尚，老方丈每天都在读书念经，小和尚每天都在砍柴挑水。

过了一些日子，小和尚耐不住寂寞，便接连几次跑去找老方丈："方丈，方丈，我想读书……"老方丈每次都是看看小和尚，什么也不说，然后回到房间里搬一块石头出来，让小和尚去卖，而且叮嘱他：无论别人出多少钱都不要卖。

第一次，老方丈让小和尚把那块石头拿到山下的集市上去卖。有个妇女说可以出五文钱买这块石头。小和尚想到老方丈不准他卖，只好说："不卖，不卖！"妇女急了："我出六文钱！""不卖，不卖！"妇女没有办法，只好走了。小和尚带着石头回到了山上。

第二次，老方丈让小和尚把那块石头拿到山下的米铺老板那里去卖。米铺老板拿着那块石头端详了半天说："这样吧！我没有多少钱——我出500两银子买你这块石头！"小和尚吓了一大跳，连忙说："不卖、不卖！"便抱着这块石头赶忙回去找老方丈。

第三次，老方丈让小和尚把那块石头拿到山下珠宝店老板那里去卖。珠宝店老板把石头拿过来端详了半天，叹了口气，说："我只有三家珠宝店、两家当铺和一些田产，我愿意拿我所有的财产来换这块石头！"然后解释说："你不要看它是一块普普通通的石头，其实，它只是外面像石头而已，里面的宝玉是无价之宝！就好像古代的'和氏璧'一样。"

小和尚恍然大悟，抱起石头就飞奔回山上了。从此以后，他安心地照着老方丈的教导做事，最终成了有名的禅师。

本例改编自《心生菩提树：平凡之中体悟真理》一书（作者智缘，新华出版社2009年出版）第二章第4节和第5节"要想认识世界，先要认识自己"。对原文有兴趣的读者可在和讯网读书频道以书名为关键词查找本书。

思考与讨论

1. 老方丈让小和尚去卖那块石头的目的是什么？
2. 从这个故事中，你能悟出什么道理？

要想认识世界，先要认识自己。"认识自己"对于任何人来说都很重要，这不仅是一种自我认识和自我意识的能力，还是一种难能可贵的心理品质。一位哲人曾经说过："这个世界上最需要了解的人就是自己，最难了解的人也是自己。"其实，人生就是一个不断认识自我、设计自我、完善自我和实现自我的过程。为此，充分了解潜在、真实的自我，对每个人来说都十分重要。一个人只有认清自我，才能为自己的人生做出正确的选择。

第一节　怎样认识自我和评价自我

要想接触他人，必须先接触自我。一个人对自己的看法，便是自我观念。面对复杂多变的生活，认识自己的优势、承认自己的不足是我们在现实世界安身立命的基础和出发点。当我们意识到自己的优势时，可以给自己一个恰当的定位，并选择合理的生活方式；当我们认识到自己的不足时，可以想办法弥补或是规避，做到扬长避短，使自己变得更加优秀。

一、自我概念既有客观性又有主观性

关于自我，可以从很多方面来描述。例如，有时我们会用自己的名字来描述："我叫王燕""我的名字叫李伟"等；有时我们会用自己的性别来描述："我是女生""我是男生"；有时我们会用国籍来描述："我是中国人""我来自澳大利亚"等；有时我们会用职业或职称来描述："我是一名医生""我是一名工程师"等；更多时候，我们会根据自己与他人的关系来描述自我："我是他的叔叔""我是她的儿子"等；另外，我们还会通过对自己的评价来描述自我："我是一个诚实的人""我是一个勤快的人"等。总之，描述自我的方式有很多种，但实际上，人们对自我的描述都只是自我概念的一个方面而已。

人们对自我的认识有些是基于客观事实的，例如："我祖籍福建，在广东出生，在浙江长大，身高 1.75 米，有一头又黑又密的头发，是个牙科医生。"这些方面的自我概念都是客观的，它们以事实为依据，不会因为人们观点的不同而不同。但是，这并不代表人们不能改变它们。例如："由于一些原因，最近我来到北京工作，又把头发染成了咖啡色。"这说明客观的自我是可以改变的，它仅仅代表了现实中自我的存在方式。

更多时候，人们对自我的认识是由对自己的印象所决定的，不仅有对自己外在形象的认识，如外貌、衣着、举止、风度、谈吐，还有对自己内在素质的认识，如学识、心理、道德、能力等。这些认识虽然是基于客观的，却有着更强的主观性。

二、自我评价时高时低

在现实生活中，人们很难十分客观和准确地认识自己，有时自我评价会过高，有时自我评价则

会过低。例如，我们经常会发现许多人对自己的智力评价与客观情况不符。美国大学理事会（College Board，一个主持学术能力评估测试的机构）曾经做过这样一项研究：该机构调查了近 100 万名美国高三学生，让他们将自己的能力和他人相比较。结果，几乎每个学生都认为自己的能力“在平均水平之上”。此外，60%的学生声称他们的能力排在前 10%，而 25%的学生甚至认为他们的能力排在前 1%[1]。2011 年 11 月至 2012 年 5 月，杭州市的一位教师做了一次主题为“中小学生的自我认同感”的调查。结果表明，部分中小学生的自我满意度比较低。对于“碰到困难时，你觉得自己无用吗？”这样一个问题，分别有 14.1%的小学生和 23.1%的中学生选择了“是”，接近两成[2]。

在现实生活当中，我们经常会看到：一个人如何看待自己与其自信心的强弱有关。自信心强的人能较客观地看待自己的潜力，而自信心不足的人则会对自己有所贬低。许多研究表明，那些自信心不足的人常常会夸大失败对他们的影响，并经常低估自己的能力，当他们得到负面的反馈时，更倾向于认为这是一件理所当然的事情。

三、自我概念稳中有变

大多数时候，自我概念是伴随着一个人的成长慢慢发展起来的。它会受到许多因素的影响，包括人格、生理特征、成长环境、文化和性别角色、反映评价及社会比较等。自我概念中一个很重要的部分就是人格，它决定了人在不同情境下的思考和行为模式。你是一个健谈而外向的人，还是一个寡言而内向的人？你是一个忧心忡忡的人，还是一个乐天知命的人？你更倾向于怀疑他人，还是信任他人？这些问题分别对应着一种人格特质，并在大多数情境下可以用来描述人的性格特征。在文化或者教育对儿童的人格产生影响之前，大多数儿童都已经具有了某种特质，并且这种特质一直会伴随着人的一生。

然而，自我概念并非一成不变。有研究表明，在 14 ~ 23 岁，人们的自信与自尊水平会发生一定的变化，而自我概念常常是最为明显的。随着人的成长或者是遇到重大人生事件，例如失业、失学、离婚或罹患重病等，人们的自我概念就会相应地发生变化。

要想对自己有一个正确的认知，并不是一件简单和容易的事。在成长过程中，我们可能会有意去调整或培养自己的性格和能力，同时性格和能力也可能在自己不经意时发生变化。如果一个人能留意自己的不足，并努力去弥补，进而将这种做法转化为习惯和能力，就会让自己始终保持一种积极的生活态度。

知识营

什么是自我？

婴儿自我意识的发展

（1）自我的概念。自我也称自我意识或自我概念，在心理学中主要是指个体对自己存在状况的认知。它包括两个方面：一是个体对自身的认识、体验和评价；二是个体对自己与周围环境的关系的认识、体验和评价。自我意识是意识的核心部分，就是自己对自己的认知，包括对自己的生理状况（生理自我）、心理特征（心理自我）及与他人的关系（社会自我）的认识。

---

① 内容引自（美）科里·弗洛伊德（Kory Floyd）《沟通的力量：成功人际交往 12 法》，北京：机械工业出版社，2011 年 1 月出版。
② 数据来自浙江在线·教育新闻网 2013 年 5 月 9 日《杭州 2000 学生参加调查 结果有点意外：自我评价很低》一文。

（2）自我意识的发展。自我意识的发展分为自我中心期、客观化时期、主观化时期三个阶段。

（3）自我意识的表现形式。自我意识中的自我，包括主观的“我”和客观的“我”，即 I 和 me。它通常表现为三种形式——自我认知（我是个什么样的人）、自我体验（我喜欢自己吗）和自我控制（我应该成为什么样的人）。

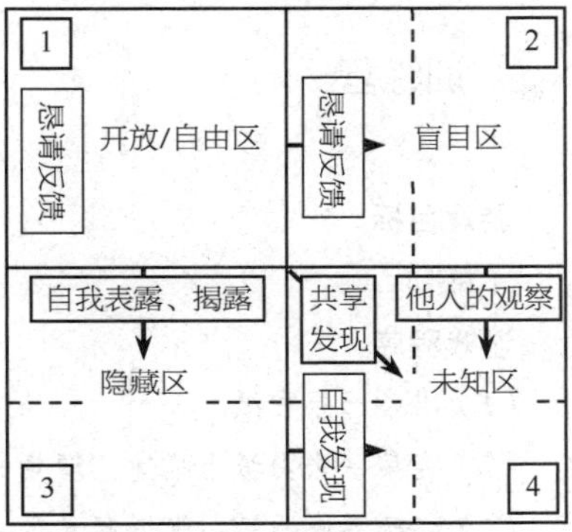

图 2.1　乔哈里资讯窗

乔哈里资讯窗

1955 年，美国心理学家约瑟夫·勒夫特（Joseph Luft）和哈里·英厄姆（Harry Ingham）发明了“乔哈里资讯窗（Johari Window）”。它由代表了自我概念的四个部分组成：开放/自由区、隐藏区、盲目区和未知区（也称封闭区），如图 2.1 所示。

开放/自由区：自己知道，别人也知道的讯息。例如：你的名字、发色，以及你有一只宠物狗的事实。

盲目区：自己不知道，别人却知道的盲点。例如： 你的处事方式，别人对你的感受。

隐藏区：自己知道，别人不知道的秘密。例如：你的秘密、希望、心愿以及好恶。

补充学习资料和素材
文本　视频

未知区：自己和别人都不知道的讯息。未知区是尚待挖掘的黑洞，它对其他区域有潜在影响。

乔哈里资讯窗的四个部分是相互关联的，当你的第一个开放区窗口扩大时，第二个盲目区窗口便会缩小，这意味着你对自己多了一些了解。而如果你与别人扩大了交流的信息量（如把自己隐蔽的信息告诉了合适的人），你的未知区窗口也会缩小。由此，我们提倡要积极地与人交流。

案例链接

尼克·胡哲的奋斗故事

尼克·胡哲（Nick Vujicic），1982 年出生于澳大利亚墨尔本。他生来就没有四肢，医学上将这种先天残疾称为“海豹肢症”。但他勇于面对身体的残障，创造了生命的奇迹。

尼克·胡哲在整个童年时期都要挑战生活和学习中的很多困难，还要与自卑和孤独作斗争。他必须找到方法去完成其他人需要用手或脚才可以完成的事情，如刷牙、洗头、打字、游泳等。八岁时，父母把他送入小学。因身体残疾，他饱受同学的嘲笑和欺侮。十岁时，他曾试图在家中的浴缸溺死自己，但没能成功。

随着时间的推移，尼克·胡哲不断调整自己的心理，逐渐从绝望中走了出来，并开始变得热爱生活了。在 19 岁的时候，他打电话给学校，推销自己的演讲。被拒绝 52 次之后，他获得了一个 5 分钟的演讲机会和一份 50 美元的薪水，开始了演讲生涯。

尼克·胡哲简介

尼克·胡哲演讲片段

2003 年，尼克·胡哲大学毕业，并获得会计与财务规划双学士学位。

2012 年 2 月 12 日，尼克·胡哲与日本女友宫原佳苗结婚。

从 2013 年 5 月 14 日起，尼克·胡哲开启东南亚巡回演讲之旅，首站是日本，之后还在菲律宾、马来西亚、越南、柬埔寨和韩国等地陆续进行演讲。自从尼克·胡哲 19 岁开始第一次充满激情的演讲之后，他的足迹开始遍布全世界，与成千上万人分享他的故事和经历。

思考与讨论

1. 尼克·胡哲对自我的认识发生了怎样的变化？
2. 尼克·胡哲的奋斗故事对你有什么启发？

训练营

看看你的“三个我”是否协调

游戏目标

了解自己。

游戏程序

（1）准备三张白纸。

（2）在第一张白纸上描述“理想的我”，时间为2～3分钟。

（3）将已写好的第一张纸搁置在一旁，暂时不准再看。接着在第二张纸上详细描述“现实中的我”，时间为2～3分钟。

（4）将已写好的第二张纸也搁置在一旁，暂时不准再看。接着在第三张纸上详细描述“别人（父母、老师、同学、朋友）眼中的我”，可以请组员写，时间为2～3分钟。

相关讨论

（1）你“理想的我”“现实中的我”以及“别人眼中的我”一样吗？

（2）你怎样看待“三个我”的差异？

第二节　如何在人际交往中管理自我形象

自我概念与我们对自己的看法有关。但是在人际交往过程中，我们还会考虑别人是怎么看待我们的。在一些情况下，我们可能希望别人把我们看成友好、外向以及有趣的人；在另一些情况下，我们可能更希望别人把我们看成可靠、有能力以及认真的人；当然，在某些情况下，我们还可能希望别人把我们看成独立和开明的人。当我们考虑自己想要给别人留下什么样的印象时，实际上正是在关注自我形象。

一、自我形象的重要性

自我形象也称个人形象，或简称为形象。一般认为，自我形象是指一个人在人际交往中所留给他人的总的印象，以及由此而使他人对其所形成的总的评价和总的看法。个人形象在人际交往中之所以深受人们的重视，主要基于以下几个方面的原因。

（1）个人形象真实地体现着一个人的教养和品位。例如，当一个人的着装不符合出席场合的要求时，就会影响个人形象，从而让别人认为他缺乏教养、没有品位。

（2）个人形象客观地反映了一个人的精神风貌与生活态度。在日常生活中，假如一个人总是蓬头垢面、衣冠不整、不修边幅、邋邋遢遢，恐怕很难让别人认为他热爱生活。

（3）个人形象如实地展现了一个人对交往对象的重视程度。一般认为，一个人对自我形象的重视程度，应与对交往对象的重视程度成正比。换言之，在人际交往中，一个人若是对自我形象毫不修饰，就意味着对交往对象缺乏尊重，亦属于失礼行为。

（4）个人形象是其所属组织整体形象的有机组成部分。当人们确知某人属于某一组织，甚至代表着某一组织时，则往往会将其个人形象与所在组织的形象等量齐观。也就是说，作为所在组织形象的有机组成部分的个人形象，在某种意义上通常会被人们视作其所在单位形象的化身。

二、自我形象六要素

要维护好个人形象，重点要注意以下六个方面，即自我形象六要素。

（1）仪容，是指个人形体的基本外观。一般情况下，它尤其以面部容貌更为引人注目。注重仪容，就要力争做到仪容美，并且为此要对自己进行必要的妆扮和修饰。

（2）表情，通常主要是指一个人的面部表情。与语言相比，表情往往会产生“此时无声胜有声”的效果，能够更准确地传达出一个人的真情实感。在人际交往中，表情应亲切、热情、友好、自然。

（3）举止，是指人的肢体动作。在心理学上，人的举止动作称为“形体语言”，能够真实、准确地反映人的心理活动。在人际交往中，要避免做出对他人指指点点、就座时高跷“二郎腿”或将鞋底直对着他人抖动不止等失敬于人的动作，做到举止文明、优雅。

（4）服饰，是对人们穿着的服装和佩戴的首饰的统称。一个人在服饰方面所做出的选择，不仅体现了其个人的审美品位，而且也充分反映了其个人修养。着装要遵循 TPO 原则，即不同时间（Time）、不同地点（Place）、不同场合（Occasion）应穿着不同的服饰。

（5）谈吐，是指一个人的言谈话语。常言道：“言为心声”，一个人的谈吐，除了可以传达其思想、情感之外，还具有表达对待交往对象态度的作用。因此，在人际交往中，要格外注意自己的谈吐，须时时注意使用规范的尊称敬语与礼貌用语。

（6）待人接物，是指与他人相处时的表现。重视待人接物，不仅要学会善于运用各种社交技巧，更重要的是要善于理解、体谅、关心、尊重他人。孔子早就讲过：“礼者，敬人也。”敬人是礼仪的核心，也是待人接物的主旨所在。

三、自我形象管理

（一）自我了解，自我悦纳

我们要想建立良好的个人形象，第一步就是了解自我，客观地分析自己的优、缺点，具体可使用以下方法。

（1）照镜子。我们可以在每天早上，一边洗漱一边认认真真地欣赏镜子里的自己。在照镜子时，我们会逐渐找到自己最好的状态：容貌、衣着、表情，甚至内心。爱照镜子的人，往往更懂得欣赏自己，也会更自信地花时间让自己变得更好。有一颗爱美之心，认真对待自己，诚恳对待他人，就永远不会在时光中褪色。

（2）利用录像审视自己。我们可以利用摄像机或手机给自己录像，从中观察自己的容貌、衣着、步伐、表情、习惯性小动作等，还可请亲朋好友一起“评头论足”、提出批评和建议；然后使用大镜子训练自己优雅的姿态，不断提升个人形象与魅力。

（3）自审和自省。曾子曾说“吾日三省吾身”，意思就是每天都要反省自己的思想和行为。

海涅也说过："反省是一面镜子，它能将我们的错误清清楚楚地照出来，使我们有改正的机会。"通过自我审视，对自己的性格是内向还是外向，在人际交往中能力如何，对待人和事是否踏实、耐心、细致等有一个正确的认识，以便做到扬长避短或及时改进不足之处。

（4）以人为镜。古人说："以人为镜，可以明得失。"也就是借鉴别人的成败得失，发现自己的长处和不足。我们的一言一行都会在别人心中形成一定的印象，因此要多与别人沟通，通过别人给我们提出的建议来认识自己、提升自己。

人不仅要做到不断改进和突破自我，还要做到接纳自我。接纳自我意味着要无条件地接受令自己满意或不满意的个人品质，接受自己无法改变的事实和自身缺陷，这是自我接纳的第一步，也是最重要的一步。

进行自我肯定练习，是一种积极的自我暗示。通过向自己重复暗示一些具有积极意义的话语（比如"我很棒"），来代替自己头脑中已有的消极想法（比如"我不行"），改变自己的日常习惯、生活态度和自我期望，从而在日常行为中充分发挥自己的潜能和力量。

（二）自我管理，自我控制

作为大学生，在心理、体质等各方面都经历了成长阶段，已经具备了比较成熟的思维能力。因此在生活和学习中，应该注重自我管理，懂得自我控制，客观冷静地面对遇到的问题。

1. 目标管理

设立目标，就是让自己的生活、工作、发展有明确的方向。设立目标需要把握以下几点：一是目标一定要结合个人的优点，围绕个人的长处来构思，把个人潜在的优势转化为现实的优势。二是目标必须具体，不能含糊其辞。比如，打算毕业时考取什么证书、找一份什么样的工作等。三是目标要适中，不要定得过高，如果远远超过自己的知识和能力水平，那么目标就会成为空中楼阁。

对于将要步入职场的大学生来说，树立职业目标十分重要。职业目标可以分为两个方面，即事业目标和人际关系目标。事业目标就是选择职业发展路径并制定相应的目标，如将来是志在行政管理还是向专业技术方向发展、在多长时间内要达到怎样的职业高度等。人际关系目标就是确定如何维持和扩大自己的人际关系网。比如，对关系密切的朋友，应经常性地保持短信、微信或电话联系；而对其他人，在逢年过节时发送一些问候的短信、微信或电子邮件即可。请保留好朋友们的联络方式，与朋友建立良好持久的关系，最基本的原则就是要主动地、经常性地与朋友保持联络，平时多帮助朋友，这样在你遇到困难需要帮助的时候他们才会出现。

2. 时间管理

掌控时间，就是在有限的时间内，要明确自己该做什么、不该做什么。在大学期间，要处理好休闲娱乐和学习的关系，充分利用优越的条件获取更多的知识和能力，不要虚度光阴。大学生要学会协调两类时间：一是他控时间，如学校安排上课、实践或其他活动的时间；二是自控时间，即自己可支配的时间。

在职场中，时间管理更加重要。著名管理学家柯维的时间管理理论——时间管理优先矩阵，把事情按其紧迫性和重要性分成 A、B、C、D 四类，这一做法很值得学习。实际情况是，不同的工作既有重要程度的不同，也有紧急程度的不同。只要学会合理安排和管理时间，就能够根据工作的需要，制订出恰当的工作计划，提高工作质量和效率，并顺利完成工作。

3. 学习能力管理

学习能力是指以快捷、简便、有效的方式获取准确的知识、信息，并将其转化为自身能力的本事。要提升学习能力，首先，要有学习意识；其次，要掌握学习方法；再次，要善于利用时间；最后，要重视知识的更新。大学阶段是我们一生中增长知识、积蓄能量的重要时期，除了要学习专业知识以外，还要注重提升自己的综合素质，如人际交往能力、沟通能力、竞争能力和合作能力等。当前，人才竞争日趋激烈，科技发展日新月异，知识半衰期日益缩短，使得知识的学习和更新变得更加重要。

4. 金钱管理

金钱是一把双刃剑，既可以助人一臂之力，也可以消磨人的意志。在大学时代，我们就应树立金钱管理意识和主动理财意识，掌握一些必需的理财常识，形成良好的理财习惯。

记账是金钱管理的一个好办法。建立账目明细表，可明确金钱的去向和投资方向。正所谓“好钢用在刀刃上”，要把钱花在最有价值的事情上，该节约时一分钱也不多花，该花钱时再多钱也不吝啬。

会存钱十分重要。有一定的存款，就可以去做理财投资，从而以钱赚钱。著名投资人乔治·克拉森说过一段话：“财富就像一棵树，它从一颗种子萌芽。你存下的第一个铜币就是种子，它能长成一棵财富的参天大树。你越快播下那颗种子，财富之树就会越快开始生长。你持续不断地储蓄，越虔诚地为这棵财富之树浇水施肥，你就能越快地享受到它的荫庇。”

会花钱也十分重要。会花钱，钱能带来几倍、几十倍甚至几百倍的收益；不会花钱，钱不但不会带来任何收益，反而会导致赔钱。“只有舍得花钱才能赚到大钱，对该花的钱绝不能计较”是高财商的人所坚持的信条。

知识营

时间管理优先矩阵

著名管理学家柯维提出了时间管理理论——时间管理优先矩阵。柯维将事情按照重要和紧急两个不同的程度进行了轻重缓急的划分。

按事情的紧急程度进行划分。有些事情特别紧急，刻不容缓，需优先处理。而有些事情则是不太紧急或不紧急的，可以另行安排时间去做。

按事情的重要程度进行划分。对于重要的事情要花费较多的时间和精力去做，对于不太重要的或不重要的事情则不必去做，或只花费很少的时间去做。

结合这两种不同的维度，又可以将事情分为既紧急又重要、重要但不紧急、紧急但不重要、既不紧急也不重要四种情形，如图 2.2 所示。

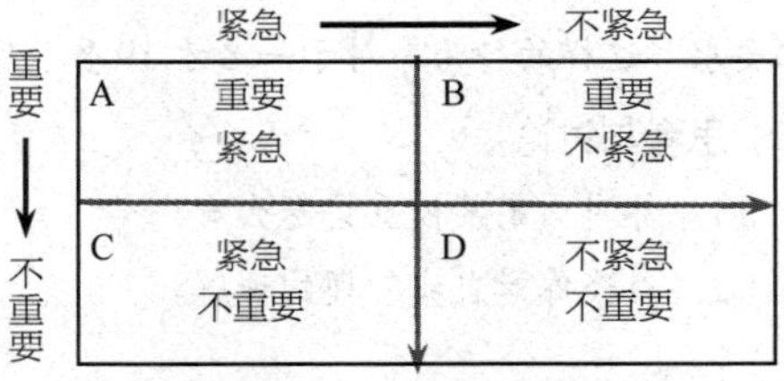

图 2.2　时间管理优先矩阵

学　习　力

学习力是指把知识资源转化为知识资本的能力。一个人的学习力，不仅包括他拥有的知识总量，又称知识储备，即个人所掌握知识的宽度和开放程度；也包括他的知识质量，即学习者的综合素质、学习效率和学习品质；还包括他的学习流量，即学习的速度及吸纳和扩充知识的能力；更重要的是他的知识增量，即学习成果的创新程度以及学习者把知识转化为价值的程度。

“学习力”是学习型组织管理理论中的核心理念，最早源于美国人弗瑞斯特于 1965 年发表的一篇文章。教育学领域的学习力主要研究教学中如何构建学习者的学习力，以促其有效终身学习。哈佛大学柯比教授（2005）在其专著《学习力》中将学习力总结为包括学习动力、学习态度、学习方法、学习效率、创新思维和创造力的一个综合体。

学习力有几个重要特征：①自主性，是指个体生命自觉、自愿地去学习，而不是被迫去学习。②能动性，是指生命主体积极地、富有创造性地去学习，而不是简单地吸收知识、信息。同时还要会消化，并善于转化成生命所需要的物质和精神能量。③创造性，学习的最终目的是推陈出新、吐故纳新、融会贯通，是创新和创造，而不是“死读书，读死书”。

如何抵抗“知识半衰期”

知识半衰期

一个在某一领域很有学问或有丰富专业知识的人，如果不继续学习，在一定时间后就会进入知识半衰期，即基础知识仍可用，其他一半的新知识已经落伍。据报道，某些领域的知识半衰期，正在由以前的 100 年逐渐缩短至如今的两三年。

知识裂变速度“一日千里”，今天，即使是刚印到书本上的知识，在现实中也有可能已被淘汰。一个人如果不学习或停止学习，很快就会和社会脱节。

案例链接

周某某被重罚，愿年轻人严格自律

据新民晚报 2018 年 9 月 17 日消息　中国足协突然通过官方网站发布了一纸罚单，U19 国足队员周某某因违规违纪行为，将被取消征调进入各级国家男子足球队的资格，并被停止参加中国足协举办的比赛 12 个月，自 2018 年 9 月 9 日起至 2019 年 9 月 8 日止。

周某某是中超联赛出场球员中难得的“00 后”，在申花刚刚收购的这批徐根宝足球基地小球员中，被认为最有灵气、最有特点，潜质优于武磊。没想到，这名希望之星的职业生涯才刚开了一个头，就遭受如此打击。

出了什么事？中国足协做出处罚的理由是周某某在代表 U19 参加的泰国曼谷杯比赛中，“比赛态度消极、行为散漫、无视教练要求，且在赛后擅自外出组织聚餐，违反队伍规定和纪律，造成不良影响”。

仅仅是吃饭，当然不会遭受禁赛一年这样的处罚。周某某所犯另有他事，足以称得上“严重违纪”，足协的遣词造句颇有深意，其实已经考虑到对年轻球员的保护。即便是“比赛态度消极、行为散漫、无视教练要求”这样的行为，对于一名才 19 岁、刚踢上职业联赛几个月的年轻人来说，也是完全不应该的。

思考与讨论

1. 你对周某某被重罚怎么看？
2. 谈谈你对自我管理的理解。

训练营

会说话的魔镜

游戏目标

通过他人了解自己。

游戏程序

（1）请每个人找另一个人组成搭档，一方充当“魔镜”，另一方充当魔镜的主人。

（2）主人可以向魔镜问关于自己的问题，例如：“魔镜魔镜，请告诉我，我有哪些优点（缺点）呢？”

“魔镜魔镜，我想知道，朋友们平时是怎么看我的？”等问题。

（3）一方问完之后，可以互换角色。

（4）游戏结束后，组织者可让参与者自愿发言，汇报各组的情况，然后让参与者比较他人的评价和自我评价的差异。

相关讨论

（1）比较他人的评价和自我评价有何差异。

（2）你认为应该怎样看待他人的差评？

第三节　理解人与人之间的差异

每个人每天都不是个别地、孤立地生活着，而是在和亲朋好友、同事、同学、老师，或者上司、客户发生着各种各样的关系。人们在能力、情感、意志、兴趣和气质等方面千差万别，所有这些差异就构成了人们多姿多彩的个性。

一、人的性格类型鉴别

性格是一个人区别于他人的最鲜明、最重要的个性特征的总和。它在社会生活实践过程中逐步形成，是人在生活中所形成的对周围现实的一种稳固态度，以及与之相应的行为习惯方式。了解了一个人的性格，基本上就能了解他的人际关系状况，也就能知道该怎么与之相处。那么，在人际交往中，应从哪些方面了解一个人的性格呢？

1. 交往意识

社会上有各种各样的人，并不是每一个人都喜欢与他人交往。有些人重视交往，主动性就强；有些人不刻意去交往，而是随遇而安；有些人喜欢独处，为人处世态度冷淡，不积极甚至不愿与人交往。

喜欢与人交往的人，几乎都是不拘小节的人。有的人和任何人都能谈得来，让人觉得容易接近，甚至和初见面的人就能像多年好友般地轻松相处。

有的人在选择朋友时，需要用较长的时间去观察对方是否能成为自己长期交往的对象。所以，他们在刚开始会对别人抱有戒心，不轻易和别人来往，看起来很难相处，但是一旦跟别人成为好朋友，就会非常信任对方并且重情重义。

有的人感情细腻、容易受伤，认为越是关系亲近的人越会给自己带来伤害。因此，他们不太喜欢主动与人交往，当然他们并非真的不喜欢交朋友，只是因为太害怕被伤害。

2. 交往动机

交往动机是在交往需要的基础上产生的社会性动机。在交往动机的支配下，人们进行交往活动，以满足其现实需要。人际交往的动机主要包括以下几个方面。

（1）亲和动机。亲和动机，是人们害怕孤独，愿意与他人在一起的愿望，是人们寻求友谊，建立、发展友谊的动力。亲和动机强的人，对朋友、家庭、群体充满了向往，渴望与他人建立深厚的情感联系，渴望成为某个群体中的一员。

（2）成就动机。成就动机是人们希望从事对自己有重要意义、有一定困难、具有挑战性的活动，希望在活动中能取得完满的结果和优异的成绩，并能超越他人的动机。成就动机显著影响着人们的交往行为。成就动机强的人，为了取得事业的成功，乐意与人交往、与人合作，具有强烈的竞争意识。

（3）赞许动机。赞许动机是指交往的目的是希望得到对方的鼓励和称赞，获得心理满足的动机。赞许动机实质上是一种取得成就和得到同伴、组织及社会的承认、尊重、赞扬的需要。赞许动机会促使人们为了得到他人或集体的肯定、赞赏而更加努力地付出。

不同性格的人，交往动机也不同。有些人的动机明确，试图从与他人的交往中获益；有些人则无明显的动机，主要是因为自己有好人缘而建立起人际关系；有些人与他人的交往，则完全受情绪的影响。

3. 交往方式

交往方式是指人际交往的形式。在以前，人们的交往空间和范围非常有限，交往方式有很大的局限性。在现代社会中，信息化的交往手段使人们的交往空间和范围无限扩大，交往方式表现出虚拟化、多元化、便捷化等特征。适应能力强的人，对于新的交往方式能很快熟悉，并迅速掌握；适应能力差的人，对于新的交往方式则不容易熟悉，难以在短时间内掌握。

4. 交往对象

交往对象可以分为几类关系人群：血缘关系人群，包括家人和亲戚；地缘关系人群，包括邻里、同乡等；业缘关系人群，包括领导、同事以及在工作中有交往的其他人。

不同性格的人，选择交往对象的倾向也不同。有些人有特定的交往对象和特定的交往范围，如局限在血缘关系人群或地缘关系人群，而较少扩展到业缘关系人群；有些人的交往对象主要是对自己有好感或喜欢自己的人，能够比较顺利地扩大交往范围，不局限于几类关系人群中的某一类；有些人的交往对象主要是能与自己在感情上产生共鸣，且能保持长期交往的人，但交往范围狭窄；有些人选择交往对象时在很大程度上会受到情绪的影响，同时也容易随自己的情绪变化而频繁更换交往对象。

5. 交往进程

奥尔特曼和泰勒（I.Altman & D.A.Taylor，1973）认为，良好人际关系的建立和发展，从交往由浅入深的角度来看，一般需要经过定向、情感探索、感情交流和稳定交往四个阶段。

不同性格的人，对交往进程的掌控也不同。有些人在交往中能自觉掌控双方交情的发展，出于有意的隐藏，其真实的思想情感不易被对方了解；有些人在交往中喜欢真实地展现自己，能够容忍对方的缺点，甚至原谅对方的过失，自己的思想情感容易得到对方的理解，双方的友谊能稳定发展；有些人在交往初期因感情基础薄弱容易感到压抑或胆怯，友谊进展缓慢，但会随着交往的深入而逐渐成熟；有些人易受情绪的影响，在交往中经常遭受挫折，很难与他人建立起持久和谐的人际关系。

二、几种性格类型

许多心理学家试图对性格类型进行分类，于是形成了各种各样的性格类型学说或性格类型论。但由于性格问题的复杂性，至今还没有达成公认的一致意见。我们综合中外专家划分性格的方法，将人分为以下八种性格类型（见表 2.1）。

表 2.1　八种性格类型的特点

	交往意识	交往动机	交往方式	交往对象	交往进程
平和型	不积极交朋友，但能和任何人交朋友，朋友很多，人际关系稳定，给人的感觉友善、随和	能自然地融入现实生活，很少坚持自己的意见，态度较被动	不拒绝接受新事物，为人随和，为人处世顺其自然，乐于助人	能和任何人交朋友，但更喜欢和个性相近的人接触，愿意成全朋友	喜欢展露真实的自己，能容忍对方的缺点，甚至原谅对方的错误，友情能稳定发展
硬汉型	对人有明显的好恶；说话从不拐弯抹角；喜欢站在前方领导别人；乐于帮助他人，比较好强	交往没有目的性，为人处世的态度常赢得他人的好感	感情表达开放、热烈，爱憎分明；行动力强，有耐心，做事不轻言放弃，有独断专行的倾向	交往范围广，交往对象是能在感情上与自己产生共鸣的人，固定且保持交往的时间长久	交情稳固，并且能随交往的深入而变得更加深厚
踏实型	古板，不容易与人亲近，常以旁观者的眼光观察事物	理性，不轻易妥协；对于任何事物，一旦接受就不会改变	十分重视感情；意志坚定，有毅力和耐心；不急不躁，效率不高	不会很快结交朋友；交友范围较窄，往往是特定的某一类人	欠缺融通性，与人交往需要花更多的时间和精力，很想改变自己倔强的个性，却无法做到
开朗型	喜欢与人交往，见人自来熟，对人没有戒心，把所有人都看成朋友，但少有真正的知心朋友	交往的目的性不强，想法现实，行动力强；情绪变化很大，但恢复得也很快	适应能力很强，不会特意去选择交往方式，大方自然、积极乐观、乐于助人	与人交往无障碍，能很快、很顺利地扩大交往范围，不局限于某一类人	与他人的交情发展很快，但易受情绪的破坏，易受挫折，不易建立起持久和谐的人际关系
内向型	喜欢独处，不擅长与人交往，交往时选择性强；几乎不参加社交活动	不喜交际应酬，以自我为中心	选择性强，只交往喜欢的人，仅做喜欢的工作，对不喜欢的人和工作则漠不关心	很难结交朋友，感情容易受伤，不轻易表露感情，别人很难判断他的感觉和想法	因为压抑或胆怯，交往初期交情发展缓慢，但能够随交往的深入而使双方的感情变得深厚
耿直型	喜欢与人交往，不拘小节；嫉恶如仇，说话办事直来直去	交往的目的性不强，爱好也比较单纯，值得信赖	爱憎分明、感情丰富、直来直去、快言快语	交友范围广，其天真和朴实的个性很讨异性的喜欢，对配偶的忠诚度很高	喜欢顺其自然的交往方式，交情稳定且长久
博爱型	很容易与陌生人交往，积极主动，乐于助人。觉得给予比索取更重要	愿意付出，懂得关爱、体贴和照顾别人	适应力极强，对朋友忠诚、爱护，却不习惯接受别人的爱	热衷于人情往来，待人大方、慷慨，喜欢依靠自己的人，喜欢懂得回报的人	关系常常稳定持久；但对不了解自己思想情感的人，不易建立起持久和谐的人际关系
艺术型	喜欢在无人监督的情况下工作，处事比较冲动，喜欢独来独往	敏感度极高，寻求别人的接纳和赞美，常常通过一定的艺术形式来间接与别人交流以减轻疏离感	初见陌生人时，情感表达及沟通比较委婉；喜欢通过艺术作品来表达情感	感情细腻、丰富，但常会产生使他人难以理解的冲动；常把自己和别人隔得很远	缄默、害羞，活在自己的情绪中，交情易受情绪破坏，感情易受挫折，不易建立起持久和谐的人际关系

1. 平和型性格

平和型性格的人待人接物心平气和、脾气好、有耐心，对别人不要求，对自己不苛求；走路缓慢，常保持微笑，着装总体比较休闲。他们表面上和他人保持良好的接触，但事实上展现出来的并非真实的自我，而是屈就于社会传统和价值评判标准，非常在意他人的眼光。

2. 硬汉型性格

硬汉型性格的人具有一种百折不挠、坚强不屈的精神，说话从不拐弯抹角，做事不会顾虑周围人的感受，且不轻易接受失败。这一类人很有个人原则，个性很强，喜欢依照自己的想法去做事，根本不会意识到对周围人的影响，认为自己是在为别人而奋斗。

3. 踏实型性格

踏实型性格的人给别人的第一印象大部分都是“中规中矩”“古板”。他们信奉一切规矩，上班很少迟到早退（有事也会先请假），很少爽约，且对爽约的人很有意见。他们非常执着，工作脚踏实地，十年如一日；同时，他们也会永远记着某个帮助或伤害过自己的人。这类人一般没有什么脾气，可一旦发起脾气来会很吓人。

4. 开朗型性格

开朗型性格的人给人的第一印象是情感外露，热情直率，属于天生的乐天派。他们几乎对任何事情都会表现出乐观和热心，能从任何事情中发掘出自己的兴趣。他们的反应很快，说话幽默，总是能用生动的语言来描述一件事情，让人觉得很有趣；但他们通常都是蜻蜓点水，只触及事物的表面，给人一种肤浅的感觉。无论你提议干什么，他们都想干；无论你提议去哪里，他们都想去。他们相信“船到桥头自然直”，不喜欢受到规范的束缚，认为“只要我喜欢，没有什么不可以”。他们花钱没计划，花光了就借。他们给人的印象是多才多艺，但博而不精。他们有时会说一些不合时宜的话，无意中往往引起他人的不快。

5. 内向型性格

内向型性格的人感情及思维活动不外露，感情比较深沉，待人接物小心谨慎。他们觉得交际应酬很烦，不擅长与人交往而喜好孤独，感情容易受伤。他们有很强烈的自我意识，常因为过分担心而缺乏决断力。他们对新环境的适应性不强，但有自我分析与自我批评的精神，不愿让人看出自己的真面目。身处人群中时，. 他们会格外在意别人对自己的看法，这会使他们在人多的场合感到有些烦躁。这种类型的人优点是纤细、致密，缺点是沉默寡言、缺乏生气。

6. 耿直型性格

耿直型性格的人给人最深刻的印象是光明磊落、刚正不阿、心无城府、兴趣单纯、值得信赖等。他们做人做事毫不遮掩，善恶分明，即使以生命作为代价，也不愿改变自己，常常会因为固执而伤害他人的感情。他们不喜欢别人记仇，也不喜欢记别人的仇。他们总是能够赢得同事及朋友的信赖和喜欢。这种类型的人缺点是有时缺乏理智，并且因为直率坦诚的性格特点，容易被人利用和欺骗。

7. 博爱型性格

博爱型性格的人给人的印象是热情洋溢、古道热肠。他们喜欢交朋友，喜欢聊天，喜欢人情往来。他们渴望被别人需要，常常显得过分热心。他们觉得自己不可缺少，希望能成为别人生活中的重心，进而得到更多人的信赖。他们帮助的人越多，就会越快乐，付出时很容易、很自然，付出后总渴望别人回报，但不习惯接受别人的爱。他们常常因为对别人的生活介入太多，而忽略了自己的生活与应尽的责任。他们常常因为忙着帮助他人，而忽略了自己家人的感受。

8. 艺术型性格

艺术型性格的人有创造力、善表达、有原则、有个性、天真、真诚、善良，喜欢与众不同并努力成为卓而不群的人。这种类型的人非常情绪化，想象力丰富，喜欢做白日梦，充满神秘感，常常会表现出不快乐、忧虑的样子。他们很容易被生活中多样化及不寻常的事物所吸引，活得“飘忽自由”。他们感受性强，不愿伤害别人，但常会觉得别人在伤害自己，所以显得有些自怨自艾。

荣格的心理类型理论简介

在心理学的类型理论中，以瑞士心理学家荣格所提出的内倾型和外倾型性格最为著名。在荣格的人格类型理论中，有两种基本的心理态度：内倾（introversion）与外倾（extroversion）；有四种心理功能：思维（thinking）、感知（sensation）、直觉（intuition）和感受（feeling）。两者搭配即成为外倾思维型、内倾思维型、外倾感知型、内倾感知型、外倾直觉型、内倾直觉型、外倾感受型、内倾感受型等八种不同类型的性格。

三、认知的偏差

认识他人，包括对他人的外表、表情、言行、性格等方面的了解和认识。因为受到很多因素的影响，加之认识容易出现偏差，我们常常很难正确认识他人，从而造成交往中的障碍。

（1）首因效应。首因效应是指交往双方形成的第一印象对今后交往关系的影响，即“先入为主”带来的效果。虽然第一印象并非总是正确的，却是最鲜明、最牢固的，并且决定着以后双方交往的进程。如果一个人在初次见面时能给人留下良好的印象，那么对方就愿意和他接近，彼此也能较快地达到相互了解，并会影响对方对他以后一系列行为和表现的解释。反之，如果一个人在初次见面时就引起对方反感，即使由于各种原因难以避免与之接触，对方也会对之很冷淡，在极端的情况下，甚至会在心理上和实际行为中与之产生对抗状态。

（2）近因效应。在人们的交往中，最近了解到的情况、信息往往更占优势，能够否定或部分否定对他人过去的印象和评价，这就是“近因效应”。比如，平时大家觉得某人不怎么样，可他突然做了一件非常了不起的事，大家便一下子改变了对他的看法。一些好朋友最后成了仇人，大多都是近因效应在作祟。

（3）刻板印象。在社会交往中，人们常常会根据年龄、性别、职业、地区等特征对他人进行分类，从而对某类人产生一些笼统的、固定的看法，并以此作为评价他人的依据，这就是刻板印象。例如，认为老年人保守、青年人冒失、商人精明、知识分子文质彬彬等，这些看法也许与某些人的性格吻合，但“一概而论”就难免会与事实不符。

警惕认知偏差和光环效应

（4）光环效应。光环效应也叫晕轮效应，比如某人有某种突出的优点，就容易被积极的、肯定的光环所笼罩，被认为一切都好；反之，被认为一切都坏。

（5）归因现象。归因现象就是人们对他人（或自己的）行为进行分析并找出其行为的原因、动机、性质的过程。例如，一个学习一向不错的学生高考落榜，老师和同学就会得出不同的判断和推论：也许是身体不好，也许是怯场，也许是家里出了事情等。归因是一个复杂的过程，偏见往往造成归因失误，进而造成交往障碍。

人的性格类型，没有好坏之分。事实上，每一种类型的性格都有其优缺点。任何性格类型的人都能够与他人建立良好的人际关系；反之，任何性格类型也都可以导致恶劣的人际关系。了解自己及别人的性格类型，并不是要为每一个人都贴上标签，以自己的性格类型为借口而画地为牢，或是断言别人会有什么行为表现，而是要发挥它的积极意义，明白每一个性格类型的人都有朝着健康或病态方向发展的可能。

知识营

补充学习素材

达克效应

达克效应，全称为邓宁-克鲁格效应（Dunning-Kruger Effect）。它是一种认知偏差现象，指能力欠缺的人在自己欠考虑的决定的基础上得出错误结论，但是无法正确认识到自身的不足，也无法辨别错误行为。这些能力欠缺者沉浸在自我营造的虚幻的优势之中，常常高估自己的能力水平，却无法客观评价他人的能力。

康奈尔大学的克鲁格和邓宁研究发现，察觉不到自己无能的人往往容易变得自大，并通过对人们阅读、驾驶、下棋或打网球等各种技能的研究发现：

（1）能力差的人通常会高估自己的技能水平；

（2）能力差的人不能正确认识到其他真正有此技能的人的水平；

（3）能力差的人无法认知且正视自身的不足，以及不足的极端程度；

（4）如果能力差的人能够经过恰当训练大幅度提高能力水平，则最终会认知且能承认他们之前的无能。

案例链接

文学大师弗兰兹·卡夫卡

现代派文学的开山鼻祖弗兰兹·卡夫卡出生在布拉格的一个犹太商人家庭，他从小性格孤僻、沉默寡言、懦弱胆怯、多愁善感，总喜欢一个人躲在角落里发呆。父亲对他很不满意，觉得这不是一个男子汉应该具有的性格，于是煞费苦心地想把他培养成活泼开朗、能言善辩、坚强勇敢的人，还拿着皮鞭把他从家里赶了出来，逼着他与人交往，让他做自己不喜欢做的事情。

起初，卡夫卡也试图去改变自己，做一个让父亲喜欢的好儿子。可是，无论他怎么努力，都无法达到父亲的期望。那段时间，他自卑到了极点，觉得自己一无是处。父亲的严厉和粗暴令他更加恐惧和不安，甚至变得比以前还要懦弱、胆小。看到他这副没出息的尊容，父亲彻底失去了信心，索性不再管他，任他自生自灭。

卡夫卡和《变形记》（视频）

卡夫卡金句和部分作品简介

他一天天地长大成人，性格还是没有丝毫变化。但出人意料的是，他并非像父亲想象的那样无能，18 岁时他就考入了布拉格大学，后来还获得了博士学位。

更令人震惊的是，一次偶然的机会，他走上了文学创作的道路，把自己对生活的敏感、怯懦的性格、孤僻忧郁的气质、难以排遣的孤独和危机感、无法克服的荒诞和恐惧都融入了小说之中，形成了其独特绚丽的写作风格，其人其书成为那个时代资本主义社会的精神写照。他的《变形记》《判决》《城堡》等作品享誉全球，经久不衰，使他成为最负盛名的作家。

思考与讨论

卡夫卡的成功给了我们怎样的启示？

训练营

克服恐惧

游戏目标

分小组讨论，加深自我了解，增强团队的凝聚力。

游戏程序

（1）小组中的每位成员均将自认为在生活、学习或工作的圈子里，大多数人最害怕的事情简明地写在纸上。

（2）用头脑风暴法尽可能多地说出克服恐惧的方法。

（3）小组公推本小组相对最害怕在公众场合发言的成员，让他上台大声朗读克服恐惧的方法给大家听。

相关讨论

（1）你最害怕的事情是什么？有什么办法可以克服？

（2）大多数人都觉得在公众场合讲话会感到恐惧吗？你是否想过这些恐惧来自何处，如何解决？

（3）讨论一下可以克服在公众场合害怕讲话的方法。

（4）你的团队中是否有擅长在公众场合讲话的成员？他们可以帮助到那些感到恐惧的成员吗？听听他们介绍经验。

知识巩固与实践训练

一、不定项选择

1. 俗话说："当局者迷，旁观者清。"这说明了（　　）。

A. 旁观者即别人最了解自己

B. 不少人都有自知之明，觉得自己不如别人

C. 人无法认识自己，常常被事物迷惑

D. 要提高自我认识水平，就应多从他人的态度与评价中了解自己、认识自己

2. 对于他人对自己的评价，我们的正确做法是（　　）。

①既不盲从，也不忽视　　②走自己的路，让别人去说吧

③照别人说的去做　　④重视他人的态度和评价，冷静地自我分析

A. ①②　　B. ②③　　C. ①④　　D. ③④

3. 下列关于第一印象的说法，正确的是（　　）。

A. 第一印象的好坏，决定着我们对交往对象的评价

B. 第一印象的好坏，直接决定着交往能否顺利进行

C. 第一印象会决定交往的效果

D. 首因效应理论也称为第一印象理论

4. 通过读书学习来增强自身的文化底蕴，应该（　　）。

A. 掌握正确的读书学习方法　　B. 做到不动笔墨不读书

C. 培养对理论学习的兴趣和热情　　D. 有价值的书可以反复读

5. 关于形象的重要性，以下说法不正确的是（　　）。

A. 形象好坏与别人无关

B. 形象会影响自己的名誉

C. 形象会影响别人的心情

D. 形象不仅是公众人物的事情，也是普通老百姓的事情

6. 每个人都有自己不完美的地方，接受自己的不完美，每天给自己一个美丽的笑脸。这就是（　　）。

A. 悦纳他人的表现　B. 悦纳自己的表现　C. 自视清高的表现　D. 看不起别人的表现

7. 以下容易引起交往中的认知偏见的心理效应是（　　）。

A. 刻板印象　B. 蝴蝶效应　C. 光环效应　D. 首因效应

8. 研究表明，距离的远近、交往的频率、态度的相似性、个性的互补以及外形外貌等因素是影响人际交往中吸引和排斥的（　　）。

A. 主要因素　B. 辅助因素　C. 外部互动因素　D. 环境因素

9. “一好百好，一坏百坏”是一种（　　）。

A. 光环效应　B. 首因效应　C. 刻板印象　D. 近因效应

二、思考与讨论

你认为在家庭中沟通质量是由什么决定的？

三、案例分析

被原生家庭困扰20多年的高晓松终于醒来

有位男士在2018年3月31日播出的《奇葩大会》上，首次公开提到自己的原生家庭，提及自己和父亲的关系。“有长达二十年的时间，就是不自知的，因为对原生家庭的不满，尤其是我跟我父亲之间极为不好的关系，确实导致我年轻时出现了很多问题：讨厌别人干预自己，爱较劲。”“我从来没有问过我父亲一个问题，无论是学习还是其他方面的问题。”“直到40岁之后，我才真正走了出来。”

他说：“我以前是魂斗罗，好像根本不在乎这个问题。”

什么问题？就是他跟父亲的关系的问题。直到他40岁以后才回想起，二三十岁的时候，由于对原生家庭的不满，年轻的他出现了很多问题。

在外人看来，他拥有令人羡慕的童年，出身于书香门第，从小就接受了很好的教育。但我们不知道的是，即便是在高级知识分子家庭长大的他，也受到了原生家庭非常大的伤害。

心理学家武志红也在《奇葩大会》上回应道：家庭是整个世界、整个社会的缩影，而个人是整个家庭的缩影，讨论原生家庭是非常重要的。同时，武志红老师还在《奇葩大会》上说，我们现在讨论原生家庭并非在怪罪家庭，而是在寻找个人成长的原因，我们都可以对此做出改变。

思考与讨论

1. 为什么说讨论原生家庭是非常重要的？
2. 说说你的原生家庭对你有什么影响。

自我认知

自我认知测试

本测试是以著名的美国兰德公司拟制的一套经典心理测试题为蓝本，根据中国人的心理特点加以适当改造后形成的心理测试题，已被一些著名大公司作为对员工心理测试的重要辅助试卷，效果很好。试着测试一下，认识也许你不知道的自己！

注意：每题只能选择一个答案，并且应以你的直接反应为依据。

一、测试题目

1. 你更喜欢吃哪种水果？
   A. 草莓　B. 苹果　C. 西瓜
   D. 菠萝　E. 橘子
2. 你平时休闲经常去的地方是哪里？
   A. 郊外　B. 电影院　C. 公园
   D. 商场　E. 酒吧　F. 练歌房
3. 你认为容易吸引你的人是什么样的人？
   A. 有才气的人　B. 依赖你的人　C. 优雅的人
   D. 善良的人　E. 性情豪放的人
4. 如果你可以成为一种动物，你希望自己是哪一种？
   A. 猫　B. 马　C. 大象
   D. 猴子　E. 狗　F. 狮子
5. 天气很热，你更愿意选择用什么方式解暑？
   A. 游泳　B. 喝冷饮　C. 开空调
6. 如果必须与一种你讨厌的动物或昆虫在一起生活，你能容忍哪一种？
   A. 蛇　B. 猪　C. 老鼠　D. 苍蝇
7. 你喜欢看哪类电影和电视剧？
   A. 悬疑推理类　B. 童话神话类　C. 自然科学类
   D. 伦理道德类　E. 战争枪战类
8. 以下哪个是你身边必带的物品？
   A. 打火机　B. 口红　C. 记事本
   D. 纸巾　E. 手机
9. 你出行时喜欢乘坐什么交通工具？
   A. 火车　B. 自行车　C. 汽车
   D. 飞机　E. 步行
10. 以下颜色你更喜欢哪一种？
    A. 紫　B. 黑　C. 蓝
    D. 白　E. 黄　F. 红
11. 下列运动中，你最喜欢哪一种（不一定擅长）？
    A. 瑜伽　B. 骑行　C. 乒乓球
    D. 拳击　E. 足球　F. 蹦极
12. 如果你拥有一座别墅，你认为它应当建在哪里？
    A. 湖边　B. 草原　C. 海边
    D. 森林　E. 城区
13. 你更喜欢以下哪种天气现象？
    A. 雪　B. 风　C. 雨
    D. 雾　E. 雷电

14. 你希望自己的窗口在一座30层大楼的第几层？

A. 七层　　B. 一层　　C. 二十三层

D. 十八层　　E. 三十层

15. 你认为自己更喜欢在以下哪一个城市生活？

A. 丽江　　B. 拉萨　　C. 昆明

D. 西安　　E. 杭州　　F. 北京

二、计分方法

完成答题后，在表2.2中录入相应的选项得分，将分值汇总，得分解析可参阅附录“自我认知参考意见”。

表2.2　自我认知测试计分表

题目序号	各选项分值						得　分
	A	B	C	D	E	F	
1	2	3	5	10	15		
2	2	3	5	10	15	20	
3	2	3	5	10	15		
4	2	3	5	10	15	20	
5	5	10	15				
6	2	5	10	15			
7	2	3	5	10	15		
8	2	2	3	5	10		
9	2	3	5	10	15		
10	2	3	5	8	12	15	
11	2	3	5	10	15	20	
12	2	3	5	10	15		
13	2	3	5	10	15		
14	2	3	5	10	15		
15	1	3	5	8	10	15	
得分合计							

第三章 Chapter 3 我们周围的人际关系

学习目标

1. 认识我们周围基本的人际关系。
2. 运用所学的沟通技巧妥善处理人际关系。

关键概念

家庭关系　师生关系　同学关系　恋爱关系

导引案例

"改变世界的科技狂人"埃隆·马斯克和他的母亲

2018年2月7日（北京时间），被称为"改变世界的科技狂人"的埃隆·马斯克的太空探索技术公司SpaceX,在美国佛罗里达州的肯尼迪航天中心成功发射了全世界运载能力最强的超级火箭——"猎鹰"重型火箭。此时，埃隆·马斯克年仅47岁，他在互联网、太空探索、电动汽车三个领域均获得了开创性成果。

他是如何做到这一点的？

按照埃隆·马斯克本人的说法，就是因为"读很多书"和受他母亲的影响。从小学开始，马斯克几乎每天阅读十小时，一天可以读完两本书。他的阅读量是普通人的30倍。良好的阅读和学习习惯，来自那个影响他一生的人——梅伊·马斯克，疯狂不输给儿子的"超模妈妈"！

梅伊一生身体力行地教育子女。她在31岁时离婚，独自一人抚养三个儿女，曾为了孩子的学费同时打五份工。她用一句话断了孩子因为心疼妈妈想辍学的想法："这是一个非常愚蠢的想法。要知道，是你们让妈妈看到了自己的潜力。每一阶段的人生都各有使命，妈妈现阶段的任务就是让你们完成学业，以让你们以后有更多的选择。"马斯克在一次访谈中说道："我知道在我们三个孩子都上大学的那段时间，她过得很辛苦，可是她从来不抱怨，每次见她都是满脸笑容。这样的态度，是她给我们的最宝贵的财富。"

梅伊酷爱科学和阅读，每周两次的图书馆阅读是她的必修课，"做给孩子看"是她的教育理念。她从来不要求孩子按照自己的意愿去做事，而是尊重孩子的选择。孩子们在为梦想拼搏的时候，她也在忙自己的事业，她经营着一家营养公司，还把自己的经历写成了书。

本例原文（节选）

思考与讨论

怎样的亲子关系造就了"科技狂人"埃隆·马斯克？

大学生的人际交往也是一张复杂的"关系网"，在这张"网"中有对大学生的成长产生重大影响和次要影响的关系，如亲子关系、师生关系、同学关系等。这些人际关系主要是在生活和学习中形成的，能否处理好它们，对大学生的生活、学习和身心健康都将产生重要的影响。这些人际关系是大学生周围的“安全网”，保护大家免受太多的孤立、孤独，在日益变化的社会里也不断有新的内容、新的特色。人际关系是社会支持的基础，社会支持对个体应对生活变迁、危机事件等多种应激情境，改善个体的身心健康与社会功能，具有普遍的增益作用。

第一节　亲子关系

亲子关系指父母与子女的关系，它是家庭中纵向关系或者代际关系的核心，也是最基本的家庭关系。亲子关系就其自然属性来说是一种血缘关系，并且有绝对的稳定性、天然的感情联系和血浓于水的骨肉之情。亲子关系一旦确立，就会始终存在并伴随人的一生。

一、左右孩子一生的亲子关系

许多心理学研究证明：早期的生活经历，特别是原生家庭，对个人性格的形成起着至关重要的作用，对个人的生活会产生长期、深远的影响，父母对孩子的教养方式更是关乎孩子人格的建立以及成人后的人际关系和社会适应能力。20 世纪 50 年代有一个非常著名的“恒河猴实验”，其内容是把小猴和母猴隔离养育。实验结果证明：那些从未得到过母爱的小猴，不仅性情会出现反常，难以适应族群生活，而且缺乏情感能力去养育后代，它们的“猴生”几乎也是残缺不全的。作为灵长类动物一员的人类，与恒河猴的表现具有惊人的相似性。那些有父母陪伴，得到过父母更多关爱的孩子，人格更加健全，性格更加完善。而那些从小缺少父母关爱与陪伴的孩子则容易出现性格问题，不健全的心理和人格特质会对他们的生活产生不利影响。

“恒河猴实验”简介
（视频）

不同类型的亲子关系所具有的相应的社会性特征表现为以下几种。

（1）忽视或虐待孩子的父母。这一类父母更多地沉浸在自己的需要中，只会为孩子提供食宿和衣物等物质支持，而不会提供精神支持，同时也不会对孩子表现出爱和期待。他们既不关心孩子，也不对孩子提要求或对其行为进行控制，甚至对孩子持有拒绝或敌意的态度，更有甚者还经常打骂孩子，亲子之间缺乏交流和沟通。在这种环境下长大的孩子，成人后一般很难信任别人，也很难和别人建立稳定的关系；同时，他们的社会适应能力和自我控制能力往往也很差。

（2）专制和独裁的父母。这一类父母严厉且不民主，往往认为自己永远是正确的，孩子必须绝对服从。他们习惯于控制孩子的行为，并不觉得有对孩子解释原因、说明理由的责任和必要，一旦孩子出现偏差就予以惩罚。在这种教养方式下，父母和孩子的关系是不平等的，感情上也比较疏远。孩子会较多地表现出悲观、焦虑、退缩、易怒、缺少热情等负面情绪和行为，缺少自信心、好奇心、独立性、灵活性和创造性，在道德发展上往往不够成熟。父母的严格管教使他们认为不持异议地服从他人是处理人际关系和解决问题的最佳方法。

（3）容忍和放任的父母。这一类父母对孩子采取过分容忍的态度，往往忽视教育，疏于引导，很少对孩子提要求，很少为孩子提供他们所需要的帮助，对孩子放任自流。有的父母对孩子漠不关心，还有的父母任凭孩子“做自己想做的事情”，并声称这是民主，是尊重孩子的个性，是给孩子充分的自由。常听到这类父母的困惑：“我供他吃，供他喝，掏钱让他上最好的学校，他还要什么？”他们错误地以为，用这种赎买式的教育方法就可以代替自己在孩子感情方面的付出。在这种教养方式下长大的孩子成熟得较晚，自我控制能力差，很任性，缺乏恒心和毅力，对父母表现出很强的依赖性；在工作中不服从管理，不善于与人合作，不懂得尊重别人，很难严格要求自己，缺乏持久执行计划的毅力。

（4）民主和权威的父母。这一类父母既注重让孩子自主性发展，也注重培养孩子遵守纪律和规则的良好习惯。他们合理地引导孩子的认知和行为，重视孩子的表现，能做到正确、及时且恰当地予以表扬或惩罚。他们还注重与孩子的交流，当由于种种原因必须行使权力时，会向孩子说明必须这样做的理由。这种建立在合理关心孩子、爱护孩子、尊重和理解基础上的权威，对孩子的成长大有裨益且具有指导作用。这一类父母不仅与孩子关系亲密，而且还是子女的榜样。在这种教养方式下长大的孩子自信、成熟、理性、乐观向上、善于与人交往。

现实中，家长的教养方式可能是以上四种类型的一种或两种的混合；同时，父亲和母亲也许会各自采用不同的教养方式。但无论采用哪种教养方式，都应注重孩子各个方面的发展。

推荐扫描二维码观看视频，看看视频中的父子属于哪种类型的亲子关系。

父与子——千禧婴孩档案（2016）片段

二、亲子关系的特点

孩子与父母的关系是“人际交往的第一关系”。父母无法选择自己的孩子，孩子也不能选择自己的父母，且无论是否愿意，双方都必须接受这种关系。在大学阶段，这种关系具有以下几个特点。

（1）亲子间的间接交往方式。很多大学生远离家乡到异地求学，与父母见面的机会不多，平时都是通过电话、短信、QQ 或者微信等方式进行联系和沟通。即使是这样的联系和沟通，次数也在逐渐减少，有些大学生只是在需要用钱时才会想起父母。这就使得父母对孩子的影响力和控制力大大减弱。

（2）亲子间感情的不平衡。这种不平衡表现为：父母的感情明显地偏向于孩子，把感情的重心都放在孩子身上。他们甚至还会时时留意自己孩子所在城市的天气状况、治安状况、交通状况等。而孩子的家庭离心倾向却显著增强，进入大学就意味着他们开始踏上了自己的人生之路，会逐渐脱离父母的管束，进而追求精神上的独立。他们对社会和人生的看法与父母有着较大的差异，这常常会造成双方缺少共同语言。即使是放假回家，有些大学生与父母沟通、交流的时间也远远少于与朋友相处的时间。

（3）亲子关系在不同阶段存在差异。大一新生由于离家不久，刚进入一个陌生的环境，和父母的感情尚处于较亲密的阶段；大二学生正处于学业中期，学业比较紧张，和同学们已有了深入交往，有了自己新的朋友圈子，与父母的联系处于较疏离的阶段；大三和大四学生经过两三年大学生活的熏陶和学习，得到了锻炼并进一步成长，思想也日渐成熟，慢慢地对父母有了更多的理解、体谅和尊重，同时还面临就业压力，因而通常会更多地寻求来自父母精神上的支持，这一阶段的亲子关系已趋于稳定和成熟。

三、与父母沟通的技巧

随着时代的变迁，大学生难免会在理解模式、行为模式和生活理想、生活方式、个人发展等方面与父母存在很大的差异，也就是所谓的“代沟”。大学生要想缩小与父母之间的代沟，处理好与父母之间的关系，就要掌握相关的沟通技巧。

1. 多与父母沟通

沟通的前提是了解对方，关心对方，认为和对方沟通是有价值、有意义的事情。大学生要相信父母是爱自己的，自己也是爱父母的。也许父母对自己要求很严格，但这只是他们的一种教育方式；也许父母把小时候的自己交由保姆照顾或放在了爷爷奶奶家，但他们一定是万不得已才这样做的。

大学生要积极主动与父母交流，这会给自己带来极大的益处。一旦遇到困难，就能自然地向父母倾诉，寻求他们的理解和支持；即使他们的回应有时会夹杂着教训与责备，也要耐心听父母把话讲完。要知道，教训、责备或者啰唆可能仅仅是他们对孩子表达担心、关切和爱护的一种方式。

2. 理解父母

大学生已经是成年人了，所以应从一个成年人的角度来理性地认识和理解父母，并从父母的经历、年龄、地位、能力等背景来认识他们，而不要用完美、理想的标准来要求他们。无论父母说得正确与否，他们的本意都一定是为子女好，这是毋庸置疑的。只不过子女与父母的年龄、经历和生长年代不同，所以对问题的看法也难免有差异，我们应该予以理解。毕竟大部分父母都是普通人，他们也有缺点，也会说错话、办错事，作为子女应该理解尊重父母。对待父母不要太较真，更不要让他们伤心。随着年龄的增长，子女一定能逐渐体会到父母的用心。其实，能听到父母的唠叨是件很幸福的事。

3. 求同存异

人的思想不可能完全相同，尊重别人与自己的不同，包容别人和自己的不一样，求同存异无疑是最好的处理方式。由于“代沟”的存在，父母与子女在各方面难免会存在较大差异。尽管父母一辈阅历丰富，但有时也难免会做出一些在年少气盛的子女看来是匪夷所思、莫名其妙的事。作为子女，要多学习他们观察、分析和处理问题的方式与方法，借鉴他们人生的经验教训，使自己少走许多不必要的弯路。

> 我们的原生家庭已不能改变。读者将来成家立业，希望塑造一个什么样的家庭环境？编者建议既要向传统文化学习，也要向西方文化学习。
>
> **中西方家庭教育方式对比**

4. 不要让父母担忧

人际交往要把握好“度”，与父母相处也是如此。亲子之间亲密无间无话不谈是好事，但也不能什么事情都告诉父母。尤其是一些糟糕的事情，还是不说为好，省得他们担心，比如有时某句不经意的话可能就会让父母忧心忡忡。因此，与父母交谈时要把握好“度”，尽量做到“报喜不报忧”，这样既能减轻他们的担忧，也能缓解自己的压力。

大学期间，我们不仅要学习专业理论知识，还要学习如何做才能成为一个合格的家庭成员。俗话说“家和万事兴”，一个人如能处理好家庭关系，也将会促进其在学业、情感、未来事业等各方面的发展。

知识营

原生家庭

原生家庭是指儿女还未成婚，仍与父母生活在一起的家庭。原生家庭的气氛、家人的习惯、家人互动的关系等，都会影响子女日后在自己新家庭中的表现。人要认识到自己原生家庭的影响，才不致将原生家庭中一些负面的元素带到新家庭中。从出生到死亡，我们始终脱离不开一个单元——家庭。家庭赋予了个人太多的东西，有希望、鼓励、幸福、平和……同时，也有失望、打击、不幸、暴躁……每个家庭都兼具功能良好和功能失调，直接影响着我们的一生，甚至会让我们陷入家族命运的轮回。

弗里曼（Freeman）曾提及原生家庭对夫妻关系的影响。

对不起，从来就没有好的原生家庭

（1）我们会从夫妻关系中寻找原生家庭缺少的情感。例如，来自缺乏安全感家庭的人，就会想在伴侣身上找到安全感。

（2）我们择偶时，会希望在对方身上满足我们在原生家庭中未满足的需要。

（3）我们都背着这些原生家庭中未了的情感包袱，希望在新的婚姻关系或家庭中得到解决。

（4）我们在原生家庭得不到满足的话，就会只顾索求，没有能力为伴侣付出。这种看法虽然有点悲观，但是如果勇于面对自己原生家庭的问题，就会有新的动力重新去爱。

（5）夫妻关系中的问题，小部分是因为缺乏关心和爱，但大部分还是因为原生家庭中有未解之结。这种看法或许带有谅解和盼望的意味，但也并不是鼓励你将问题全部归咎于原生家庭，而是鼓励你去正视原生家庭遗留下来的问题。

社会支持系统

社会支持系统是个体通过与环境中人物的互动，所建立的一种关系网络。通过社会支持系统，个人得以维持社会身份并获得情绪支持、物质援助和服务。

依据社会支持系统的观点，个人所拥有的社会支持网络越强大，就能够越好地应对各种来自环境的挑战。个人所拥有的资源又可以分为个人资源和社会资源。个人资源包括个人的自我功能和应对能力，社会资源是指个人社会网络的广度和社会网络中的人所能提供的社会支持功能的程度。

社会支持的内容和形式具体可分为以下六种。

（1）相互依存。如通过婚姻，个体可建立夫妻间的亲密关系；相互依存关系缺乏时会让人感到孤独、空虚，心理适应困难。

（2）社会整合。得到社会关心，在工作中相互联系、交流经验都属于社会整合的内容，社会整合不足时会让人感到生活枯燥，甚至痛苦。

（3）抚育机会。有无小孩，对成人具有责任性意义，有小孩会让人拥有更多的生活乐趣。

（4）信任和安全。个人社会地位的坚固性和其在家庭成员、同事、朋友心目中的地位影响其信任和安全感，信任和安全感较低时会让人有无能之感。

（5）可靠的结盟。个体与亲属联系；如果长期与家庭成员脱离联系，就会有被分离、被限制之感。

（6）获得指引。当精神紧张时，社会支持特别是重要集团提供的支持、帮助与指导，对个人顺利度过心理危机期和防止情感创伤十分重要。

近几十年来，“社会支持”这一概念在多个学科领域得到了广泛的研究，社会支持被誉为“黄金变量”。人在社交过程中，交往数量、质量都会对其身心造成许多影响。

案例链接

爱的沟通（节选）

尤今（新加坡）

在女儿成长期间，我常常给住在同一个屋檐下的她写信。

在写给女儿的信里，有爱，也有期许；有赞美，也有批评。

发现她怠惰于学业时，我在信中写道：“女儿，你是否注意到，后院曾经结果累累的酸柑树奄奄一息了？你知道原因吗？那是因为我疏于照顾。我忘了施肥，我懒于杀虫，我没有铲除野草。现在，它结出的果实，不但稀稀落落的，而且又干又瘪。昨天，我连续切了好几颗，每一颗的汁液都极少，根本做不成你爱喝的酸柑冰橘茶了。女儿，课业，其实就好像是酸柑树一样，它是需要照顾的，你不能让它自生自灭。你这个阶段成绩退步了，你好好分析过原因吗？一棵酸柑树如果全然枯萎了，就算你要救它，也无从救起了，病从浅时医啊！我愿意给你提供一切的帮助。请告诉我，你需要什么，我等着听。爱你的妈妈。”

我发现，写这样的一封信，比我双眉紧蹙地在孩子耳边絮叨不休或是柳眉倒竖地拍桌大骂有效得多。

孩子有好的表现，我绝不吝于赞美：“女儿，这一周，你总共读了三本课外书，好棒啊！你爱写作，而文学素养就源于大量的阅读，文字是会养文字的。书籍，是心灵的美容剂、精神的维生素，你爱阅读，可以说已经找到终身快乐的钥匙了。”

最妙的是，书信沟通渐渐形成了一种双向交流，女儿也常常给我写字条。她会把字条藏在我的枕头下、冰箱里、碗柜中、信箱内。字条写得很短，却常常出其不意地带给我惊喜；偶尔，也醍醐灌顶地给予我警惕。例如：“我对您的爱太多太多了，一时用不完，放一些在冰箱里冻着，可以保鲜呢！”“妈妈，昨天您在客人面前批评了我，您知不知道这对于我是一种多大的伤害！再说，这样做，也于事无补啊！以后，如果我做错了事，请直接点醒我，好吗？”

16 岁那年的母亲节，她送了我一面镶嵌在古朴木框里的镜子，以清丽的字迹在木框上工工整整地写道：“妈妈，每当您揽镜自照时，便会看到一个在我心目中最最重要的人。这个人，我对她倾注了所有的爱。亲爱的妈妈，祝您母亲节快乐！”

思考与讨论

谈谈你读了上述案例后的感受。

训练营

不要激怒我

游戏目标

语言和态度是人与人之间沟通时最主要的两个方面。在对抗的时候，有的人说出的话是火上浇油，有的人说出的话就是灭火器，效果完全不同。下面这个游戏的目标就是教会大家避免使用那些隐藏有负面含义甚至敌意的词语。

游戏程序

（1）以 3 人组成一个小组，每个小组准备一张白纸，在 3 分钟的时间内用头脑风暴法列举出尽可能多的会激怒别人的词语。

（2）每个小组写出一个 1 分钟左右的剧本，当中要尽可能多地出现那些会激怒人的词语，时间为 10 分钟。

（3）各小组轮流表演，其他小组的成员在纸上记下自己所听到的会激怒他人的词语。每个小组表演结束后，其他小组给该小组打分，得分最高的那一组获得“火上浇油奖”。

（4）评分标准：①每个激怒性词语给 1 分；②每个激怒性词语的激怒程度给 1～3 分不等；③如果表演者能在说出这些激怒性词语时表现出真诚、合作的态度，另外加 5 分。

相关讨论

（1）什么是激怒性词语？我们倾向于在什么时候使用这些词语？

（2）如果你无意间说的话被人认为具有激怒性质，你会如何反应？你认为是你自己的看法重要，还是别人对你的看法重要？

（3）若无意间说了一些会激怒别人的话，你认为该如何挽回？是马上道歉吗？

第二节　师生关系

进入大学后，大学生必须面对新的师生关系。由于大学教学的独特性，师生间交往不多，所以师生关系一般没有中学时期密切。同时，由于大学生的独立性更强，对老师的依赖感也逐渐减弱。尽管如此，师生关系在大学生人际交往中仍占据重要地位。

一、大学师生关系的特点

师生关系是大学生活最基本的人际关系，影响着教育过程和结果。师生关系的基础是教学过程，大学师生间的交往主要集中在“教”和“学”这两个既相互渗透又相互独立的过程中。在教学过程中，教师的知识视野及对相关问题的掌握处于优势地位。

（一）师生关系的基础是教学过程

在师生关系中，教师占主导地位。学生接受知识的效果如何，与教师“传道授业解惑”的水平密切相关。教师的主导地位，使得以下几点成为影响大学师生关系的主要因素。

1. 教师的学识

“学高为师”。一般而言，学生在遇到与学习有关的“功课问题”“学业问题”时，会主动寻求老师的帮助。他们对那些知识渊博的老师更信任、更敬佩，也更愿意接近。所以，在其他条件基本相同的情况下，知识丰富、学识渊博的老师更容易与学生建立起良好的人际关系。

2. 教师的教学艺术

因为学生首先是通过教师的授课来了解教师的，所以教师的个人修养、社会阅历、专业知识、授课水平的高低决定着其受学生欢迎的程度。那些教学艺术、授课水平高的教师最受学生欢迎，因此也比较容易与学生建立起良好的人际关系。

3. 教师的人品

“身正为范”。教师不仅要向学生传授知识，还要教学生做人做事的道理。教师的人格魅力对学生潜移默化的影响，往往会伴随其一生。在大学生成长的道路上，每逢关键时刻，听从名师的指导、点化，是获得成功的重要途径。

（二）多层次、多性质的人际关系

大学师生关系是由教师和学生在学校这一特定环境中，通过直接交流而形成的多层次、多性质的人际关系，具体包括师生间的公务关系（教学关系）、师生间的个人关系、师生间的心理关系和师生间的伦理道德关系四个层面的关系体系。

1. 师生间的公务关系

师生间的公务关系是在特定的教学过程中，为完成一定的教育任务，以“教”与“学”为中介

而形成的一种特殊的社会关系。这种关系是以施教与受教关系为核心的，是师生关系中最基础、最基本的一种表现形式。在公务关系中，“教师”与“学生”的社会角色是固定的，不能僭越。

2. 师生间的心理关系

师生间的心理关系是师生通过教育教学活动中的实际交往而形成和建立的人际情感关系。这种关系能使师生摆脱“教师”和“学生”的固定社会角色的束缚，实现师生在人格、精神和情感信息方面的传递与交流。师生之间的心理关系在教育过程中有巨大的调节作用。教师对教学的热爱可以激发出教师的事业心和责任感，使教师趋向于关心学生，缩短自己与学生之间的心理距离，从而取得更为良好的教学效果。教师对学生的喜爱及暗含于教育中的期待，会使学生体会到教师对自己的肯定，激发起学生极大的学习热情和积极性，从而增强学生的学习欲望，提高学生的学习效果。

3. 师生间的个人关系

师生间的公务关系和心理关系往往是群体性的、正式的关系。师生之间也会发生群体性、正式关系之外的非正式关系，即个人关系。这种关系往往表现在“私人空间”中，师生间的交往没有正式关系中的拘谨、刻板及模式化倾向，能缩短师生之间的心理距离，并实现正式关系中难以达到的深刻了解和情感沟通。

师生之间只有以互相尊重、平等相待为前提，以互不干涉私人生活和私密空间为边界，才有可能构建起和谐的师生关系。有了和谐的师生关系，才可能产生更好的教育效果。师生之间如果不能建立起相互信任、相互尊重的关系，一旦在师生关系处理上出了问题，就有可能引发矛盾，处理不好的话还会激化为更大的矛盾。

4. 师生间的伦理道德关系

师生间的伦理道德关系是指在教育过程中，教师和学生双方都应履行自己道德义务的关系。这种关系是靠责任感、义务感来维持和巩固的。

在教育教学过程中，道德关系十分复杂。由于教师和学生在知识、经验、社会阅历等方面实际存在差异，师生关系也体现为一种代际关系。师生之间的这种代际伦理关系又不同于一般的代际伦理关系（比如“父子关系”），这种关系主要是靠教师的责任心和义务感来维系，包含着更深层次的文化和教育内涵，而不仅仅是教师用年龄和权力上的优势来对学生进行支配与管理。师生间良好的道德义务关系表现为教师对学生的尊重和教育学生成才的高度责任感，忠实地履行教书育人的职责；学生对教师的劳动和人格的尊重，自觉地维护教师的声誉和威信。

（三）师生关系的亲密程度受有关因素的影响

大学师生关系的亲密程度受学生个人属性因素的影响，有一定的特点和规律。

（1）学生的年级和年龄与大学师生关系的亲密程度有关。随着年级的升高和年龄的增长，师生关系亲密的学生比例也在增加。

（2）学生的主动性在师生交往中起着重要作用。主动与老师交往的学生师生关系亲密程度高；反之，被动与老师交往的学生师生关系亲密程度低。

（3）学生的性别和性格影响师生关系的亲密程度。一般来说，男生与老师关系亲密的比例高于女生；性格外向的学生与老师关系亲密的比例高于性格内向的学生。

（4）学生的自我评价影响师生关系的亲密程度。学生对师生关系自评正向的师生关系亲密程度较高，学生对自身交往能力自评正向的师生关系亲密程度较高。

二、与老师交流的原则

“亲其师，信其道”。师生之间的关系，直接影响着教学活动的开展，影响着教育工作的效果。良好的师生关系，有利于调动师生双方的积极性、主动性和创造性，有利于营造轻松愉快和生动活泼的教学气氛，有利于提高教学信息传输的速度和效率。

1. 尊重理解

学生尊重老师就是要“以师为本”，敬重、理解和信任老师，把老师当作朋友，接受老师的引导，主动与老师进行学业的交流与情感的沟通，积极、主动地参与到各项教育教学活动中。这样不仅有利于师生关系的和谐，还有利于学校的管理和学生的身心健康。

理解是人与人交往的基本方式。学生理解老师，就是要站在老师的角度，体谅、接纳他们，不仅要听懂他们的话语，而且要理解他们的思想，如此才能实现师生之间精神的沟通与心灵的碰撞。

2. 主动自律

主动交流，不仅仅是学生平时主动向老师打招呼问好的行为，更要有勤学好问的好习惯。课堂上，积极回答老师的问题，主动提出问题与老师交流互动，与老师共同营造一种生动、活跃的课堂气氛；课外，在学习、生活、思想上遇到问题时，学生都可以主动找老师沟通交流。经常向老师请教学习上的问题会加深师生之间的了解和感情，逐渐形成合作共享、真诚友爱的和谐关系。

大学生不仅要在思想上强化尊师的意识，还要在行为上真正做到尊重老师。课堂上，要尊重老师的工作、劳动成果，认真听课，积极与老师互动等；课外，也要尊重、理解、信任老师，礼貌对待老师。

3. 坦诚宽容

人无完人，老师也不例外。在教学中，老师的知识再广博、阅历再丰富，也难免会出现个别差错和失误。因此，不能一味盯着老师的短处和过失，而应以坦诚和宽容的态度，以恰当的方式给予善意提醒，帮助老师纠正错误。坦诚和宽容实际上是一种能力，通过换位思考就能做到。师生之间都抱以坦诚和宽容的态度，没有了心理防线，双方的关系就会由陌生变得融洽。

4. 关心体谅

相互关心，相互帮助，体现在师生关系上，就是老师爱学生、学生爱老师。老师也是血肉之躯，有情感，有苦恼，可能有偏见，也难免有过失。教师节、新年等节日中，学生的一张小小贺卡、一条祝福短信，都蕴含着对老师的感激之情，对老师来说是莫大的安慰和幸福。

三、与老师交流的艺术

长期以来，教师这一职业总是给人一种神秘感，神圣、伟大，甚至高高在上。实际上，老师十分愿意和学生交流，很想倾听学生的心声。所以，学生应该敢于和老师交流、沟通。

1. 掌握正确的沟通技巧

（1）寻找恰当的机会。待老师有一定的闲暇时，与其沟通、交流，效果会更好。

（2）与老师交流时，态度要大方、自然、放松，不要吞吞吐吐，也不要过分拘谨。

（3）在交流中，老师可能会针对你的缺点和不足提出批评与建议，这时应该虚心接受，理解老师是出于好心，千万不要因为误会而影响交流。

（4）有的学生因为害羞、胆怯，不敢与老师面对面交流。在这种情况下，最好是采用书面形式与老师交流。注意先理清自己的思路，提出自己的想法，再请求老师给予帮助和指导。

2. 有效运用沟通载体

师生沟通的载体，也可称为师生沟通的媒介，是指师生沟通中信息传递与反馈的承载物。沟通载体是多种多样的，要根据沟通的目的与内容进行选择和运用。有效运用各种载体，能提高沟通效果。

（1）打电话。打电话是最直接的沟通方式。通过打电话直接和老师交流，因为老师不在身边，会减轻不自在和尴尬感，还可以获得与面对面交流相同的效果。现在，很多老师都会向同学们公布自己的电话，在合适的时间给老师打电话是最简单、最有效的沟通办法。

（2）发短信。如果感觉打电话不妥或者有顾忌，发短信也是与老师交流、沟通的不错方式。一般来说，除非有特殊情况，老师在收到学生的短信之后都会及时回复的。

（3）发电子邮件。如果短信不能把自己的情况说清楚，电子邮件则完全可以。电子邮件具有容量大、易于保存等优点，便于传递资料、数据及文件信息，如果有条件的话可以给老师发一封电子邮件。发完邮件后，可以给老师发一条短信告知或者当面提醒老师在方便的时候查收邮件，老师也一定会认真回复的。

（4）即时在线交谈。在线交谈类似于面对面交谈，且方便、快捷，既可以借助于电脑，还可以借助于手机。较常用的在线聊天软件有微信和 QQ 等，这些软件可免费使用且功能丰富、设计极具人性化，十分便于沟通双方进行文字、视频或语音聊天。

师生间沟通的载体较多，为达到良好的沟通效果，选择与运用的载体要有针对性，符合沟通内容和实际的需要。同时还要充分注意信息过滤问题，由于师生间在知识、经历、年龄、角色等诸多方面的不同，双方对同一信息可能会产生不同的或截然相反的理解。所以，交流传递的信息，不仅要考虑自己的诉求，也要考虑教师理解和接受的具体情况。

案例链接

我和大学老师的故事

大一时，因为要参加比赛，需要请一位老师做指导。经过同学介绍，我认识了奚老师。奚老师很会打扮，是一位集优雅和知性美于一身的女性。她在系里众多老师中年龄尚轻，但已获得副教授职称。

我们兴致勃勃地组队，没日没夜地写方案，不断地调研、修改，终于成功进入了学校的决赛，只要通过决赛便可以进入省赛了。

可是最终我们输掉了，没有进入省赛。后来我躲在被窝里偷偷哭了好久。奚老师了解情况后，反倒安慰我们，让我们下次继续努力。

大二开始，奚老师成了我们的专业课老师。一次偶然的机会，得知奚老师去了珠江钢琴公司参观，我便随口问道："我可以去那里实习吗？"过了一天后，奚老师发信息给我："我已经和那边的经理联系好了，你打电话跟他约时间就行。"我不敢相信，既紧张又激动，大二就收获了第一次实习的宝贵经历。

大学四年我感到最遗憾的事就是拍毕业照时没能跟奚老师合影，那时候她刚好出国游学了。尽管如此，她还是在遥远的美国给我们发来了贺电，庆祝我们从学校走向社会。

毕业后，我断断续续地与奚老师保持着联系。有一天，她问我能否以嘉宾的身份回校参加师弟师妹们的模拟面试实操课。听后，我感到受宠若惊。

回校的那一天，奚老师看见我的第一句话就是："打扮得还是那么像小女孩。"我笑哈哈地回应道："这样更能亲近师弟师妹嘛。"这简单的对话很快就温暖了整个办公室。

在整场模拟面试中，我对师弟师妹们进行了充分的点评，得到了大家的赞赏和支持。中午吃饭时，奚老师对我说："大一你找我做指导老师，我看了你们的方案，感觉水平不够，进不了省赛也是意料之中的。当时我在想，这个小女孩虽然做得不怎样，但还是挺努力的。没想到这几年变化这么大，原来还真看不出。"

听了老师的话，我才明白原来那时候的我们迷之自信有多强烈。

本例原文

思考与讨论

1. 从上学至今，哪位老师让你最难忘？
2. 老师的哪件事情让你难忘？

训练营

假如我是老师

游戏目标

体会老师的工作，检讨与老师沟通的方法。

游戏程序

1. 可推荐或自荐上讲台扮演自己印象最深的老师，台下的同学尽量展现出自己最不爱听课时的状态（表演人数限 3～5 位，每位限时 3 分钟）。
2. 由扮演老师的同学向大家介绍自己表演时的心情及解决学生"不爱听课"这一问题的办法。

相关讨论

（1）游戏中遇到了哪些"矛盾"？解决得如何？

（2）站在学生角度讨论改善师生双方交流的方法。

（3）遇到不喜欢的老师，是否应该放弃学习？

第三节　同学关系

同学关系是大学生人际交往中的主要关系。大学新生大多是初次远离家门，离开熟悉的学习和生活环境，离开父母无微不至的关爱，顿感孤独和不适，迫切希望得到友爱与归宿感。因此，大学生之间很容易建立起友情。

一、大学生人际交往的基本特点

（1）开放性。首先，表现为交往对象的开放，不仅有同性同学，还有异性同学。其次，表现为交往范围的开放，不仅有本班同学，还有其他班级、系别、院校的同学。最后，表现为社交内容的开放，不仅有学习上的事情，还有许多社会上的事情也渗透进来，特别是勤工助学活动的开展，使大学生有机会与社会联系在一起。

（2）独立性。大学生人际交往由以往的依赖型向自主型转变，由于人际交往中的依赖心理不断减弱，自主意识明显增强，越来越多的大学生开始通过自身努力来解决学费、生活费等经济问题和就业问题。他们走向实践第一线，参与各种社会实践活动，不断增强自身的综合能力，为以后走上工作岗位打下良好的基础。

（3）互助互惠性。社会交往产生的一个重要原因就是人们的相互需要和依赖，其遵循的原则为“代价—报酬”原则，或称作利益交换原则。从能力上来看，能力弱小的个体必然会产生对他人、集体和社会力量的需求与依赖，通过借助这些力量克服所遇到的困难；从思想感情上来看，个体有对他人和社会的依赖感、归属感；从交往的任务上来看，要使个体能力得到最大限度的发挥和发展，就必须投入到与他人的合作交流中。作为社会群体的一部分，大学生的人际交往也存在互助互惠性，以使双方获得物质、精神上的满足。

（4）情感性。大学生的社交，无论是学习上的互相帮助，思想上的激励上进，还是物质上、娱乐上的合作，都表现出较强的感情联系。其主要体现在两个方面：一是大学生正处在青春期，其行为带有浓厚的情感性，如好恶常溢于言表，好友之间朝亲夕仇的事时有发生。这种社交情感具有跳跃性、没有固定的对象，并且比较常见。所以在大学生之间，如果没有严重的交往失误，几经反复又能较快地重新建立起交往关系。二是大学生之间利益关系纽带不强，在交往中彼此无经济上和思想上的依赖，都尽力保持着自己独立的人格，故易交易散。

（5）多样性。人际关系的多样性是指人际关系具有多内容、多形式和多层次性，反映了人际关系的复杂性。大学生人际关系既有个人之间的关系，又有班级、宿舍之间的关系，还有跨专业、跨系别、跨院校之间的关系；既有同性之间的关系，也有异性之间的交往；既有友谊，也有爱情，还有敌视与不友好。从人际交往方式和频率来看，大学生凭借各种现代化的传播媒介，既能够在一定时间内与众多人交往，又能够在一定时间内完成多次交往。

（6）客观性。大学生人际关系的客观性是指人际关系在社会活动中是确定的，具有现实性和真实性，而不是人们随意的主观想象。从表现来看，人际交往看似取决于人的主观动机，即每个个体想与谁交往就可以与谁交往，实则都必须承认和接受社会人际关系的客观现实，都必须面对自己所处的人际环境。大学生必须正视这一点，并通过不断的自我调整建立和谐、现实的人际关系。逃避现实是不可取的，否则将导致个体产生心理障碍。

（7）动态性。大学生处于长身体、长知识的关键时期，世界观、人生观和价值观还都处于形成之中；同时，宿舍人员的变动、团体人员的变化等都决定了其人际关系必然处在不断的变化之中。如亲密关系和非亲密关系的相互转化，随着新旧成员的转变建立起新的人际圈，包括学习圈、社团圈、兼职圈、娱乐圈等。这些交往圈中的成员在互动的过程中形成了一种特殊的、共同的价值观念、行为规范以及认同、归属的心理等，从而形成特定的生活方式、语言习惯等。

知识营

大学生的“亚交往圈”

大学生的“亚交往圈”，是以大学生为主体的一种社会关系网，每个交往圈都是个体的社会支持网。

（1）社团圈。社团是指学生在自愿基础上形成的各种群众性文化、艺术、学术团体。社团不分年级、系别，甚至没有学校的界限，由兴趣爱好相近的同学组成，在保证学生完成学习任务和不影响学校正常教学秩序的前提下开展各种活动。其目的是活跃学校的学习氛围，提高学生自治能力，丰富学生课余生活；

使社团成员之间可以交流思想，切磋技艺，互相启迪，增进友谊。社团的种类很多，包括各种学术、社会问题研究会，文艺社、棋艺社、摄影社、剧团等。

（2）学习圈。学习圈是大学生为了某种资格考试，如考驾驶证、考职业资格证等，本着共同的目标而形成的一个圈子。由于在学习兴趣上的一致性，彼此拥有共同的话题。在通向共同目标的道路上，彼此互相鼓励，共享信息与心得。

（3）兼职圈。由于大学期间属于个人支配的时间较多，不少大学生会利用节假日在外兼职。兼职圈是由同做一种兼职的同学互相帮助、互相交流经验而形成的一个圈子。在这个圈子中，同学们彼此共享资源，以获得更多的职业信息，但它又具有不稳定性。

二、影响大学生人际关系的主要因素

影响大学生人际关系的因素多而复杂，总体上可分为两类，即客观因素和主观因素。

1. 客观因素

（1）时空接近。大学生人际关系形成和存在的根本条件，就是个体的时空接近性。只要日常生活的时空充分接近，大学生之间必然会产生人际关系。那些时空接近而素无往来的学生之间并非没有人际关系，只是较为疏远。时空接近是大学生彼此了解和认识的前提，也是人际吸引或人际排斥的基础。在其他因素的作用下，时空接近可能成为维持良好人际关系的必要条件，也可能成为产生人际关系障碍的客观原因。

（2）态度相似。虽然态度属于个体内部心理方面的特征，但个体之间的态度相似与否是客观的。态度相似，个体之间就有更多的共同关注点，从而容易相处和交流；态度迥异，个体之间则难以找到共同的话题，相处、交往起来便多有冲撞，如不注意调整自己的行为，往往会使人际关系失调。

（3）需求互补。人的需求各有不同，因此需求互补成为个体交往的动机，也成为个体相处的保障。需求相同，可以形成大学生协同活动的人际关系，但同时也存在竞争成分；需求互补，则可以使个体之间形成合作的人际关系。大学生之间良好的人际关系往往是由需求互补维持的。

（4）外表相悦。人际吸引的最初动力就是外表相悦。无论男女，在人际交往初期都喜欢长相漂亮的人。相貌不凡，更容易受到异性的喜欢和追求，从而容易形成特殊的人际关系。但是，若相貌出众，听到肯定的话过多，有的人就不易形成正确的自我意象，常表现为看不起他人，处理不好人际关系；有的人相貌较差，则容易被大家忽视，极易产生自卑、敏感的心理，进而逃避人际交往。

（5）个性吸引。在人际交往中，热情、诚实、高尚、正直、友好的人往往会讨人喜欢，并易于被人们接受而与之交往；相反，冷酷、虚伪、自私、奸诈、卑劣的人就会令人生厌而遭到人们的疏远。可见，良好的个性品质对于建立和谐的人际关系十分重要。

2. 主观因素

（1）人际期望。人际期望就是个体对人际交往双方在一定条件下心理、行为的预期和愿望。人际情境制约着人际期望的内容，如个体对老师的期望和对同学的期望是不一样的。人际距离决定了人际期望的价值，人际距离越近则个体的人际期望价值越高。因此，虽然人际期望常常是自发的、内在的和无意识的，但在不同的人际关系中却有不同的内容和不同的价值。人际期望和个体的人际关系密切相关。

（2）人际安全。大学生能否适应日常生活中的人际关系，关键在于个体感受到的人际安全程度。所谓人际安全，是指个体在人际相处和交往中对自身状况保持有利地位的肯定性体验。人际关系不好的学生往往人际安全得不到保障，感到自己被别人欺负、愚弄或嘲笑，或担心自己的弱点和劣势暴露出来，从而在特定的环境下及人际关系中条件反射地表现得局促不安，害怕别人询问自己，也不敢主动与别人交往。

（3）人际张力。人际张力也称人际应激，是指个体在特定人际关系中所体验到的一种心理紧张状态。只要处于这种人际情境之中，个体就会强迫性地感觉到紧张、压抑、无奈、无能为力，常表现为冲动、偏激、难以克制。人际张力越大，个体越难适应人际关系。一旦脱离某种人际情境，相应的人际张力就自行解除了。然而，同学关系、师生关系不是随便就能摆脱的，所以有些个体深受人际张力之苦。

（4）人际报复。在大学生人际关系中，还普遍存在一种微妙的人际报复现象。如果某一个体有意或无意地贬损了另一个体，不管被贬损的个体当时反应如何，该个体都会在以后的某个时候遭到被贬损个体的报复，当然这种报复可能是无意识的，并且不一定是激烈的暴力行为，这就是人际报复。人际报复会直接增大人际张力，影响人际关系。

三、大学生人际交往的原则

大学生要想建立良好的人际关系，须遵循以下原则。

（1）平等原则。平等主要指交往双方态度上的平等。在交往过程中，要坚持平等的交往原则，正确认识自己，不能因自己的优势而盛气凌人，也不能因自身弱点而盲目自卑，更不能因同学的出身、家庭、经历、长相等方面的客观差异而对人“另眼相看”。

（2）尊重原则。每个人都有自己的人格尊严，并期望在各种场合受到尊重。尊重能够赢得他人的信任，缩短人际交往的心理距离。一般来说，大学生的自尊心都较强，因此，大学生在人际交往中尤其要注意尊重原则，在态度上和人格上尊重同学。注意语言文明，礼貌待人，不乱给同学取绰号，不开恶作剧式的玩笑，不损害他人的名誉和人格，承认或肯定他人的能力与成绩，尊重同学的生活习惯。

（3）真诚原则。真诚是人与人之间沟通的桥梁，只有以诚相待，才能使交往双方建立信任感，并结成深厚的友谊。诚实就是要正直无私，说话办事老实，做人表里如一。坚持真诚的原则，就是要真心帮助同学而不求回报，诚恳指出同学的不足和缺陷；对不同的观点能直陈己见，而不是口是心非；既不当面奉承人，也不背后诽谤人，做到赤诚待人、胸怀坦荡。

（4）信用原则。诚信是一个人内在气质的反映，是衡量一个人综合素质的重要指标。坚持信用原则就是要求大学生在人际交往中要说真话，做到言必信、行必果。答应别人的事情不管有多难，也要千方百计、不遗余力地做到。如果经再三努力也没有实现，则应诚恳说明原因，不能有“凑合”“对付”的思想。要做到有约按时到，借物按时还，不胡乱猜疑，不轻易许诺、信口开河、让人家空欢喜。

（5）相容原则。在人际交往中，交往双方产生误解和矛盾是不可避免的。大学生个性较强，交往中更是不可避免地会产生矛盾。这就要求大学生在交往中不要斤斤计较，而要谦让大度、克制忍让，不过分计较对方的态度和言辞，要勇于承担自己的责任，做到“宰相肚里能撑船”。宽容克制并不是软弱、怯懦，而是有度量的表现，是建立良好人际关系的润滑剂，能“化干戈为玉帛”，为自己赢得更多的朋友。

（6）互利原则。人际关系是以能否满足交往双方的需要为基础的。如果交往双方的心理需要都能获得满足，他们之间的关系才会继续发展。坚持互利的原则，就要破除极端个人主义，与人为善，乐于助人。同时，还要善于求助别人。别人帮助你解决了困难，他也会感到愉快，这就可以进一步沟通双方的情感交流。互助，可以是物质方面的，也可以是精神方面的；可以是脑力的，也可以是体力的。

（7）保持距离。保持距离绝不是设置心理上的屏障或戒备防线。它因人、因场合而异，人与人之间的亲密程度不同，其所保持的距离也是不同的。同学之间要想处理好人际关系，建立牢固的友谊，如同刺猬取暖，就需要保持适当的距离。这样既能感受到对方的温暖，又能免于相互之间的伤害。明白了这一道理，我们也就懂得了尊重和被尊重，从而能更好地处理人与人之间的关系。

总之，大学阶段是大学生心理趋于成熟的时期，特别需要得到别人的理解，愿意向别人倾诉心声，以便通过别人的理解与安慰对压抑的情绪进行调节，使心理压力得以缓解。重视人际交往，掌握交往技巧，积累交往经验，不仅是大学生现实生活的需要，也是以后成功走向社会的需要。

四、大学生人际沟通的技巧

人人都希望得到别人的接纳、承认和重视，那么怎样做才能实现呢？

（1）完善自身形象。尽管“以貌取人，失之于人”的道理人人都懂，但是俊美漂亮的外表有不可抗拒的吸引力。尤其是在初次接触中，外貌仪表对人际吸引有着强烈的影响却是事实。要给对方留下美好的“第一印象”，适度修饰自己非常必要。可根据自己的肤色、身材、年龄、交往情境精心打扮，使自己更加靓丽、潇洒。这样一来，就更易讨人喜欢。微笑是一种最简单有效的使人漂亮动人的方法，微笑传达着友善，暗示着自信，代表着乐观，是一种动态的形象。保持阳光般的微笑，能为你营造明朗的人际交往氛围。

（2）主动与人交往。做人际交往的主动者，掌握人际交往的主动权。生人相遇，主动介绍自己；他人尴尬，主动调侃解围；同学欠安，主动探望慰问；朋友见面，主动寒暄攀谈。人都有喜欢亲近熟悉的人的倾向，因此要想增强人际吸引力，就要主动提高对方对你的熟悉程度。提高熟悉程度的主要方法是互动接触，互动接触越多，熟悉程度就越高，人际关系也就越密切。常言道，“亲戚越走越亲，朋友越走越近”。亲密的人际关系形成以后，还要多沟通交往并注意维护，否则就会产生陌生感、疏离感，从而使人际关系趋向淡化。

（3）走进对方心灵。人际交往的过程实质上是交往双方寻求需要、获得满足的过程。在交往中，一个人能够适度满足对方的物质或精神需要，就会对对方有较强的吸引力。比如，给贫困的同学送上他急需的物品，给后进伙伴多多打气和鼓励，多花一些时间陪伴处于孤独迷惘中的朋友，你就会逐渐成为对方希望接近、需要感恩、想要回报的人。与朋友相处，如果我们恪守“己欲立而立人，己欲达而达人”“己所不欲，勿施于人”的原则，设身处地去体悟对方之所欲、之所不欲，就能成为一个善解人意的人、一个能走进对方心灵的人。

（4）关注对方所思。关注对方所思就是在与他人交往中，谈话时要善于倾听、精力集中、具有耐心。倾听的同时应主动反馈，用微笑、点头等方式表示你能理解对方的感受、见解，鼓励对方更加自由、流畅地谈论其感受、见解，这样的做法显示了对对方人格的尊重，以及对对方观点的重视，是赢得友谊的技巧之一。卡耐基曾说过："只要你对别人真心感兴趣，在两个月之内，你所得到的朋友，就会比一个要别人对他（她）感兴趣的人在两年内所交的朋友还要多。"

（5）塑造良好个性。个性品质、能力是人的内在素质，对人际交往的影响持久、稳定、深刻。尤其个性品质，往往是人们选择朋友的首要因素，吸引朋友的个性品质有真诚、宽容、自信、幽默等。

（6）提升个人才智。才智虽不直接决定人际关系的和谐与否，但决定着人际吸引的强弱。在其他条件相当时，一个人越有能力、才华，就越会受到别人的尊重、钦佩、仰慕。大学生尤其崇拜和羡慕有真才实学的人。"腹有诗书气自华"，充分挖潜，培养特长，使自己在学业、才艺、组织协调能力等方面出类拔萃、卓尔不群，是提高自身人际吸引力的重要方法。

总之，优化外在形象、提高内在素质、掌握交往技巧是提高大学生人际吸引力的主要途径。

案例链接

小悦该怎么办？

整理自今日头条2018年8月30日《和大学室友关系不好，觉得很孤独，怎么办？》

小悦在上大学之前，对大学生活充满了憧憬。可是没想到现实却和她的想象天差地别，让她觉得大学生活真的没有什么意思。

小悦的寝室有四个女生，只有她来自外地。其他三个人中，有两个是同一个高中毕业的。她们三个聊天总有共同话题，不管是当地的小吃还是高中的趣闻，都能说上三天三夜，于是在开学初就打成了一片。

小悦性格内向腼腆，所以很多时候都不知道该怎么去主动融入她们。但是为了和室友搞好关系，她也主动过很多次，比如会尝试着参与她们的话题、去吃饭的时候会问室友要不要带饭、买了好吃的会分给室友，等等。可是这样做效果甚微，她们似乎都不欢迎她的加入。有一次她生病了，躺在床上整整一天，寝室的其他人依然各做各的事，没有一个人过来关心一下她。而平时其他三个室友相处融洽，出去吃饭时连问都不会问她。在同一个屋檐下生活，她却变成了一个隐形人。她已经尽量把注意力放到了学习上，但是每次看到室友的冷漠，她都觉得很难过。

她也尝试着多认识一些班上的其他同学或者社团里的小伙伴，可是班里的同学并不经常在一起上课，如果选课不同，可能三四天都见不到一次面，根本没有机会联络感情，加之没有平时的相处，大家也缺少共同语言；而社团就更不用说了，只是有任务的时候大家才会聚到一块，平时几乎也没有什么联系。最主要的是，别人好像都和室友关系最为亲密，而且都已经有自己的小圈子了，没有人像她一样这么迫切地想发展别的朋友关系。

有人提议她换个寝室，但是大学换寝室真的很麻烦，没有特别极端的情况，辅导员一般是不会同意的，而且谁又能保证换一个寝室情况就会变好呢？

思考与讨论

对小悦这样的情况，你有什么好的建议吗？

训练营

戴高帽子——优点大轰炸

游戏目标

学会发现并欣赏别人的优点，与他人相互肯定与接纳。

游戏程序

（1）以 5～8 人为一组，围成圆圈坐好。请一位成员坐在或站在团体的中央，戴上纸糊的高帽子。其他人轮流说出他的优点及令人欣赏之处（如性格、相貌、为人处世……）。

（2）被称赞的成员说明哪些优点是自己以前觉察到的，哪些是自己不知道的。

（3）每个成员到中央戴一次高帽。

（4）小组交流体会并派代表在团体内进行交流。

相关讨论

（1）谈谈你被别人称赞时的感受。

（2）我们应该如何称赞他人？

第四节　恋爱关系

当前，大学生谈恋爱是一个很普遍的现象。因为年龄相近，而且都住校，彼此了解更多，大学生之间产生感情也是特别自然的一件事情。这种恋爱确实与社会上的一些恋爱不同，它是在特定的时间、特定的阶段，彼此在一起学习时产生的。这种感情很单纯，大多不带有功利色彩。但是，大学生恋爱又普遍没有结果，这是大学爱情的一个特点。恋爱是难以驾驭的人生艺术，渴望谈恋爱是一回事，会不会谈恋爱则是另一回事。许多人疯狂投入，却惨败而出。

一、大学生的恋爱特点

大学时代是一个人真正走向独立的缓冲期，大学生们情感体验较为丰富，心理变化非常剧烈，谈恋爱的经历是他们体验人生的重要一课。大学生的恋爱具有以下一些鲜明的特点。

（1）浪漫性。大学生对未来充满希望和追求，对爱情充满憧憬和幻想。很多大学生根据从文艺作品中抽象出来的理想爱情，去勾画自己理想的伴侣。他们看重理想、志趣、品质、性格等精神层面和气质、容貌等外在条件，而对克服实际生活困难、勇于承担责任等深层条件则重视不足。这是当代大学生恋爱难以经受考验，容易失败的主要原因。

（2）易变性。当代大学生社会阅历较浅，加上正处于青春萌动期，因此他们的恋爱大多属于冲动型，往往经过短暂的交往就确定恋爱关系。恋爱的浪漫性使大多数人不善于处理恋爱中的纠葛，往往把任何矛盾、摩擦都与感情联系起来考虑，不顾及许多客观条件的制约，从而情感波动较大，分分合合，变化无常。为了恋爱而恋爱的心理，使这种易变性更加突出。

（3）多元性。所谓恋爱的多元性，是指男女在恋爱过程中，双方或一方同时与恋爱对象以外的异性进行交往，并且对这些异性具有超越一般友谊的心理倾向性，即潜在地把他们作为自己的恋爱对象加以考虑，只是暂时未公开化。也就是在没有做出最终选择之前，他们希望能通过更多的交往找到更适合自己的爱情。这是对爱情的慎重，无可厚非，且与事实上的多角恋爱不同。但是，这种多元性特征存在的广泛性和长期性，恰恰反映了当代大学生心理不成熟和恋爱目的不明确的状况。

（4）突击性。恋爱的突击性在大学生刚进大学和即将毕业时表现得最为明显。大学新生独立生活的能力还不强，面对陌生的学习和环境易表现出较大的心理依赖性，而且防范意识较强，课外交往相对较少。他们没有父母、同学和朋友可以依靠，要解决自己的问题、寻求心理安慰，最好的办法就是谈恋爱。临近毕业时，是大学生突击恋爱的又一个高峰期。经过几年大学生活的磨炼，大多数学生意识到将要错过大学这一择偶的最佳时期，因此，许多学生都非常希望能够在毕业之前找到终身伴侣。

二、学会在爱情中成长

恋爱的过程时常伴随着各种矛盾冲突，这些矛盾冲突的解决依赖于人格的成熟、心理的健全，同时又会促进或阻碍人格的发展和心理的健全。作为当代的青年大学生，应该从以下几个方面做出努力，培养健康的恋爱心理和行为习惯。

1. 培养健康的恋爱心理

（1）树立正确的恋爱观。首先，大学生要积极上进，有责任感，在恋爱中做到自尊、自重、自爱，摒弃“理想”和“享乐”等思想；要了解对方，知晓对方的人品和性格，不盲目进入恋爱的角色。其次，大学生要懂得什么是真正的爱情。在恋爱的过程中，要以纯洁的动机和文明的行为对待爱情，使得双方信仰爱情，相信未来的生活。

（2）确定恰当的择偶标准。恋爱不是一种纯粹的精神活动，它是个人生理、心理发展的需要，更是一种社会行为。心理学家曾经调查过大量幸福美满的家庭，得出的结论是：要想获得美好的婚姻和爱情，至少需要双方相互了解、地位背景相配、气质类型相投。在恋人的选择上，首先应该是志同道合，思想品德、事业理想和生活情趣等大体一致；其次应该是与自己的心理特点相适应。

（3）正确对待爱情。爱情在人生中占有重要地位，没有爱情的人生是不完美的，但爱情不是人生的全部，我们不能只为爱情而活。当爱情被视为生命的唯一时，它就会成为一株温室中的花朵，娇弱美丽却经不起任何打击；当爱情成为唯一的存在价值时，它就会使你失去人格的独立和魅力，进而失去被爱的理由。在大学生活中，学业是第一位的，今天的学习与未来的事业息息相关，这也是爱情美满的基础。那种抛开学业谈恋爱的做法，不仅不能成就事业，也难以获得真正的爱情；不仅是愚蠢的，也是可悲的。

（4）坚持爱的权利和责任的统一。爱不仅是一种权利，更是一种责任和义务，必须以高度负责的态度对待。爱的权利和义务是不可分割的，只强调爱的义务，而无视爱的权利，就是对人性的奴役，必须予以否定。但是只强调爱的权利，而不承担爱的责任，就会陷入非理性主义的泥潭。理解意味着为双方营造一种轻松和快乐的氛围，没有人追逐爱情只是为了被约束，相互信任也是一种自信的表现；责任和奉献则意味着个人的道德修养，这种爱的权利和责任的统一，是获得崇高爱情的基础。

2. 塑造健康的恋爱行为

（1）语言文明。谈恋爱时，言谈要诚恳、坦率、自然，不要为了显示自己而装腔作势、矫揉造作；不要出言不逊、举止粗鲁；相互了解是必要的，但不要无休止地盘问对方，以免使对方的自尊心受损，伤害彼此的感情。

（2）行为文雅，避免粗俗。一般来说，男女恋爱初期会感到羞涩与紧张，而随着交往的增加会逐渐变得自然与大方。这个时期要注意行为举止的检点，文雅的亲昵动作可使对方产生愉悦感和积极的心理效应，而粗俗的亲昵动作则往往会使对方反感并引起情感分离和消极的心理反应，有损于爱情的纯洁与尊严，影响感情的正常发展。

（3）平等相待。不要以己之长度人之短，借此来炫耀抬高自己，戏弄贬低对方。也不要想方设法考验对方或摆架子，给爱情增加负担。否则都可能挫伤对方的自尊心，影响双方的感情。

（4）善于控制感情，理智行事。对恋爱中的性冲动，一方面要注意克制和调节，保持清醒的头脑；另一方面要注意将其转移和升华，与恋人一起多参加学习与文娱活动，使爱情沿着健康的方向发展。

3. 培养爱的能力与责任

（1）迎接爱的能力。一个人心中有了爱，经过理智分析，敢于表达、善于表达，这是爱的能力；一个人面对别人的施爱，经过及时准确的判断，能做出接受、谢绝或再观察的选择，这也是爱的能力。大学生要具有迎接爱的能力，就应懂得什么是爱，要有健康的恋爱价值观，知道自己喜欢什么、需要什么、适合什么。

（2）拒绝爱的能力。对自己不愿或不值得接受的爱应有勇气加以拒绝。拒绝爱时要注意以下两个方面：一是要果断、勇敢地说“不”，如果优柔寡断或屈服于对方的穷追不舍，发展下去对双方都是不利的；二是要使用恰当的拒绝方式，虽然每个人都有拒绝爱的权力，但是珍惜每一份真挚的感情既是对他人的尊重，也是对自己的尊重，同时也是对一个人道德情操的检验。所以，我们既要尊重、感谢对方对自己的感情，又要采取明确的态度予以拒绝，绝不能含糊其辞。如果在语言上已经拒绝了对方，在行动上就不要与对方有较亲密的接触，以免使对方产生误解。

（3）发展爱情的保鲜能力。心理学博士张怡筠在《半边天》节目中介绍了一种“3×3”爱情保鲜计划，就是每天三次、每次花三分钟时间做些事，该计划称为“3A”计划。其一，“attention”——全神贯注，就是非常专心地倾听对方说话，走进对方的内心世界，以对方的快乐为自己的快乐；其二，“affection”——浓情蜜意；其三，“appreciation”——欣赏、感激。因此，要想保持爱情的长久，就需要两个人真正关心对方，需要智慧、耐心、坚持并付出心血；需要学习新的东西，善于交流，懂得欣赏对方，同时又要有自己的个性、追求和发展，让爱情拥有不竭的源泉。

三、正确面对爱情引发的困惑

爱情的神圣与庄严、神秘与美好，吸引着无数青年男女为之折腰。但是，大学校园里并非只存在完满的恋爱，并非每个恋爱中的人都能得到甜美的爱情。恋爱在给人带来光明与幸福的同时，也会给人带来烦恼和痛苦。

1. 单恋

单恋也就是我们经常说的单相思，是指一方对另一方一厢情愿地倾慕与热爱。单恋较多地出现在性格内向、敏感、富于幻想、自卑感较强的人身上。具体表现就是一方爱上了对方，于是也希望得到对方的爱，在这种弥散心理的作用下，误解对方的言行、情感，误把友情当爱情，误把对方的亲切和蔼、热情大方当作爱的表示并坚信不已，从而陷入单恋的深渊不能自拔。单恋者因为无法正常地向自己爱慕的异性倾诉柔情，更不能感受到对方的爱意，所以体验更多的是情感的压抑。

那么，大学生如何才能不陷入单恋的境地呢？首先要避免“恋爱错觉”，学会准确地观察和分析对方的表情，用心明辨，同时不要在内心自我强化一见钟情式的浪漫爱情；其次，当向对方表白而遭到拒绝时，要用理智克制自己的情感，要明白感情不能勉强，美好的爱情一定是两情相悦的。所以，真正爱一个人，不是要让他背负你的爱，而是要懂得放手给他自由；既然他明确表示不爱你，就不要再和他纠缠，否则只能两败俱伤。

2. 多角恋

所谓多角恋，是指一个人同时被两个或两个以上的异性所追求或自己同时追求两个或两个以上的异性并建立了恋爱关系。导致多角恋的原因主要有择偶标准不明确、择偶动机不良、虚荣心强、盲目崇拜等几个方面。由于爱情具有排他性、冲动性，因此任何一个多角恋都潜伏着极大的危险，一旦有人理智失控，就会给自己、他人及社会带来恶果。大学生要理智地克制感情，谨慎行事，选择属于自己的唯一，忠于恋人，善始善终。

3. 失恋

失恋是指恋爱受挫失败。恋爱的过程是两个人相互了解和选择的过程，当一方拒绝接受爱或提出中断恋爱关系的时候，另一方就会失恋。失恋引起的主要情绪反应是困惑、痛苦和烦恼，具体表现为：情绪无法排解，偏激轻生，反施报复，消极对待，自甘沉沦。要摆脱失恋的痛苦，需要外界的帮助，但更重要的是要提高自己的心理承受力，增强心理适应性，学会自我心理调节，从而达到新的心理平衡。面对失恋时，大学生可通过以下方法进行自我调节。

（1）价值补偿法。失恋后，要努力摒弃爱情至上的观念。爱情固然重要，但毕竟不是全部，生活中还有比爱情更重要的东西，那就是对理想和事业的追求；要自觉摆脱失恋的阴影，把精力投入到学习之中，把失恋的痛苦转化为一种奋发向上的动力。

（2）多维思考法。心理学认为，当一个人受到外界刺激、情绪不能自主时，排遣这种不良情绪的关键是冷静和理智。失恋后，不妨静下心来回忆一下整个恋爱过程，冷静、客观地分析一下失恋的原因，认真地总结经验教训。可考虑如下问题：自己的恋爱是否存在盲目性？对方感情的变化有无道理？这样的爱值不值得留恋？

（3）转移注意力法。因失恋而悲痛欲绝的大学生，可以通过参加有意义的活动，如文体活动、学习班等，将自己的注意力转移到其他事情上，使消极的情绪得到控制。这样置身于忙碌之中，用新的乐趣来冲淡心中的郁闷，就能使自己很快忘掉痛苦和烦恼。

（4）自我安慰法。此法是指当人产生悲观失望的情绪时，通过自我调节，使心理得到某些满足，以促进心理平衡。恋爱与做其他事情一样，既有可能成功，也有可能失败，因此，我们要学会正视失败。更何况，第一次闯入我们心中的异性并不见得合适，第一次做出的择偶选择也未必是最佳选择，正所谓天涯何处无芳草，每个人都值得拥有更好的选择。

（5）积极认知法。任何事物都有其正反两面，失恋同样有其独特的积极意义。比如，失恋能有效避免以后的婚姻失败，失恋能增长阅历和提高受挫能力，失恋能澄清自己的爱情观，失恋能让人学会珍惜、尊重和宽容等。多从积极的角度认识失恋，能有效降低痛苦感，将失恋的负面影响降至最低。

知识营

补充素材

区别爱情与友谊

爱情与友谊都是人们彼此间因相互倾慕而产生的一种深厚的感情。它们有着诸多共同点，但也有着质的区别。

第一，友谊的对象是广泛的，爱情是专一的。

第二，敬慕的指向不同，感情的强弱不同。

第三，感情的时间长短、空间范围不同。

第四，承担的义务不同。

严格区别爱情与友谊，是青年人应该特别注意的问题。

案例链接

女孩子，你要保护好自己

暮谣

大学期间，我认识了一对情侣。两个人感情特别好，你侬我侬，羡煞旁人。

有一天，我看到女孩的朋友圈发表了一段伤感的文字，还附有一张看上去十分伤心的照片。

我问她：你怎么了？

她说：没什么，我和他分了。

我没问为什么，只是问：有时间吗？我们两个出去走走。

原来前段时间，她意外怀孕后堕胎伤了身体。而在那个时候，她的男友却离开了她。在路上，她抱着我号啕大哭，额头暴着青筋，一声一声绝望地呐喊，不知道其中包含了多少辛酸与委屈。那天晚上她喝了很多酒，我不知道该怎么阻止，也没办法阻止，只能一瓶一瓶地陪她喝，还要尽量让自己保持清醒。

那天以后，她回到家里，剪掉了长发，踏上了去远方的路。

现在看着她朋友圈不断更新的街景、小吃，还有在他乡遇到的新朋友，我由衷地为她感到高兴。

当她知道我要写关于大学生爱情的时候，便要我把她也写进去，以此告诉女孩子，别因为太爱，就做那么多傻事。

本例原文

思考与讨论

谈谈你是如何看待校园恋情的。

训练营

人际财富

游戏目标

评价自己的人际财富

游戏程序

（1）每人一张纸、一支笔。

（2）首先在纸的中心画一个实心圆点代表自己，然后以这个实心圆的圆点为中心，画三个半径不等的同心圆，代表三种人际财富或人际圈，直径大小不限。

（3）同心圆内任意一点的距离到中心的距离表示心理距离，将亲朋好友的名字写在图上。

（4）同心圆外的空白处代表“潜在人际财富”，尽量搜索你的记忆系统，把那些虽然比较疏远但是仍属于你的人际财富的人写下来。

相关讨论

（1）你的人际财富情况如何？

（2）你有哪些人际交往的经历和故事？找出自己值得发扬和需要改进的地方。

知识巩固与实践训练

一、不定项选择

1. 影响大学生之间人际关系的客观因素不包括（　　）。
   A. 空间距离因素和心理因素　　B. 心理需求和个性吸引
   C. 个体态度和外表相悦　　D. 人际张力和人际报复
2. 在与父母沟通时，不正确的做法是（　　）。
   A. 主动沟通　　B. 理解父母　　C. 与父母亲密无间　　D. 求同存异
3. 下面的（　　）是大学生和教师之间多层次、多性质的人际关系。
   A. 公务关系　　B. 个人关系　　C. 心理关系　　D. 伦理道德关系
4. （　　）是大学生活中最基本的人际关系。
   A. 同学关系　　B. 师生关系　　C. 朋友关系　　D. 恋爱关系
5. 小明说："我交朋友很慎重，从不主动和别人说话。"这种观点是不妥当的，正确的观点应该是（　　）。
   A. 不能主动交朋友　　B. 过分热情太掉价
   C. 要交好友，就不能先开口　　D. 主动交友是建立良好关系的前提
6. 面对爱情引发的困惑，处理的方法应该是（　　）。
   A. 当遭到对方拒绝时，要用理智克制自己的情感，不要冲动
   B. 学会准确地观察和分析对方的表情，避免"恋爱错觉"
   C. 面对失恋，可通过自我安慰、积极认知等方法进行自我调节
   D. 择偶标准明确，忠于恋人，善始善终
7. 同学之间朝夕相处，难免会发生一些令人不愉快的摩擦，甚至争执。因此，我们应该（　　）。
   A. 学会理解和宽容，不需要讲究什么原则　　B. 学会掩饰自己的想法，虚情假意
   C. 学会理解和宽容，不要斤斤计较　　D. 不要纠缠是非，要讲"哥们儿义气"
8. 健康的恋爱心理和行为应该是（　　）。
   A. 爱情不是人生的唯一　　B. 爱不仅是一种权利，更是一种责任和义务
   C. 要培养施爱的能力和接受爱的能力　　D. 恋爱中的冲动和感性行事
9. 家庭中最主要的关系是父母与子女的关系，这种基于血缘确定的亲子关系（　　）。
   A. 经双方当事人同意，可以选择或改变　　B. 不能改变，但可以选择
   C. 子女成年后可以选择或改变　　D. 不可选择，无法改变

二、思考与讨论

大学生面对的主要有哪些人际关系？如何妥善处理这些人际关系？

三、案例分析

小时候的一段经历

（佚名）

小时候，我有过一段被小朋友欺负的经历。

每当遇到那个小男孩，他想打我就打我，为所欲为，肆无忌惮。幼小的我也曾反抗，但每一次都打不

过，只得一个人哇哇大哭。

有一次，父亲从我的身边走过，他看见我哭泣，却问也不问我一下就走开了。而当时我心里期望的是我的父亲能够帮我出头，哪怕是警告一下那个男孩也好啊，可我并没有如愿。

这样的场景记忆，一直困扰了我好久好久。

我会想：父亲不爱我，不关心我；

我也会想：他喜欢男孩，不喜欢女孩；

我还会想：在这个家里，我是多余的。

成年后，一次偶然的机会，我尝试着跟母亲谈谈当时的感受，希望她能够从局外人的角度给我以理解和支持。可我刚讲完，母亲就云淡风轻地说："那么小的事，过去那么久了你还记得啊？你们都是小孩子嘛，打一下没什么关系。我们不可能去找别人父母，都是左邻右舍的，不能惹得大家都不高兴。"

当时，我无语。在他们眼里的没关系，竟让我负重前行了这么多年。在他们眼里的没关系，竟让我一次次经历无能为力的绝望，这份心碎的疼痛又有谁能理解？

我并无意讨伐父母，作为成年人我自当承担起自己的责任，所以我花了很多年的时间来自我成长，以与过去的创伤和解，并修复和父母的关系。

所以我希望，为人父母者，不要让孩子再遭受这类"没关系"所带来的难以言说的创伤。

本例原文

思考与讨论

1. 你有过类似的经历吗？
2. 请谈谈你的读后感。

自我认知

处世能力测试

下面每一道题目都分别设计了一种具体的社会生活情景，并且列出了四个备选方案。请设身处地地考虑一下，如果面临这种情景，你的表现会更符合哪一个选项，请把它前面的字母代号圈出来。

注意：以下测试必须从自身的客观现实出发，不可用价值判断，否则结果无参考价值。

一、测试题目

1. 在宴会上，如果你与多数同桌的人素不相识，你会怎么办？

   A. 显得心神不宁，左顾右盼　　B. 静听别人的谈话

   C. 只与相识的人高谈阔论　　D. 神态自如地参与大家的谈论

2. 当觉得自己与协同工作的人在性格和想法方面合不来时，你会怎么办？

   A. 委曲求全，尽量凑合下去

   B. 故意找理由，与他吵架，迫使领导出面解决

   C. 向领导汇报他的短处，要求领导调离他

   D. 尽量谅解，实在不行，再向领导如实说明，等待机会解决

3. 在公共汽车上，你无意踩了别人一脚，别人对你骂个不停，你会怎么办？

   A. 只当没听见，任他去骂

B. 与他对骂，不惜大吵一架

C. 推说是别人挤了自己才踩到他的，不应该怪罪自己

D. 请他原谅，同时提醒他骂人是不文明的

4. 在影院看电影时，你邻座的人旁若无人地讲话，使你感到讨厌，你会怎么办？

A. 希望别人能出面向他们提意见或他们自己停止讲话

B. 严厉地指责他们

C. 叫工作人员来制止他们

D. 有礼貌地请他们不要讲话

5. 你辛苦地干完了工作，自以为干得很不错，不料领导很不满意，你会怎么办？

A. 不作声地听领导埋怨，但心中十分委屈　B. 拂袖而去，认为自己不应受到埋怨

C. 解释因客观条件限制，自己无法做得更好　D. 注意自己做得不够的地方，以便今后改正

6. 你买了一部崭新的相机，自己还未用过，但有朋友向你借，你会怎么办？

A. 借给他，但是满腹牢骚　B. 脸色很难看，使得朋友不得不改口

C. 骗他说已经借给别人了　D. 告诉他自己要试拍一下，检查完相机的性能后，再借给他

7. 当你正在埋头干一件事时，一位朋友上门来找你倾诉烦恼，你会怎么办？

A. 放下手中的事情，耐心倾听　B. 很不耐烦，流露出不想听的神态

C. 似听非听，脑子里还在想自己的事情　D. 向他解释，同他另约时间

8. 当你知道了别人的一些隐私之后，你会怎么办？

A. 觉得好奇，但尽量不告诉其他人　B. 忍不住，会很快告诉其他人

C. 当其他人谈起的时候，也会附和着谈　D. 根本没有想到让其他人知道

9. 如果有人经常要麻烦你做一些事，你却很忙，你会怎么办？

A. 尽量避开他　B. 告诉他自己很忙，不要再来添麻烦了

C. 敷衍他　D. 尽自己的能力给予帮助，有困难时再向他说明情况

10. 一位朋友向你借了几元钱，但后来没还，好像他忘记这件事了，你会怎么办？

A. 今后再也不借给他钱　B. 提醒他曾经借过钱

C. 向他借同等数额的钱，作为抵偿　D. 就当没这回事

11. 在餐馆里你买了一份饭菜，但是发现味道太咸，你会怎么办？

A. 向同桌人发牢骚　B. 粗鲁地责骂厨师无能

C. 默默地吃下去　D. 平静地问服务员，能否退换

12. 一位热情的售货员向你介绍了所有商品，但你都不满意，这时你会怎么办？

A. 买一件你并不想买的商品

B. 说这些商品质量不好，是卖不掉的商品

C. 向他道歉，说是朋友托买的东西，一定要朋友满意才能买

D. 说一声“谢谢”，然后离去

二、计分方法

统计所圈各个字母的数量，找出自己选择次数最多的字母，测试结果解析可参阅附录中的“自我认知参考意见”。

中篇

构建和谐的人际关系需要人际沟通

第四章

Chapter 4

人们为什么会互相交流

学习目标

1. 了解为什么人的成长离不开与他人的交流。
2. 了解为什么人际沟通如此重要。
3. 了解有哪些影响人际沟通的因素。
4. 掌握人际沟通能力包含的内容。

关键概念

人际沟通　人际沟通过程和障碍　双向沟通　高效沟通的三个原则

导引案例

中国的爱迪生被你枪毙了

有一天，一位朋友的夫人来看陶行知先生。在被问到“怎么不带儿子一起来玩？”时，这位夫人从包里取出被拆得乱七八糟的一块手表，生气地说：“陶先生，这表是才买的，竟被我儿子拆成这样，您说可气不可气！他才七八岁，就敢拆手表，将来大了恐怕连房子都敢拆呢！所以我打了他一顿。”

陶先生听了笑笑说：“坏了，恐怕中国的爱迪生被你枪毙了！”

这位夫人有点愕然：“为什么呢？难道我这样做不对吗？陶先生，您是大教育家，您说对这样的孩子该怎么办呢？”陶先生把拆坏的手表拿过来，对这位夫人说：“走，我们上你家去，见见这个小‘爱迪生’。”

到了朋友家里，陶先生问孩子为什么要把妈妈的新表拆开。孩子说因为听见表里嘀嗒嘀嗒的声音，想拆开看看是什么东西在响。陶先生对孩子说：“想拆开看看是什么东西在响没有错，但要跟大人说一声，不能自作主张。”他拿着那只坏表，带着孩子到了一家钟表店。在和修表师傅谈好价钱后，两个人看着师傅修表，一个多小时后，手表才被修好。陶先生临走时又花一元钱买了一只旧钟表，给孩子带回去拆装。

陶先生把孩子送到家后，那位夫人不理解陶先生为什么要买旧钟表给孩子拆装。陶行知笑笑说：“你不是问我对这样的孩子该怎么办吗？我的办法就是，把孩子带到钟表店，看钟表师傅怎样修表。这样钟表店就成了课堂，修表的师傅就成了先生，令郎就成了学生，修理费就成了学费，孩子的好奇心也得到了满足，甚至他还有可能学会修理呢。”陶先生还说：“孩子拆表是因为好奇心，孩子的好奇心其实就是一种求知欲，原是有出息的表现。打他就等于把他的求知欲打掉了。中国对于小孩子的教育一直是不许动手去尝试，否则就要被打手心，往往因此摧残了儿童的创造力。”

本例原文

这位夫人听了恍然大悟，她诚恳地说："陶先生，您说得对，太谢谢您了，我今后一定照您说的去做。"

思考与讨论

1. 案例中那位夫人的做法有什么问题？
2. 谈谈你对陶行知先生处理拆手表这件事的看法。

沟通能力在一个人的成长过程中起着非常重要的作用。美国著名人际关系学学者卡耐基曾指出，一个成功的管理者，专业知识所起的作用是15%，而交际能力所起的作用却占85%。然而，在现行教育模式下培养出来的孩子，却有不少不善沟通、不会沟通、害怕沟通，甚至有的到了成年仍然如此。

第一节　人的成长离不开与他人的交流

人们为什么要相互交流？这个问题乍听起来，就和问别人"为什么要吃饭"或"为什么要睡觉"一样可笑。吃饭是因为饥饿，睡觉是因为困倦，那么相互交流呢？人际关系既然是人在社会中生存和发展的前提，那么人与人之间相互交流则是一种自然而然的、必需的、无所不在的活动。

一、人成长的过程就是与他人交流沟通的过程

婴儿从呱呱坠地就开始了与他人的交流，他们通过肢体语言传达着自己的各种需要。随着年龄的增长，他们逐渐开始懂得用语言与他人交流。随着自我意识慢慢形成，他们开始进行自我沟通。人只有自我沟通做好了，了解了自己，接纳了自己，才能真正接纳他人。当人们走进学校，走向社会的时候，需要与各种类型的人打交道，便形成和发展了各种不同的人际关系，同时产生了人际沟通。当人们走进职场，开始职业生涯的时候，需要与同事交流合作，由此便产生了上下级关系、领导与被领导关系，从而出现了职场沟通。

二、人们通过沟通建立、发展和改善人际关系

需要是人类生活的基本标志。人不仅有低层次的需要，如衣、食、住、行等基本需要，还有高层次的需要，如人际交流的需要。无论是工作、娱乐、居家、买卖时，还是希望自己和一些人的关系更加稳固和持久时，人们都会通过交流、合作、谈判等达到目的。例如，学校里的师生关系是教师与学生在教与学的沟通过程中形成的，尊师爱生代表了一种良好融洽的师生关系。社区的邻里关系是人们在日常生活中相互联系、相互帮助、相互评价的交流过程中建立起来的，和谐友好代表了一种和睦融洽的邻里关系。人际沟通是一切人际关系建立的前提和根本途径，也是一切人际关系形成和发展的条件。

三、人们通过沟通交流信息获得感情与思想

在日常生活中，人们每天都会遇到很多平凡和琐碎的事情，如搭车、购票、请假、填表、

购物等，而这一切都必须通过人际交流来解决。对于那些与我们关系亲近的人，我们希望能通过人际沟通与其保持并增进关系。只有真正做到了思想和感情上的沟通，人与人之间才有可能建立良好的人际关系。良好的人际沟通会不断改善和密切人际关系，同时又会从正面影响人际沟通的态度和频率，并带来更深入的人际沟通，这样就会形成人际关系的良性循环。相反，失败的人际沟通会为人际关系制造障碍。一个缺乏交流沟通能力的人，很难与他人建立并形成良好的人际关系。

总之，人生就是人们自身与外界沟通的过程。只要有人和人群的存在，就必然少不了沟通。任何性质、任何类型的人际关系的形成，都是人与人之间相互沟通的结果。因此，掌握人际沟通的理论、方法和技巧以适应社会生活，是每个人都要面临的人生课题。

知识营

沟通的基本概念

沟通（communication）是信息、思想与情感凭借一定的符号载体，在个人或群体间从发送者到接收者进行传递，并获取理解、达成协议的过程。

首先，沟通的传递要素包括了中性信息、理性思想与感性情感。在本书的后续阐述中，用广义的信息来包含中性信息、理性思想与感性情感；其次，沟通具有相互性，一定是两个以上的个体或群体之间的传递过程才能称为完整的沟通；最后，主体发出的沟通要素信息、思想与情感不仅要被传递到客体，还要被充分理解并达成协议，这点也是与我们日常所讲的沟通的最大区别。总之，沟通是双方之间准确地理解、传递、反馈信息、思想与情感的过程。

从以上对沟通的定义来看，其三大要素缺一不可。对第一个要素而言，如果沟通过程仅仅包含了中性信息，那么也只能称之为毫无感情的机器语言。试想：在向恋人倾诉绵绵爱意时，如果通过机器发出语音来传递其效果会如何？对第二个要素而言，一定要在个体或群体之间进行传递，否则只能是一个人的自言自语或者内在的思考反省过程；对第三个要素而言，如果沟通的过程达不到理解并接受的程度，那么只能称之为日常的通知而已。

单向沟通与双向沟通

沟通按照是否进行反馈，可分为单向沟通和双向沟通。

单向沟通是指在沟通过程中，信息发送者负责发送信息，信息接收者负责接收信息，信息在整个过程中是单向传递（见图4.1）。单向沟通没有反馈，如作报告、发指示、下命令等都属于单向沟通。

双向沟通是指信息发送者和接收者之间进行的是双向信息的传递与交流。在沟通中双方位置不断变换，各自往往既是信息发送者又是信息接收者。双向沟通中的发送者以协商和讨论的姿态面对接收者，在信息发出以后还需及时听取反馈意见，必要时双方可进行多次重复商谈，直到双方共同明确和满意为止（见图4.2）。

单向沟通和双向沟通各有优缺点（见表4.1），我们应学会根据不同的情况选择合适的沟通方式。一个组织如果只重视工作效率与管理秩序，宜用单向沟通；大家熟悉的例行通知、低层的命令传达，可用单向沟通；如果要求工作的正确性高、重视成员之间的人际关系，则宜采用双向沟通；对于需要解决的新问题、上级部门的决策会议等，采用双向沟通效果更佳。一个领导者如果经验不足，无法当机立断，或者不想让大家发表意见，要树立权威，则宜采用单向沟通。

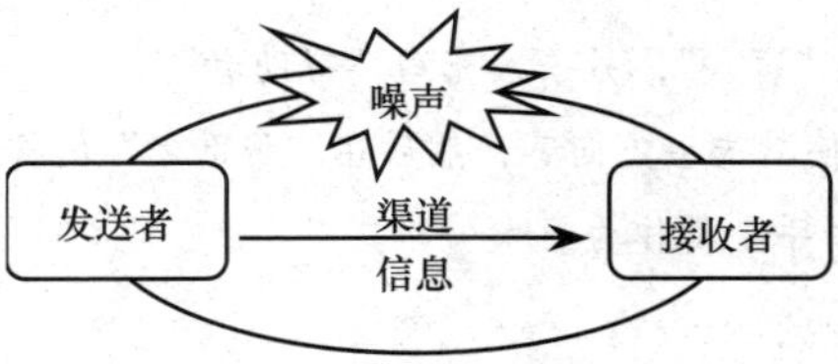

图 4.1　单向沟通

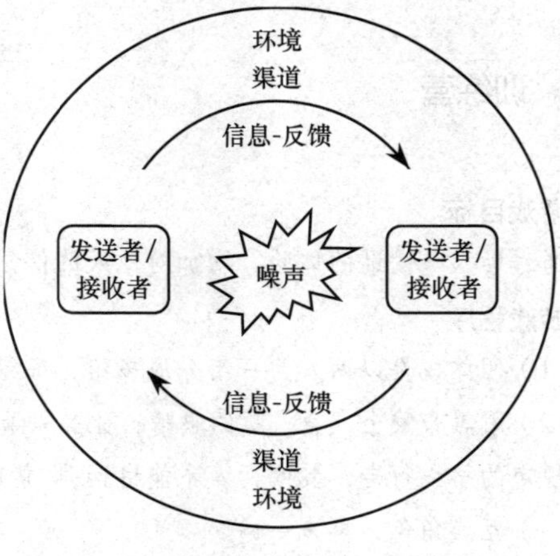

图 4.2　双向沟通

表 4.1　双向沟通与单向沟通的比较

项　　目	比　　较
时间	双向沟通比单向沟通更耗费时间
信息准确度	双向沟通中，信息发送与接收的准确性更高
沟通者的自信度	双向沟通中，接收者会产生平等感和参与感，增强自信心和责任心，双方都比较相信自己对信息的理解
满意度	双向沟通中，双方对沟通过程的满意度一般会更高
噪声	双向沟通中，与主题无关的信息较易进入沟通过程，噪声也要大得多

案例链接

奶爸修炼记——学会“换位思考”教育孩子应把单向教育变为双向沟通

某一天，一位家长讲述了这么一件事：他的孩子上初三的时候，和一位不太爱学习的同学成为好朋友。当时，他很紧张。俗话说：“近朱者赤，近墨者黑”。初三正是升高中的关键时期，交上这样的朋友对孩子的学习很不利，要想考上重点中学希望渺茫。所以，他坚决不同意孩子与那个同学来往，而且还采取了许多防范措施。结果，他越这样阻止孩子，孩子越是千方百计和那个同学来往，根本不理睬他的阻止。

有一天，孩子又悄悄地去找那个同学玩。被他发现后，他很生气地拦住孩子：“你为什么不听我的话，要去找那个同学玩？”孩子不以为然地问道：“为什么不可以？他又不是坏人。”确实，这个同学并不是什么坏人，只是不爱学习而已。他也意识到自己的做法有些过分，不应当粗暴地禁止孩子与那个同学交往。于是他思考再三，决定不再以家长的权威盛气凌人地去管教孩子，而是以商量的口气问孩子：“你为什么喜欢和他来往呢？他有什么优点？”孩子不假思索地说：“他对人很好，我喜欢和他聊天。”这时，他也说出了自己的担心：“我知道，他是一个不坏的同学。但是，他有一个严重的缺点——不爱学习。初三是初中最重要的学习阶段，如果稍有松懈，对升高中就会有很大的影响。如果你真心想与他交朋友，就应该帮助他努力学习。如果做不到这一点，我建议你最好还是少和他来往，……到底该怎么做，你自己决定吧！”经过这次谈话后，孩子把心收了回来，没再和那个同学泡在一起了。

本例原文

思考与讨论

1. 案例中，父亲与儿子交流的方式发生了怎样的改变？
2. 谈谈本案例给你的启发。

训练营

信任之旅

游戏目标

通过助人与受助的体验，增加对他人的信任和接纳。

游戏程序

（1）团体成员以两人为一组分成多组，每组由一人充当“盲人”，另一人充当“帮助者”。

（2）用黑布蒙上“盲人”的眼睛，让其原地转3圈，以使其失去方向感，然后在“帮助者”的搀扶下，沿着规定的路线行走，其间两人不能讲话，“帮助者”只能用手上动作为盲人引路。

（3）互换角色，再来一遍。

（4）活动结束后，在团体内交流充当“盲人”的感觉以及充当“帮助者”的感觉。

相关讨论

（1）作为“盲人”，你看不见后是什么感觉？这会使你想起什么？

（2）你对同伴的帮助是否满意，为什么？你对自己或他人有什么新发现？

（3）作为帮助者，你怎样理解你的同伴？

（4）你是怎样想方设法帮助“盲人”的？这会使你想起什么？

第二节　为什么人际沟通如此重要

为什么人际沟通如此重要？理由其实很简单，因为我们每天都要与人沟通。人际沟通是每个个体社会化的途径，涉及每个个体生活的各个方面。我们不仅用沟通来维系现有的人际关系，还用沟通来建立新的人际关系。在人际沟通过程中，我们会获得快乐。

一、人际沟通是传递和获得信息的需要

信息的采集、传递、整理、交换，无一不是沟通的过程。人们通过沟通，交换有意义、有价值的各种信息，从而开展生活中的大小事务。

掌握低成本的沟通技巧、了解传递信息的有效方法能使我们提高办事效率，而积极获得信息更能使我们增强自身竞争优势。好的沟通者可以一直保持高度注意力，随时抓住信息的重点，发现所需要的重要内容，从而更透彻地了解信息的价值，节省自己的时间和精力，提高工作效率。

二、人际沟通是改善人际关系的需要

社会是一个由人们互相沟通所形成和维持的关系网，人们之所以会相互交流是因为需要同周围的社会环境发生联系。

人际沟通与人际关系之间相互促进、相互影响。有效的沟通可以为我们赢得和谐的人际关系，而和谐的人际关系又可以使沟通更加顺畅。相反，人际关系不良会使沟通难以开展，而不恰当的沟通又会使人际关系变得更坏。

三、人际沟通是形成和发展社会心理的需要

人的社会心理正是在同他人进行的相互交流中逐步形成和发展起来的，没有人际交往中的信息交流，就不会产生社会心理。所以，安全的需要、情感交流的需要和个体社会性发展的需要是交往动机最基本的因素。

四、人际沟通是自我认识的需要

人际沟通可以帮助人们确定自我身份。自我概念是一个社会概念，人们正是通过不断与他人进行相互交流和沟通，才得以把自己和他人区分开来，从而确证自我。从发生学的角度来看，确证自我的过程恰好与交流过程同步。

五、人际沟通是保持身心健康的需要

人与人之间的交往是重要的心理需要，正常的人际交流是保持心理健康不可缺少的活动，而亲密的个人关系对人们的身心健康十分重要。有位心理卫生专家曾说过："人类的心理适应，主要是对人际关系的适应，所以人类的心理病态，主要是由于人际关系的失调而造成的。"在一个和谐的生活和工作环境中，人与人之间的友好相处，彼此在情感上的融洽，会使人心情愉快、有安全感，会提高人的心理稳定性，有利于身心健康。

知识营

什么是人际沟通？

人际沟通是指个体之间信息、思想和情感相互传递的过程，是沟通的一种主要形式。人际沟通主要是通过言语、表情、手势、体态以及社会距离等来表示的。人际沟通是组织沟通的基础；组织沟通是人际沟通的表现和应用。

人际沟通具有以下特点。

第一，在人际沟通中，沟通双方都有各自的动机、目的和立场，都会设想和判定自己发出的信息会得到什么样的回答。因此，沟通双方都处于积极主动的状态，在沟通过程中发生的不是简单的信息运动，而是信息的积极交流和理解。

第二，人际沟通借助于言语和非言语两类符号，这两类符号往往会被同时使用。二者可能一致，也可能相互矛盾。

第三，人际沟通是一种动态系统，沟通双方都处于不断的相互作用中，刺激与反应互为因果，如乙的言语是对甲的言语的反应，同时也是对甲的刺激。

第四，在人际沟通中，沟通双方应有统一的或近似的编码系统和译码系统。这不仅指双方应有相同的词汇和语法体系，而且要对语义有相同的理解。语义在很大程度上依赖于沟通情境和社会背景，对语义的理解受沟通场合以及沟通者的社会、政治、宗教、职业和地位等的差异的影响。

案例链接

柯维和妻子的一次沟通

节选自史蒂芬·柯维（美）《高效能人士的七个习惯》

有一个问题困扰了柯维多年：妻子桑德拉有一个固执的偏好，即对某品牌的电器特别痴迷，从来只用这个牌子，不考虑其他牌子，简直让人无法理解。哪怕是在家里处于经济困难时期，桑德拉也要坚持驱车

50英里（约80千米）到“大城市”买这个牌子的东西。

这让柯维心里很不舒服，尤其让他难以接受的是妻子为这个品牌辩解的那些莫名其妙的理由。如果她干脆承认自己的做法缺乏理性，完全是感情用事，柯维认为自己大概还能容忍，但是她却一再辩解，实在让他烦心。不过，还好只有在买电器时才会出现这种情况。但每次出现这种情况对柯维都是一种“刺激”，会引起他激烈的“回应”。就像一个导火索，能让柯维联想起各种烦心事，引发一系列不愉快的感受。柯维认为，处理这个问题的唯一办法就是忽视它，否则他一定会失控而出言不逊，每次他都要回过头去道歉。

一次深入交流的机会，使得柯维终于知道了妻子执念背后的原因。这好像是桑德拉第一次思索自己痴迷于这个品牌的原因，她谈到了自己的父亲，说他曾经在中学担任了多年的历史教师，后来为了糊口而进入了家电行业。经济衰退使他陷入了困境，而没有破产的唯一原因就是那个品牌的公司允许他赊账进货。劳累一天的父亲回到家里，几乎每天都会对桑德拉说起他生意上的烦恼，并告诉她幸亏那家公司允许他赊账进货，他才得以渡过难关。为此，他对这家公司十分感激。父女之间的交流自然而率直，因此父亲的话在桑德拉的潜意识里印上了深深的烙印，所产生的影响也是难以想象的。

桑德拉原本或许已经忘了这一切，直到夫妻两人能够无拘无束地进行沟通的那一刻，往事就自然而然地重现。这次交流使柯维逐渐意识到，桑德拉所谈论的其实不是电器，而是对于那个品牌的一种感激和忠诚。

案例补充（视频）

经过这次沟通，柯维和妻子相互理解了对方，更加尊重彼此。

思考与讨论

1. 柯维和妻子为什么而争吵？又为什么互相理解了对方？
2. 柯维和妻子的这次沟通交流告诉了我们什么道理？

训练营

变　形　虫

游戏目标

通过游戏，感悟人际交往中理解、合作、认同的重要性。

游戏程序

（1）11～16人，设组织者一名，将其余人员分成若干个组，每组5人，2～3组同时进行游戏比赛。

（2）每组准备一个绳圈，每人准备一个眼罩。绳圈长度以比5个人伸直双臂的总长度多5米为宜，不能太短，也不能太长，否则会增加游戏的难度。

（3）各组的5名组员均戴上眼罩，组织者把事先准备好的绳圈分别交给各组。

（4）根据组织者发出变形指令，如正三角形、正四边形、正五边形……5名组员通过合作完成。在合作变形的过程中，不允许用语言交流。用时最少的一组获胜。

相关讨论

（1）在“变形”的过程中，不允许说话，你有何感受？

（2）是什么原因导致有的组快些，有的组慢些？

第三节　影响人际沟通的因素

每个人都希望自己有更多的朋友。有一些人，他们的社交能力并不差，可就是人缘不怎么好，交不到知心朋友；而另一些人，他们的社交能力虽然不是太强，但结交的好朋友却很多。这是什么原因造成的呢？心理学家告诉我们，影响人际沟通的因素是多方面的，沟通者生理的、情感的、社会的情况在沟通时会发生变化，这些变化将引起沟通者之间互动的进一步变化。

一、文化因素对人际沟通的影响

这是一种因文化背景不同而对人际沟通产生影响的因素，主要表现为语言、思维方式、价值观念、风俗习惯等差异。文化因素是人际交往双方最一般的社会心理背景，由于社会文化已内化为人的价值观和行为习惯并通过人的本能予以体现，所以，通常人们体会不到文化在人际交往过程中的影响。在获得不同的文化体验并对不同的文化进行对比的时候，文化对人们的影响才能被感受到。

1. 语言和非语言交流

人们的交流方式，包括语言交流和非语言交流。其中，非语言交流包括手势、身势、眼神、面部表情、服饰等。

美国人类学家霍尔（Hall）把语境分为高语境与低语境，并用以分析文化的多样性。

美国是典型的低语境（low-context）文化国家。在低语境文化中，大部分信息都是用明确而具体的语言或文字传递的，并推崇以明确、坦率、直接的方式交谈。

而亚洲一些国家（例如中国）则属于高语境（high-context）文化国家。在高语境文化中，非语言交流是传递和理解信息的重要方式，如用体态、眼神、音调、位置、距离、环境等非语言方式进行沟通。因此要理解话语的含义，领会字里行间的言外之意十分必要。当某个美国人说“是的（yes）”的时候，其通常的含义是“我接受这种看法”。但一些亚洲国家的人说“是的（yes）”的时候，却有四种不同的意思表示：一是表示一方已经知道另一方正在同他说话，但他并不一定理解了谈话的内容；二是表示对方所说的是可以理解的和清楚的；三是表示他已经理解了对方的建议；四是表示完全同意。

由于文化之间存在差异，身体语言的表达方式及其含义也有所不同。中国人常用沉默表示认可，或表示对某个问题有异议，或不同意某个条款，以此表示礼貌和尊重。这对沉默持有消极看法的美国人来说，自然很难接受。美国人把沉默看作拒绝，把“笑”看作高兴，而中国人有时会用“笑”表示无奈、不认可，这是美国人很难理解的。

美国人在答“I'm sorry”的同时摊开双手，耸耸肩膀，表示“我无能为力”“这种状况毫无希望”等含义，而中国人表示此含义的习惯动作则是摇头或摆手。中国人说“对不起”的同时会微微一笑表示歉意，而美国人则可能对此感到迷惑不解。在大多数国家和地区，人们都以点头表示赞同或接受，以摇头表示不同意或反对，但在南亚一些国家，点头或摇头的含义则与此完全相反。

> 南亚地区人们摇头的含义很丰富，和我们的习惯大不相同，可扫描二维码观看视频加以了解。

2. 价值观念差异

价值观是一个人对人生、事物的认知、理解和评价，也就是一个人认定事物、辨明是非的一种思维方式或价值取向。价值观念差异是沟通中的核心问题之一，是不同国家、民族文化中最根本、最难以把握的一种差异。这种差异还蕴含着方方面面观念的不同，如时间观念、财富观念等。

东方国家的企业文化根植于以中国为发源地的东方文化，反映在商业活动中主要有以下几点。

（1）奉行集体主义。东方国家的企业讲集中，求统一，强调个人利益服从集体利益。

（2）强调企业的责任。东方国家认为，社会是企业生存的基础，企业要承担社会责任。

（3）鼓励在企业内营造一种“家”的氛围。孔子的“仁义礼智信，温良恭俭让”流传千年，主张的就是以家为本的社会伦理秩序。在这个伦理秩序的基础上，东方国家的企业形成了“爱厂爱家、以厂为家”的企业文化，员工之间沟通密切，重视感情和人际关系。

（4）以情为特质的软管理。东方国家的企业更加强调以人为中心，重视对员工的感情投资和道德教育。

西方国家的企业文化，个人主义是其核心，崇尚自我和激进开放的文化特征贯穿于其整个发展过程当中。

（1）重视个人权利。西方社会提倡最大限度地发挥人的潜能和创造力，倡导员工进行个人奋斗，鼓励人们通过竞争取胜。

（2）讲究效率，求真务实。管理者追求条理性，提倡用最短的时间、最低的成本，获得企业的高利润和产品的高质量。

（3）契约化。西方社会是法治社会，人与人之间是建立在平等基础上的契约关系，而不太重视宗法伦理和等级关系。企业和员工之间是由合同或契约的形式确定下来的利益关系。

（4）偏重于理性的硬管理。西方企业的理性管理把管理当作一门严密的科学，注重生产经营目标、组织结构和规章制度，强调建立在统计数据基础上的定量分析，反对模糊和随意。

3. 风俗习惯

风俗习惯是指特定的社会文化区域内，人们在长期生活中相沿积久、自发形成的习惯行为和生活方式。不同国家、不同地域、不同民族的风俗习惯千差万别。例如，“吃了吗”是中国人日常生活中最流行的一句话，在任何地点、任何时间，甚至大半夜在街上碰到熟人时都可以这么说。你不必回答什么时候吃的或吃了什么，一句简单的“吃了”或“没呢”就够了。如果你回答“吃了”说明你不饿，生活不错，也意味着没什么要聊的或你现在很忙；如果你回答“没呢”或“你呢”说明你想引起对方的注意，或者想告诉对方一些吃以外的事，而对方则可以继续问“为什么？”但是，如果中国人碰上了西方人，也问一句“吃了吗”，会让他很不高兴。中国文化的理念之一就是“民以食为天”，问候“吃了吗”是对别人最大最真切的关心，因此适用于很多时候。西方文化具有注重隐私的特点，见了面第一句话就问别人“吃了吗”大有刺探别人隐私之嫌，西方人自然会很不高兴。为了实现愉快的沟通，西方人可以学习中国人的问候方式，也问一句“吃了吗”，这会使中国人感到很亲切。而中国人见了西方人可用一句“How are you!”打个一般性的招呼，这会使对方感到很高兴。

成功的沟通要求我们必须培养移情的能力：在传递信息前，先把自己置身于接收者的立场；在接收信息时，先体会发送者的价值观、态度和经历、参照点、成长和背景。只有设身处地体会别人的处境和遭遇，才能与之产生感情上的共鸣。

二、环境因素对人际沟通的影响

1. 社会环境的影响

当前社会正处于转型期，既有的生活方式、价值观念、评价体系、行为模式等都发生着根本性的变化。从客观上讲，这种深刻的变化给人们的心理带来了深刻的影响。身处东西方价值观并存、互相冲突的复杂环境中，各种外来思潮的涌入直接影响着人们的价值选择。文化心理学家霍兰威尔提出，在某些情况下，外来文化移入压力会对人们的心理健康造成非常有害的影响。这是因为，当一种文化移入另一种文化时，文化刺激的泛滥会造成价值体系的重新认知和整合，使人们难以依据自己已有的认知经验，合理而又准确地选择和认同一种社会价值观念系统，从而陷入无以参照、无以归附的境地，最终产生心理失调和挫折感。

2. 家庭的影响

家庭的一些潜在或显性条件，如家庭的自然结构、人际关系、教育方式、抚养方式以及家长素质等对人的心理挫折都有直接或间接的影响。自小被娇生惯养和过分受保护、溺爱的人，更容易产生心理挫折。贫穷家庭、双亲不和或单亲家庭的孩子，父母往往对他们过分管制或放任不管。在他们成人后，有些人表现得蛮横无理或者会做出一些违背社会规范的反常举动；有些人则表现出内向、孤僻的性格，很少与人交往，不易表露感情，常常郁郁寡欢，从而产生心理挫折。

3. 距离的影响

一般来说，交往双方生活的空间距离越小，越容易接近，彼此之间就越会互相吸引。例如，教室里座位靠近的同学之间、机关里办公室位置邻近的同事之间以及住宅接近的邻居们，彼此见面的机会多，自然而然也就容易建立人际关系。然而，交往中距离的远近不只是空间上的，还包括时间上、职业上和背景上的。因此，邻居之间可能存在人际吸引，即"远亲不如近邻"；而同龄人、同乡、同学、同事、校友等，也会由于有着一种情感上的接近，而容易缩短彼此之间的距离，使双方相互吸引。

4. 交往频率的影响

人与人或由于地位、位置的接近，或由于工作上的需要（如医生与护士、经理与秘书），交往的次数越多，就越容易具有共同的经验、共同的话题，从而建立密切的人际关系。尤其是陌生人相处初期，地理位置的远近与交往频率的高低，对建立人际关系往往具有决定性的作用。如果交往双方有很多相近点，就会缩小相互间的时空距离和心理距离，使双方相互吸引、相互喜欢。而且经常接触可以增进彼此的了解，也容易预测对方的行为，从而使得双方在交往时有一种安全感；否则不知对方"底细"而随时准备防卫，会使双方处于不安的紧张状态之中，从而不利于彼此关系的进一步发展。

5. 网络的影响

互联网创造了跨越时间和空间限制的人际沟通与互动条件，使人们之间产生了一种不同于以往的社会互动行为，形成了一种新的沟通模式与人际关系，从而使得人际沟通和交流变得更为广泛和快捷，人际关系和交流活动呈现出隐匿性、开放性、多元性等特征。人们在享受网络交际的自由和便捷的同时，也难免会受到其自身交流缺陷和弊端的影响，如网络交际的虚幻性和依赖性等。若是沉迷于网络交际，还可能使人忽略现实世界的人际关系，造成现实世界人际关系的疏离，产生新的人际障碍，变得孤立与封闭。

三、个人因素对人际沟通的影响

沟通者的个性特征，知识、经验和技能水平，态度、利益选择、心理品质及沟通者之间的信任程度都会对人际沟通产生影响。

1. 沟通者的个性特征

1968 年，美国心理学家安德森（N. Anderson）研究了影响人际关系的人格品质，指出在人际关系中最受欢迎的十项人格品质依次为诚恳、诚实、理解、忠诚、可信、可靠、聪明、关怀、体谅、热情；最不受欢迎的十项人格品质依次为欺诈、精灵古怪、恶意、残忍、不诚实、不真实、做作、不可信赖、冷漠、贪得无厌。2009 年，我国学者蒋玉娜、金盛华的研究结果发现：真诚被评为最受欢迎的个性品质。

（1）人们喜欢“真诚的人”。要想获得友好的人际关系，就一定要真心待人。工于心计的人，可能一时会得逞、占便宜，但最终会失去朋友。只有真诚待人，才能拥有深厚而持久的友谊。

（2）人们喜欢“温暖的人”。在人际关系中，要想让别人喜欢自己，就必须有“温暖”的特质。有这种特质的人一定是亲切、温和的，他们不仅会积极地和别人交往，还会对别人表现出高度的兴趣和认同的态度，而且对周遭的人、事、物都持有积极、正向的看法，自然会吸引别人与之接近。

（3）人们喜欢“令人愉快的人”。和令人愉快的人在一起，任何不顺利或不愉快都可以一扫而光，从而感觉未来充满了希望。而一个悲观、消极的人，在任何时候都充满了担心和焦虑，会让和他在一起的人心情变得沉重，感觉未来没有希望，自然就少有人想和他做朋友。

（4）人们喜欢“宽容大度的人”。胸襟宽广是交友的基础，“尺有所短，寸有所长”，宽容能使人赢得友谊。面对他人的小过或无心之过以大度相待是最好的方法，一个人的让步会给双方带来广阔的天地。人们难以和偏狭、嫉妒的人和谐共事并成为朋友。

2. 沟通者的知识、经验和技能水平

在沟通过程中，沟通双方的知识、经验和技能水平的差异会影响沟通效果。因为对同一件事，知识经验不足者的表达可能就不如知识经验丰富者的表达具体、准确，且见解独特。接收相同的信息描述，知识经验层次不同的人所获取有用信息的结果也是不一样的。

3. 沟通者的态度

在沟通过程中，沟通者的态度对信息传递和沟通效果会产生不同的影响。这可分为不同的层次来考虑：一是人对人的态度，就是说在沟通时双方的态度不友好，或者不能互相配合，那么沟通的效果就不会很理想；二是人对事的态度，就是说如果沟通者对信息重视的程度不同或关注的重点不同，那么沟通的效果也是会有差异的。

4. 沟通者的利益选择

不论企业还是个人，为了获取利益，在沟通交流的时候都会夸大对自己有利的信息，而隐藏对自己不利的信息。这就会造成信息传递的失真，对组织来说，会影响组织目标、管理决策等方面的实施和落实。对个人来说，则容易使沟通出现误会，不利于双方关系的发展。

5. 沟通者的心理品质

在管理实践中，信息沟通的成败主要取决于上级与上级、领导与员工之间全面有效的合作。但在很多情况下，这些合作往往会因沟通双方的心理品质及下属的畏惧心理而形成障碍。比如，主管在日常工作和生活中总是过分威严，就会给人留下难以接近的印象，或者管理人员缺乏必要的同情心，不体恤下情，就容易使下级人员产生恐惧心理，影响信息沟通的正常进行。

6. 沟通者之间的信任程度

人与人之间只有在相互信任的前提下，才能够进行真实的交流与沟通。企业中上下级的沟通更是如此，如果下级对上级没有足够的信任，下级有了问题就不能及时反映上去；而如果上级对下级没有足够的信任，公司的政策和决策就不能及时传达下去。只有双方充分信任，才能做到知无不言、言无不尽。

知识营

人际沟通的基本要素

发送者需要先对信息进行编码，然后通过一个渠道进行传递，接着在渠道的另一头需要对信息进行译码，最后被接收者接收，这样才能使沟通形成一个循环通路，如图 4.3 所示。这个过程可能还会产生干扰，但是通过反馈可以抵消。

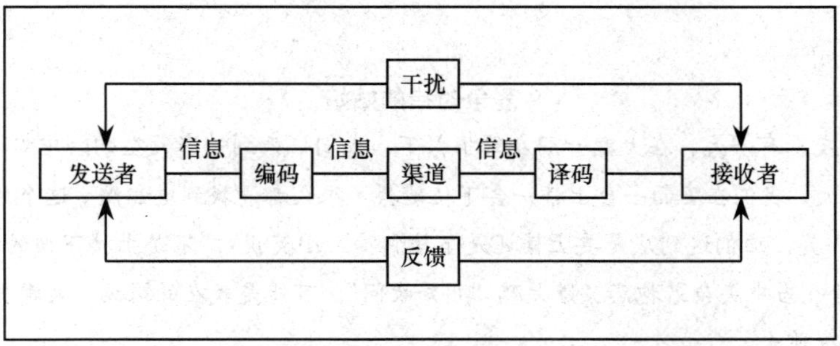

图 4.3　沟通的基本流程

1. 信息发送者

信息发送者主要是指拥有信息并试图进行沟通的人。沟通过程通常由他们发起，沟通对象和沟通目的通常也由他们决定。一般来说，信息发送者的权威性、富有经验、可值得信赖的特征及其吸引力等都会影响整个沟通过程。例如，我们通常更愿意相信有关领域的专家传递的信息，也更愿意相信具有公正品质的信息传递者所传递的信息。而且，当信息发送者具有某些吸引力的时候，我们更倾向于喜爱他们，听从他们。

2. 信息

信息主要是指信息发送者试图传递给接收者的观念和情感，它们必须被转化为各种可以被别人觉察的信号，包括语词信号和非语词信号。语词信号既可以是声音的，也可以是形象（文字）的。运用语词进行沟通时，沟通双方必须具有共同的理解经验。非语词信号包括身段姿态、表情动作、语调等。一般情况下，中等程度的信息差异量较容易引起接收者态度的改变，差异量过大或过小都不能导致接收者有效的态度改变。当以持某种态度可能导致的危险作为劝说的理由进行沟通时，也容易引起信息接收者态度的改变。劝说的技巧也很重要，当采用正反两面性劝说时，信息接收者就会认为信息较为公正、偏见更少，于是会减少对抗和防卫，进而容易被说服。

3. 渠道

渠道主要是指沟通信息的传送方式。面对面的沟通与大众传播各有特点。面对面的沟通除了语词或非语词本身的信号以外，沟通者的心理状态信息、背景信息以及及时反馈信息等，都容易使沟通双方的情绪受到感染，从而产生更好的沟通效果。我们接受的信息绝大多数都是通过视听途径获得的，所以日常发生的沟通也主要是视听沟通。

4. 信息接收者

信息接收者总是带有自己的经验、情感、观念，所以信息发送者发出的信息能否对接收者产生影响，还取决于信息接收者是否注意、知觉这些信息，是否理解和接受这些信息，并将其储存在自己的知识系统中。

5. 反馈

沟通过程是一个交互作用的过程，即沟通双方不断将自己对所接收到信息的反应反馈给对方，使对方了解自己发送的信息所起到的作用，了解对方是否接受和理解了信息，以及对方接收信息后的心理状态是怎样的，从而根据对方的反应调整自己的信息发送过程，以达到预期的沟通目的。

6. 干扰

干扰可能会发生在沟通的任何一个环节，如信息发送者可能是不明确的、不可靠的，发送的信息没有被有效和准确地编码，发送信息时选错了信道，信息接收者没有能够对信息做出发送者所期望的反应等。另外，如果沟通双方缺乏共同的经验，比如语言不通也可能很难进行有效的沟通。

案例链接

爱争对错的姑娘

大鹏是我的朋友。有一天，在大鹏女朋友的推荐下，我们仨来到一家大型购物中心看电影。

购物中心超级大，我们在里面一会上楼一会下楼地找了很久都没找到电影院。这个时候大鹏有点急了，就问他女朋友："小英，咱们这到底是要上楼还是下楼啊？"小英说："不是上楼下楼的问题，是找电影院的问题。"小英的语气当中夹杂着抱怨，嫌大鹏"明知故问"。可能是我在的缘故，大鹏并没有继续说什么，而是低头跟着小英往前走。

看电影的时候，大鹏随口问了一句："这个男演员是不是演过《潜伏》那个电视剧啊？"小英马上怼了一句："怎么可能是《潜伏》呢！明明是《红色》啊！"语气跟之前一样，生硬，不留情面，还带着些优越感。

从电影院出来，我们仨经过一家男装店，我正好想买件外套，于是就走了进去。

挑衣服的时候看了一眼价格，我自言自语道："还挺贵啊。"没想到这话被小英听见了，她也在看价格，来了一句："不是挺贵，是非常贵好嘛！"我和大鹏互相看了一眼，笑了笑，走出了这家店。

我跟小英也认识好多年了，我知道她其实是挺善良的一位姑娘。总体来说，对大鹏也不错。可就是说话风格经常让大鹏很恼火，也很无奈。大鹏说："和小英说话总有一种马上要吵起来的感觉，因为她说每句话几乎都要从否定我开始，而且什么事情都爱争个对错。"

本文节选自今日头条·恋爱成长学会"所谓情商高就是会说话　第 47 期"（2017 年 5 月 3 日）

思考与讨论

1. 谈谈你对小英说话风格的看法。
2. 结合案例，你觉得在与人沟通时主要有哪些注意事项呢？

训练营

画图游戏

游戏目标

通过游戏，体会双向沟通与单向沟通的效果差异。

游戏程序

（1）制作两幅不同的图形（练习图形参见本书配套资料）。组织者挑选学生 A、学生 B 上讲台。

（2）请学生 A 上讲台与其他学生面对面，手拿图 1，并进行描述，讲台下的学生照学生 A 的描述画图，不许提问。

（3）请学生 B 上讲台与其他学生面对面，手拿图 2，并进行描述，讲台下的学生照学生 B 的描述画图，可以提问。

（4）游戏结束，分别统计两次画对的人数。

相关讨论

（1）对听者来说，在同样的情况下，为什么有人画对了，有人画错了？

（2）对说者而言，你认为听众理解或不理解其表达的原因是什么？

（3）试比较单向沟通游戏和双向沟通游戏中画对的人数，并解释原因。

第四节 如何培养人际沟通能力

没有人一出生就是社交高手，和获得驾驶汽车、演奏乐器、打篮球、跳舞、唱歌、写作等能力一样，人际沟通能力也必须经过学习和训练才能获得。

人际沟通能力是指沟通者所具备的能进行有效沟通的优良主观条件。要提高人际沟通能力，就必须进行沟通学习和训练，了解沟通基本能力结构（见图 4.4）及其基本要素。

图 4.4 沟通基本能力结构

一、意识和思维方面的沟通能力

1. 沟通的主体意识

意识是人对条件的反应，是人内心最深处的想法，它主导着行动。主体意识是人对自身的主体地位、主体能力和主体价值的一种自觉意识，是人之所以具有主观能动性的重要因素。对于沟通者来说，沟通的主体意识就是主动认识到沟通始终贯穿于人的生活和工作中，因此，要主动“思考”沟通这个问题，而且必须是主动的、积极的、正向的。

（1）尽己所能意识。尽己所能意识是人在沟通过程中，对自己的沟通主体地位、沟通作用和沟通价值等诸方面积极、自觉的能动意识。在人际交往中，如果你迈出主动沟通的第一步，就非常容易与别人建立人际关系，且在与他人的交流沟通中更容易处于主导地位。当你处于主导地位时，就会集中注意力，主动去了解对方的心理状态，并调节自己的沟通方式，以便更好地完成沟通。

（2）积极的人生态度。人生的方向是由“态度”来决定的，其好坏足以决定人生的优劣。积极的人生态度会让人变得温暖活泼，富有弹性，充满进取精神，拥有冲劲和抱负，相信人生充满乐趣和希望，即使遭遇困难也不会失去希望和信心。积极的人生态度会产生一种力量，这种力量会让人产生无比坚定的自信心。

（3）正向的评价意识。正向的评价意识是一种能力。一个具备习惯性正向评价意识的人，一定拥有细微的观察能力。正向评价过程是一个人观察分析能力和评价意识能力提高的过程，也是习惯性正向评价意识形成的过程。具有正向评价意识能力的人在看待人和事时，常常会看到积极、有价值的一面，因此往往会赢得良好的人际关系。

2. 正确的思维方式

思维方式是人们大脑活动的内在程式，是看待事物的角度，对人们的言行起着决定性作用。以沟通为主体的思维方式，在看待人和事上应把尊重、他人、倾听、理解作为第一要务。

（1）尊重第一。人精神上的第一需求是尊重，尊重包括自尊和他尊。每个人都有自尊心，也都希望能被人尊重。当人们感觉自己受到别人的尊重时，就能感受到自己存在的价值。要想获得别人的尊重，首先应当尊重别人。只有当你尊重了别人，才有可能从别人那里得到应有的尊重。尊重是心灵沟通的第一步，可以改善人际关系、营造和谐氛围。

（2）他人第一。心里有他人，凡事能站在他人的角度，替他人着想，是一个人人格魅力的体现。一个心中有他人，凡事能替他人着想的人，度量会很大，能尽己所能去帮助别人。只有把别人放在心上的人，才会被别人放在心上。

（3）倾听第一。倾听是一种能力，是在接纳的基础上，积极地听、认真地听、关注地听，善于倾听的人往往会具有善良的天性和善解人意的特质。倾听是沟通的桥梁，沟通必然是从心与心的对话开始的，而心与心的对话又是从真诚的倾听开始的。倾听他人能表达对他人的尊重，是建立良好人际关系的基本要求。

（4）理解第一。理解包括理解他人和被他人理解，理解他人就是用开放的胸襟去体察他人的处境、感受和想法，从而消除误解和隔阂，营造和谐融洽的人际关系氛围。理解是一种宽容，一种涵养，懂得了理解，就掌握了沟通的核心。要建立和谐的人际关系，首先应从学会理解开始。

二、情绪方面的沟通能力

情绪是对一系列主观认知经验的统称，是多种感觉、思想和行为综合产生的心理和生理状态。最通俗、普遍的情绪有喜、怒、哀、惊、恐、爱等，而一些细腻微妙的情绪有嫉妒、惭愧、羞耻、自豪等。情绪常和心情、性格、脾气、目的等因素互相作用，也受到激素和神经递质影响。每个人都有自己的情绪，情绪有正面情绪和负面情绪之分。当人的需要得到满足时，会产生快乐、兴奋、幸福等正面情绪；当人的需要得不到满足时，会产生焦虑、怨恨、痛苦、悲伤等负面情绪。

情绪方面的沟通能力包括正确评估自己情绪的能力、很好调控自己情绪的能力、合理表达自己情绪的能力、敏锐感知他人情绪的能力、良好的同理心等。

1. 自我情绪的调节

情绪是人们对外部世界正常的心理反应。想要不让那些消极的情绪左右我们的生活，使我们成为情绪的奴隶，管理情绪是我们必须掌握的一项技能。自我情绪管理，就是用正确的方式，察觉、理解、调整和放松自己的情绪。一个人若能掌控并调节自己的情绪，就能掌控自己的人生。

（1）情绪的自我觉察能力。情绪的自我觉察能力是指了解自己内心的一些想法和心理倾向，以及自己所具有的直觉能力。自我觉察，即自己的某种情绪刚一出现便能够察觉，它是情绪智力的核心能力，是一个人所具备的、能够监控自己的情绪以及对经常变化的情绪状态的直觉，是自我理解和心理领悟力的基础。如果一个人不具备这种对情绪的自我觉察能力，或者说不了解自己真实的情绪感受，就容易听凭自己的情绪任意摆布，以致做出许多非常令人遗憾的事情。我们首先要学会体察自己的情绪状态，然后要接纳自己的情绪，接着要找到导致各种情绪的原因，最后要积极调适不良情绪。

（2）情绪的自我接纳能力。情绪是人正常的心理和生理状态，各种情绪背后一定有其相应动机。只有诚实、坦然地面对自己的情绪及其产生的原因，才能为对其进行修正做出正确判断。在体察情绪时，不要被引起情绪的事件所影响，要静下心来认知情绪本身及感受，这样就不会陷入情绪当中。很多时候，人的痛苦并不是来源于情绪本身，而是来源于对情绪的抵触。

（3）情绪的自我调控能力。情绪的自我调控能力是建立在对情绪状态自我觉察的基础上的，是指一个人如何有效地摆脱焦虑、沮丧、激动、愤怒或烦恼等因失败或不顺利而产生的消极情绪的能力。这种能力的高低，会影响一个人的工作、学习与生活。当情绪的自我调控能力低下时，就会使自己总是处于痛苦的情绪旋涡中；反之，则会从情感的挫折或失败中迅速调整、控制并且摆脱而重整旗鼓。

调节不良情绪的方法通常有：①转移注意力。当情绪不好时，可以做一些自己平时感兴趣的事，如通过玩游戏、打球、下棋、听音乐、看电影等正当而有意义的活动，使自己从消极情绪中解脱出来。②适当表达自己的情绪。不良的情绪可能是自身造成的，也可能来自他人的一些不合适的行为。如果是他人的原因，可以通过适当的方法，向造成这种情绪的人传递信息，从源头上消除其影响。③合理发泄情绪。合理发泄情绪是指在适当的场合，用适当的方式，来排解心中的不良情绪，以及防止不良情绪对人体的危害。当一个人情绪低落时，往往不爱动，而越不动注意力就越不易转移，情绪就越低落，也越容易形成恶性循环。因此，可以通过跑步、打球等体育活动改变不良情绪。

2. 自我情绪的表达

每个人都有喜、怒、哀、乐、悲、恐、惊七大基本情绪。一个人情绪的表达从低到高，往往会经历四个不同的层次，包括躯体表达、行为表达、语言表达和象征性表达。

人要做的并不是控制使自己不产生情绪，而是坦然接受情绪的存在，不论这种情绪是积极的还是消极的。另外，还应注意体察自我情绪以提醒自己。

（1）极强的亲和力。具有亲和力的人在与他人进行信息沟通、情感交流时，表现出来的是热烈、积极、主动、友好的态度。这样的人每天都会保持自信、乐观的态度去面对每一个人。具有亲和力的人更容易对他人产生吸引力，这种吸引力源于他人的喜欢和信任。

（2）持续的自驱力。自驱力是一个人源于对成就、权力和亲和的需要，自我驱动积极主动地学习或工作，以争取更大的成功所产生的一种心理力量。有良好沟通能力的人，对于良好人际关系的建立、维护完全是一种有意识的、自觉的行为，能激励自己保持持续的自驱力。自驱力强的人渴求不断地完善自己，并将自身的潜能发挥出来。所以这样的人有着顽强的毅力，没有什么困难能阻止他前行。

（3）激情的感染力。激情是一种强烈的情绪，当人们对某事物具有激情时，该事物通常对他来说就具有很强的吸引力。有良好沟通能力的人，对于良好人际关系的建立、维护充满激情，这种激情具有强烈的感染力，能引起别人产生相同思想感情的力量。

3. 对他人情绪的识别

仅仅管理好自己的情绪是远远不够的，我们还必须学会识别并影响他人的情绪。觉察他人情绪的能力就是所谓的同理心，即能设身处地地站在别人的立场思考问题，为别人着想。越是具有同理心的人，越能觉察他人的情感状态，也越容易进入他人的内心世界。

（1）敏锐的观察力。在人际交往中，只有具备敏锐的观察力，才能从对方的各种神态和表情中捕捉到其思想感情的变化，从而更好地了解对方的情绪。

（2）丰富的感知力。感知力也称为感受力，就是感受周围事物的能力。在人际交往中，感知力丰富的人，善于察言观色，解读他人的各种肢体语言，洞悉他人真实的思想和感情，从而有利于掌控与对方的交流和交往。

（3）良好的同理心。一个具备同理心的人，在人际交往过程中，能够体会他人的情绪和想法、理解他人的立场和感受，并站在他人的角度思考和处理问题，因而容易获得他人对其人格、态度或价值观方面的信任。所有的人际关系，都是建立在信任的基础上的。

三、表达方面的沟通能力

语言是沟通人与人之间情感的桥梁。出色的语言表达能力是一个人建立良好人际关系的基础，也是事业发展的“助推剂”。

当然，表达能力不只是“口才”。在表达自己思想的过程中，非语言表达方式和语言同样重要，有时作用甚至更明显。这里所讲的非语言表达方式是指人的仪表、举止、语气、声调和表情等。通过这些方面，可以更直观、更形象地判断一个人的为人处世能力，看出一个人的自信和感情。

1. 口头表达

（1）赞赏的魅力。赞赏是一种激励和温暖人心的力量，每个人都有被别人赞赏的需要。发自真心的“赞美”中包含着“欣赏”对方最美、最有价值的东西，能提升对方的自信心，能释放对方的潜能。适当地肯定他人，真心地赞美他人是建立良好人际关系的“润滑剂”。

（2）人际魅力。人际交往是一个相互影响、相互作用的动态过程。具有良好人际魅力的人往往有很强的人际吸引力，这种吸引力会缩短人与人之间的心理距离，使人与人之间在情感方面建立相互喜欢和亲密的心理关系。

（3）语言的感召力。语言是情感的载体，情感是语言的灵魂。没有情感的语言是干瘪的，充满情感的语言哪怕只有寥寥数语也能感动人心。充满激情和真挚情感的语言，其魅力就在于能够在人际沟通过程中化平淡为神奇，激发他人的热情，使语言的感染力成倍增加，从而产生强大而神奇的感召力。

2. 书面表达

（1）信函的说服力。职场中，谁能够在有限的时间里，用最有效的方式，高质量地说服对方，谁就能获得成功。信函中的用词造句如能做到深思熟虑，感情表达真挚、表露恰当，意向明确，态度诚恳，用之精当，就能使别人易于理解自己、信任自己，从而增强信函的说服力。

（2）报告的影响力。报告要吸引听众，达到劝说、说服，以致影响他人的思想、情感或行为的效果，就必须注意语言的艺术化，将书面语和口语两种语言形式融为一体。书面语应条理清晰，逻辑严密，用词得当；口语则应具有吸引力和感召力。

3. 肢体表达

肢体语言（又称身体语言），是指通过头、眼、颈、手、肘、臂、身、胯、足等人体部位的协调活动来传达人物的思想，形象地表情达意的一种沟通方式。通过一个人的肢体动作，我们可以了解他的思想意识、情绪变化等。肢体语言往往比可以伪装的有声语言更真实可信，而有声语言如果能辅以适当的肢体语言就会起到更好的传情达意的作用。

（1）微笑的吸引力。“多与对方分享积极的情绪体验，有助于增进彼此之间的好感并拉近距离”，这是与人交往时的一个重要原则。当你对别人微笑时，其实就是在传递一种快乐积极的信号，即意味着向他表示“很高兴认识你”。这样对方就会和你产生共情，体会到你的善意，从而愿意和你接近。无疑，微笑能为你的吸引力加分。

（2）声音的穿透力。既质朴又有穿透力的声音，即使不喊不叫，看似轻描淡写，也能够让他人感受到巨大的能量。在阐述观点、论证道理时，语气应自信、肯定、果断，气息应稳健，字节应弹发有力、疾徐有致，节奏明快，给人留下有理、有利、有节的印象。

知识营

同理心

同理心是站在当事人的角度和位置上，客观地理解当事人的内心感受，且把这种理解传达给当事人的一种沟通交流方式。

对于某个已经发生的事件，把自己当成当事人，想象一下是出于什么样的心理才导致某种行为，从而触发这个事件的。这样做可以使自己更容易理解对方产生该行为的原因，这与“己所不欲，勿施于人”的道理如出一辙。

当自己不认同对方的观点时，不要先急于判定对方一定是错的，而要尝试从相反的角度去思考，针对事情本身而不是针对人，便有可能发现自己原来的看法并不完全正确。因为事情发生在“我”身上（主观）跟发生在“你”或“他”（客观）身上所产生的心理影响区别可能非常大，毕竟别人的想法和行为背后总会有一定的原因。

同理心简史

运用同理心沟通时，应遵循以下几项原则。

（1）我怎样对待别人，别人就会怎样对待我；我替别人着想，别人才会替我着想。

（2）要想得到他人的理解，就要先理解他人；只有将心比心，才会被人理解。

（3）别人眼中的自己，才是真正的自己；要学会站在别人的角度来看问题，并据此改进自己在他人眼中的形象。

（4）只能修正自己，不能修正别人；想成功地与人相处，想让别人尊重自己，唯一的方法就是先改变自己。

（5）真诚坦白的人，才是值得信任的人；要不设防地、以最真实的一面示人。

（6）真情流露的人，才能得到真情回报；要摘掉面具，真诚对待每一个人。

情　商

情绪商数（Emotional Intelligence Quotient，EQ），通常简称情商，是一种表示自我情绪控制能力的指数，即“情商”指的是“信心”“乐观”“急躁”“恐惧”“直觉”等一些情绪反应的程度。

一般而言，情商具有以下几个特点。

（1）情商是指情绪控制能力或情绪智力高下，虽然它不适于像智商那样用数值尺度来测量，但可以通过一些科学的方式来了解。

（2）情商与智商不是对立的。有的人有幸既有较高的智商又有较高的情商，有的人则只有其中之一。

如何培养高情商

（3）情商对人的社会成就的影响比智商更大。

（4）可以采取适当的方式提高人们调节情绪、控制情绪的能力，使情商因素有利于提高工作效率，有助于个人成功。

情绪控制能力具有普遍的实用价值，对企业应如何决定该雇用谁、父母应如何培养自己的孩子、学校应该怎样教育学生都是有用的。

案例链接

愚蠢的女乘客和愤怒的司机

综合媒体报道　2018年10月28日10时8分，重庆市万州区一辆公交车与一辆小轿车在万州区长江二桥相撞后，公交车坠入江中，15名驾乘人员遇难。车载行车记录仪被打捞出水后，公安机关提取到事发前车辆内部的监控视频。通过视频以及大量的调查事实，还原了当时车内发生的情况。

10月28日9时35分，乘客刘某在龙都广场四季花城站上车，其目的地为壹号家居馆站。当车行至南滨公园站时，驾驶员冉某提醒到壹号家居馆的乘客在此站下车，刘某未下车。在继续行驶途中，刘某发现车辆已过自己的目的地站，便要求下车，但该处无公交车站，驾驶员冉某未停车。

刘某从座位起身走到驾驶员后侧，靠在旁边的扶手立柱上指责冉某，冉某多次转头与刘某解释、争吵，双方争执逐步升级，并相互有攻击性语言。当车行驶至万州长江二桥距南桥头348米处时，刘某右手持手机击向冉某头部右侧。冉某右手放开方向盘还击，侧身挥拳击中刘某颈部。随后，刘某再次用手机击打冉某肩部，冉某用右手格挡并抓住刘某右上臂。冉某收回右手并用右手往左侧急打方向盘（车速为51千米/小时），导致车辆失控向左偏离越过道路中心实线，与对向正常行驶的红色小轿车（车速为58千米/小时）相撞后，冲上路沿、撞断护栏坠入江中。

乘客刘某和驾驶员冉某之间的互殴行为，造成车辆失控，致使车辆与对向正常行驶的小轿车撞击后坠江，造成了重大人员伤亡。

思考与讨论

1. 谈谈你对这起事件的看法。
2. 通过案例，请你谈谈对人际沟通能力的理解。

训练营

阳光思维训练

训练目标

训练积极、正向的思维方式，通过阳光思维所表达出的语言给对方带来信心、希望、快乐和力量。

训练程序

（1）在训练之前，组织者先给学生举一个将消极思维转化为积极思维的例子。

（2）组织者列出20道题，每道题都是关于职场中常见的消极信息。

（3）让学生运用“暖词”“暖句”，将20道题中的消极思维转换为阳光思维。

相关讨论

（1）请学生讨论两种思维方式的不同。

（2）请学生谈一谈完成答题训练后的感受。

知识巩固与实践训练

一、不定项选择

1. 高效沟通的三个原则不包括（　　）。
   A. 谈论行为不谈论个性　B. 谦虚谨慎
   C. 明确沟通　D. 积极聆听
2. 积极聆听是指（　　）。
   A. 一边听一边与自己的观点进行比较和评论　B. 边听边想自己的事情
   C. 设身处地地聆听　D. 选择性地聆听
3. 一个完整的沟通过程包括（　　）。
   A. 信息发送、接收　B. 信息发送、反馈　C. 信息发送、接收、反馈　D. 信息接收、反馈
4. 以下选项中，更容易沟通的是（　　）。
   A. 思想　B. 信息　C. 情感　D. 以上都不是
5. 决定业绩的三个方面是（　　）。
   A. 态度　B. 知识　C. 技巧　D. 团队合作
6. 沟通的三大要素是指（　　）。
   A. 一定要有一个明确的目标　B. 语言和肢体语言的配合
   C. 达成共同的协议　D. 沟通信息、思想和情感
7. 封闭式提问的不足之处是（　　）。
   A. 收集信息不全　B. 谈话气氛紧张　C. 浪费时间　D. 谈话不容易控制
8. 所谓沟通，是指为了一个设定的目标，把（　　）在个人或群体间传递并达成共同协议的过程。
   A. 语言　B. 信息　C. 情感　D. 思想
9. 以下属于开放式问题的是（　　）。
   A. 请问去上海有哪些航班？　B. 你对我公司有什么看法？
   C. 请问一下会议结束了吗？　D. 这个问题你认为如何解决比较好？

10. 良好的沟通能力，并不是天生具备的，而是通过（　　）获得的。

A. 上级培养　　B. 领导赋予　　C. 学习　　D. 后天移植

二、思考与讨论

想一想自己为什么被他人吸引。

三、情境训练

登录并浏览本校官网，你认为学校希望通过网站信息与访问者沟通什么？这些信息与你了解的关于学校的有关信息有何不同？

四、案例分析

沟通失败后，她用了这样一种方法

据2016年4月21日《重庆晨报》报道（记者：谭遥、甘侠义）说话声、脚步声、孩子的打闹声……楼上传来的各种噪声，让家住重庆市沙坪坝区天星桥的李女士都快神经衰弱了。

她几次找到楼上的张先生一家提意见，对方都是满口答应。可毕竟屋子里人多，难免会发出一些噪声。

17日下午，李女士又上楼去找张先生，两人吵了起来。最后，李女士气愤地走了。

随后，怪事就发生了……

17日傍晚，就在张先生一家吃饭时，开始感觉到地板有微微的震动，继而传来了强烈的“哒哒哒”的噪声。“楼下在装修房子？”这种奇怪的响动，张先生一家从来没听到过。

到了晚上8点多，噪声和震动还没停，张先生终于忍不住了，他选择了报警。报警前，他还下楼去敲了门，而李女士似乎已经离开。

“下面不知道打开了一种什么电器，噪声很大！”面对民警，张先生说，家里几岁的小孩被弄得直哭闹。

民警进入张先生的房间实际感受了一下，发现地板确实持续传来强烈的噪声和明显的震动。张先生表示，可能是楼下李女士故意开启了某种产生噪声的电器，以此来“对抗”，因为当天下午两家为了噪声的问题吵了架。

民警通过电话联系到李女士，她也向民警解释了这么做的原因。因为对楼上张先生一家产生的噪声很无奈，当天下午，李女士和张先生发生争执后，就安装了某种电器故意制造噪声。

经过民警调解，李女士最后回家关掉了机器。张先生则表示，以后在家会更加注意，避免给楼下邻居带来噪声干扰。

思考与讨论

1. 你支持李女士的做法吗？
2. 请你为本案例提出沟通建议。

自我认知

情商简易测试

注意：以下测试必须以事实为依据完成，不可用价值判断，否则结果无参考价值。

一、测试题目

1. 与你最亲密的人发生争吵后，你能在他人面前掩饰你的沮丧。

A. 同意　　B. 不同意

2. 当工作进展得不顺利时，你认为这是对未来的一个警告。

A. 不同意　　B. 同意

3. 在你最好的朋友开口说话以前，你就能分辨出他（她）处于何种情绪状态。

A. 同意　　　　B. 不同意

4. 当你担忧某件事时，你会在夜里难以入睡。

A. 不同意　　　　B. 同意

5. 你认为大多数人必须更加努力而不应轻易放弃。

A. 同意　　　　B. 不同意

6. 与你最好的朋友告诉你一些好消息相比，你更易受一部浪漫影片的感染。

A. 不同意　　　　B. 同意

7. 当你的情况不妙时，你认为到了该改变的时候了。

A. 同意　　　　B. 不同意

8. 你经常想知道别人是怎样看待你的。

A. 不同意　　　　B. 同意

9. 你对自己几乎能使每个人高兴起来而感到自豪。

A. 同意　　　　B. 不同意

10. 你讨厌讨价还价，尽管你知道讨价还价能使你少花 20 元钱。

A. 不同意　　　　B. 同意

11. 你十分喜欢直率地说话，而且认为这样能使一切事情变得更为容易。

A. 不同意　　　　B. 同意

12. 尽管你知道自己是正确的，你也会转换某一话题，而不愿来一场争论。

A. 不同意　　　　B. 同意

13. 你在工作中做出一个决定后，会担心它是否正确。

A. 不同意　　　　B. 同意

14. 你不太担心环境的改变。

A. 同意　　　　B. 不同意

15. 你似乎是这样一个人：对于周末去干什么总是能够提出有趣的建议。

A. 同意　　　　B. 不同意

16. 假如你有一根魔棒的话，你将挥动它来改变你的外貌和个性。

A. 不同意　　　　B. 同意

17. 不管你工作多么尽心尽力，你的老板似乎总在催促着你。

A. 不同意　　　　B. 同意

18. 你认为最亲密的人对你寄予厚望。

A. 不同意　　　　B. 同意

19. 你认为一点小小的压力不会伤害到自己。

A. 不同意　　　　B. 同意

20. 你会把任何事情都告诉你最好的朋友，即使是个人隐私。

A. 同意　　　　B. 不同意

二、计分方法

选 A 得 1 分，选 B 不得分，将得分累加，测试结果解析可参阅附录中的“自我认知参考意见”。

第五章 Chapter 5 人们怎样互相交流

学习目标

1. 了解人际沟通的两种方式。
2. 了解人际沟通的基本步骤。
3. 掌握克服人际沟通障碍的方法。

关键概念

语言沟通　非语言沟通　人际沟通的步骤　人际冲突

导引案例

写给儿子的一封信

（节选，略有改动）

儿子：

今天爸爸妈妈送你去学校，嘴上没有说，其实心里还是很自豪的，这辈子我们辛辛苦苦把两个孩子供出来，也算是有些成绩。

你也知道，我们家里条件很一般，家底儿没有别人家那么厚，但这也是我和你妈一点一点打拼出来的。2000 年家里揭不开锅的时候，你爷爷硬是东拼西凑给了一百块钱，后来全靠我们做苦力才撑起这个家，供你跟你姐姐读书。

当然，我提到这些并不是向你诉苦，为了你们，我和你妈都是心甘情愿的。我想说的是，希望你不要忘本，要靠自己的努力改变这种状况，最起码能改善你自己的生活。

你知道，大学生容易随波逐流，刚开始每个人都会下定决心，说要好好学习，要学好专业，以后还要考研，可是慢慢地就都忘了。逃课、睡觉、打游戏，这种安逸的环境无异于温水煮青蛙。等你大学毕业时再反应过来，那就晚了。所以爸爸希望你能一直保持警惕，就算所有人都在宿舍打游戏，所有人都去网吧玩通宵，所有人都逃课，你也要坚持自我！成熟的人应该做自己该做的事，而不是只做想做的事，大部分人做的，不一定就是对的。

爸爸是个农民、粗人，大道理不会讲，也不能告诉你多么明确的建议，想知道该怎么做，去书里看吧，成功人士的经验都在那里了。博览群书，你自然会成为一个沉稳、有思想、有底蕴的人，这种沉淀不在一朝一夕，四年足够了，爸爸妈妈相信你！

爸爸、妈妈

本例原文

思考与讨论

1. 你和家人是怎样沟通的？
2. 爸妈曾经给过你什么忠告吗？

沟通对人与人之间的交往无比重要。只有掌握沟通技巧的人，才能有效地与他人沟通，取得良好的沟通效果，最终达到沟通的目的。要真正做到有效沟通，必须把握一定的规律，掌握一定的技巧，遵循一定的步骤。

第一节　人际沟通的两种方式

在工作和生活中，人们常常采用语言沟通和非语言沟通这两种沟通方式。在人际沟通中，不同的环境适合采用不同的沟通方式。

一、语言沟通

语言沟通包括口头沟通和书面沟通。

（一）口头沟通

口头沟通的方式主要有交谈、劝说、演说、电话沟通等。

1. 交谈

交谈是两人或两人以上，为实现交流思想、沟通感情、互通信息、协调行动等目的而进行的口语表达活动。要想取得理想的交谈效果，就需要了解谈话的主题（双方感兴趣的话题）、对象（和谁交谈）、时间（选择交谈的时机）和地点（选择交谈的场合），把握说话的技巧（表达的艺术）等。

2. 劝说

劝说是以口语方式，采用适当方法，综合运用多种信息，通过理性的阐释，以非强制手段达到影响别人观念或原有态度的活动。劝说时要根据不同的对象、不同的情况使用不同的语气，比如紧急情况就不能慢条斯理。劝说时采用诚恳的态度和婉转的表达方式，有时比充分的理由更容易让人接受。

3. 演说

演说又称为演讲或讲演，是指演说者在特定的时间与场合，借助于有声语言（为主）和体态语言（为辅），面对听众就某些社会的现实问题，发表自己的见解和主张，阐明事理、抒发情感，以达到感召听众并影响其行为的信息交流活动。与其他口语沟通方式不同的是，演讲具有一定的艺术性。演讲者必须通过与其演讲内容一致的表达手段，即有声语言、体态语言和主体形象，才能更好地发表自己的意见，陈述自己的观点和主张，达到影响、说服、感染他人的目的。

4. 电话沟通

演讲技巧：魅力乔布斯演讲

在日常生活中，人们会较多地使用电话进行沟通。一个人通过电话进行沟通的技巧是否高超，常常影响着他是否能顺利达到沟通的目的。

接听和拨打电话的程序和基本技巧，如图 5.1 和图 5.2 所示。

在职场中，为了保证通话质量，提高通话效果，接听、拨打电话时一般要注意以下几点。

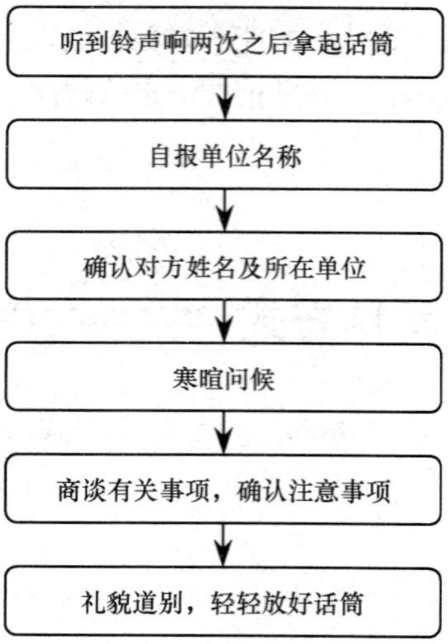

图 5.1　接听电话的程序和基本技巧

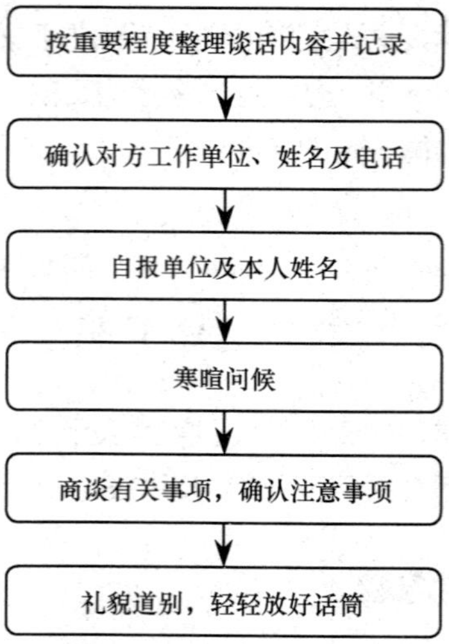

图 5.2　拨打电话的程序和基本技巧

（1）事先准备好记录本和笔，这样当他人打来电话时，就可立即记录主要事项。

（2）给别人打电话时，应事先把想讲的内容逐条逐项地记录下来，可边讲边看记录，随时检查是否有遗漏。另外，还要尽可能在 3 分钟之内结束通话。

（3）通话时必须抬头挺胸，伸直脊背，面带微笑，语调明快，语音清脆，富有朝气。

（4）给行业外的人打电话时不宜使用简略语、专用语。

（5）养成复述的习惯，特别是对于容易混淆、难以分辨的同音不同义的词语及日期、时间、电话号码等，要加倍注意，放慢语速，字句清晰。

（6）要注意培养自己的听辨能力，做到拿起话筒便能知道是哪个业务伙伴，并立即叫出对方的姓名。离开办公室时，要留话给同事自己的去向以及回来的大概时间，请他们代接电话。

（7）代接电话时态度一定要热情，并询问对方："需要我转达什么吗？"如果受话人长时间不能回单位，则可告诉对方："××小姐（先生）出差在外，暂时无法联系，如有要紧事，由我负责与××小姐（先生）联系行吗？"另外，当对方不便告知具体事项时，要留下其姓名、电话以及所在单位并转告受话人。

（二）书面沟通

书面沟通是以文字为媒介的信息传递，主要包括便笺、书信、文章、网络等沟通形式。

1. 便笺

便笺也叫微型书信，是最简便的一种书信。它是人们在日常生活和工作中，临时遇到某种事情要告诉别人，然而由于某些原因不能面谈，或者由于手续上的需要，而采用的一种沟通方式。常用的便笺有请假条、留言条和托人办事条等。便笺的内容一定要简洁明了，要署名并注明时间。

2. 书信

书信是运用文字表达作者的思想、情感最直接的形式之一。两封书信的往来过程，清晰表现了人际交往的一般模式，即发信者——信件——信件内容——收信者——回信（反馈）。通信双方并非都是友好交往，也可能是敌对关系，或动之以情、晓之以理，或阐明利害、威吓挑拨。另外，朋友之间也有可能因中断交往而发去绝交信。书信写作须做到用语礼貌，内容清楚，目的明确，表述准确、通俗、简练，如对方系非专业人士则应尽量避免使用专业术语。

现在，书信更多地被电子邮件或微信、QQ 等网络即时通信方式所取代。

3. 文章

文章是相对于信件、便笺等较简短与非正式应用文的一种正式的、公开的、比较系统完整的专业性应用文，包括请示、报告、论文、说明书等文体。写作时要从阅读者的角度考虑文体的选择和表达方式，无论是请示汇报，还是叙事说明，要目标明确，主题鲜明，格式规范，语体风格始终统一，语言表述要准确、简洁、规范，对方系专业人士时尽量使用专业术语。

4. 网络沟通

网络的快速发展为人际交往搭建了一个便捷沟通的平台。网络沟通的主要形式有即时在线交谈、电子邮件、论坛发帖和个人主页等，网络人际交往已成为大学生校园生活基本且重要的内容。

（1）即时在线交谈。即时在线交谈类似面对面交谈，因交流起来比较自由、随意而受到人们的欢迎。国内较常用的在线聊天软件有微信、QQ 等，其功能实用且设计极具人性化，能够方便地用文字、视频或音频聊天，使用人数最多。微信、QQ 是兼具聊天与信息发布的私人平台，适用于个体或小群体间的交流与沟通，得到了普遍使用。而微博、社区等是面向广大网友发布自己主观想法的公共展示平台，适用于向更多的人传递信息，具有更强大的信息传播作用。

（2）电子邮件。使用电子邮件快捷方便，发出邮件后能即时到达收件方的服务器。电子邮件可以发送纯文字内容，还可以附件的形式发送图片、音频、视频等格式的文件。电子邮件的优点为：输入迅速，可以编辑和储存；可以节约纸张；可以把信息分发给一个人甚至上千个人；接收方不在的时候也可以接收邮件，在方便的时候再阅读；成本低。

（3）论坛发帖。网上论坛是利用论坛（BBS）发帖开展沟通与交流的方式。人们在论坛上自由发帖或是留言表达和阐明自己关于某一事物、事件的观点。在表达自己想法的同时，很有可能会遇到一些志同道合或有相同爱好的人，通过互相跟帖、留言来加深对彼此的了解。人们对于常访问同一论坛的网友会自然地产生亲切感，无形中会增加认同感，更会视对方为朋友。

网络在给人们带来方便的同时，也带来了比较明显的问题，以“人机交往”替代了“人际交往”，使人们之间面对面交流的机会越来越少，忽视了身边的亲情和友情，影响了人们的生活方式，导致了人际关系的疏远，形成了新的人际障碍。

社交网络讽喻短片：
《虚假的你》

二、非语言沟通

非语言沟通是指通过某些媒介而不是通过讲话或文字来传递信息。例如，日常生活中的一个眼神、一个标记，都会向他人传递相应的信息。非语言沟通能使有声语言表达得更生动、更形象，从而更真实地体现人们的心理活动状态。非语言沟通包括动态语、静态语、副语言和类语言。

（一）动态语

动态语即体态语言，是用身体动作表达某种含义的一种沟通形式。

1. 头语

头语是人们经常使用的一种动作姿态。它往往能简洁明快地表达意图和反应，而且所表达的含义也十分细腻，如表5.1所示。

2. 手势语

手势语也是沟通的一种形式，可以表达丰富的含义。它是体态语言的一种，使用频率很高，变化形式也最多。我们可从双手的动作、位置以及紧张的状况中察看出不同的寓意。

在我国，常用的手势语有以下几种：挠头，常表示不懂或不理解；挥手，常表示再见和告别；跷大拇指，通常表示夸赞、了不起等意思；V形手势，通常表示庆祝、成功、胜利等意思；OK手势，通常表示可以、允许、肯定的意思；鼓掌，通常表示欢迎、鼓励等意思；摊开双手，通常表示真诚、坦率的意思；在胸前摊开双手，通常则表示无可奈何的心情。

表5.1 不同头语表示的含义

头语	含　义
点头	a. 表示赞成、肯定的意思 b. 表示理解的意思 c. 表示承认的意思 d. 在某些不便说话的场合点头表示礼貌与问候
摇头	a. 一般表示拒绝、否定的意思 b. 在一些特定背景和条件下，轻微摇头有沉思、不可以、不行的暗示 c. 在某些国家摇头与点头含义相反
仰头	表示思考和犹豫的意思
低头	a. 陷入沉思时会低头，表示精神集中 b. 受到批评、指责或训斥时会低头，表示认错、羞愧和无地自容

3. 面部表情

面部表情是指人们在社交中，由外部环境和心理活动的双重作用而引起嘴唇、脸部和眼部肌肉的生理变化所表现出来的各种情绪状态，用以实现表情达意、感染他人等目的的一种沟通手段。它是非语言沟通形式中最丰富的一种，对口语表达起着解释和强化的作用。例如：

> 马先生是新来的市场部经理，对公司的员工还不是很熟悉。小文是公司的老员工，性格开朗，善于交际，经常和同事在工作时间玩笑打闹。每当看到这样的情景，马先生都会在一旁注视很久，然后默默地离开。小文以为经理对她这样的行为表示默许，于是更加猖狂，即使经理在跟前也毫不收敛。过了不久，公司召开部门会议，马先生特地说了一下关于上班时间员工守则的问题，并清楚地提道：上班时间不能大声说笑或嬉戏打闹而影响他人工作。说到这里，马先生皱紧了眉头，瞄了一眼正在看自己的小文，并摇了摇头。小文知道经理皱眉摇头的意思，从那以后便收敛了很多。

上文中，“皱紧了眉头”“瞄了一眼正在看自己的小文”“摇了摇头”等体态语言充分表现出马先生对小文的不满。

4. 身体姿势

（1）站姿，是指人的双腿在直立静止状态下所呈现出的姿势。标准的站姿，从正面看，全身笔直，精神饱满，两眼正视，两肩平齐，两臂自然下垂，两脚跟并拢，两脚尖张开60度，身体重心落于两腿正中；从侧面看，两眼平视，下颌微收，挺胸收腹，腰背挺直，手中指贴裤缝，整个身体端正、挺拔、舒展、俊美，整体上给人以挺、直、高的感觉。

（2）坐姿，是指人在就座以后身体所保持的一种姿势。正确规范的坐姿要求端庄而优美，给人以文雅、稳重、自然大方的美感。坐姿的基本要求是：上身挺直，两肘或自然弯曲或靠在椅背上，双脚接触地面（跷脚时单脚接触地面），双腿适度并紧。坐姿可分为严肃坐姿和随意坐姿。严肃坐姿一般适用于较正式的场合，这时的标准坐姿男性是上身挺直，双腿微微分开，以显示其自信和豁达；女性一般是上身端直，双膝并拢，以示端庄。

（3）走姿，也可叫作步态，是指一个人在行走过程中的姿势。走姿是一个人从小到大逐渐养成的，反映了一个人的性格和修养。良好的走姿应是身体直立、直腰收腹、两眼平视前方，双臂放松在身体两侧自然摆动，脚尖微向外或向正前方伸出，跨步均匀，两脚之间相距一只脚到一只半脚宽，步伐稳健，步履自然，有节奏感。起步时，身体微向前倾，身体重心落于前脚掌；行走中，身体的重心要随着移动的脚步不断向前过渡，而不要让重心停留在后脚，并注意在前脚着地和后脚离地时伸直膝部。步幅的大小应根据身高、着装与场合的不同而有所调整。

身体姿势演示

站姿 坐姿 行姿

（二）静态语

静态语是指通过一些处于相对稳定状态的空间效应、时间控制及衣着仪表等进行的信息传递。它可以反映人的思想感情和文化修养的外在气质，也是人们保持良好风度和素养的关键所在。

1. 空间效应

一位心理学家做过这样一个实验：在一个刚刚开门的大阅览室里，当只有一位读者时，心理学家就进去拿椅子坐在他或她的旁边。实验进行了整整 80 个人次。结果证明，在一个只有两位读者的空旷的阅览室里，没有一个被试能够忍受一个陌生人紧挨自己坐下。当心理学家坐在他们身边后，被试不知道这是在做实验，更多的人很快就默默走到别处坐下，有人则干脆明确表示：“你想干什么？”

这个实验说明人与人之间需要保持一定的空间距离。任何一个人，都需要在周围有一个能自己把握的自我空间，它就像一个无形的“气泡”一样为自己“割据”了一定的“领域”。而这个自我空间一旦被触犯，就会使人感到不舒服、不安全，甚至恼怒起来。

个人空间可以为一个人提供安全感，使其情绪得到良好的控制。当个人空间被他人侵犯时，稳定的环境就会受到破坏，使人感觉受到一定的限制和威胁，从而产生焦虑和不安的心理。

在人际交际中，“距离”这个词有两层含义：一是指交际主体之间存在的心理距离；二是指交际主体之间保持的空间距离。人们常说，“亲则近，疏则远”。一般来说，心理距离越近，双方关系越好，交际时的空间距离也就越近；反之，则不然。在现实生活中，社会地位悬殊的人之间的交际距离一般都较远；而社会地位相近的人之间的交际距离则往往较近；一般关系的人之间的交际距离比朋友之间的交际距离要大。因此每个人都应尊重别人的领域或空间，有意识地控制和调节自己与别人之间的距离。

2. 时间控制

时间本身不具有沟通功能，也不能传递信息，但是人们对时间的掌握和控制能在人际沟通中表达一定的含义。

掌握时间能传递相关的信息和态度。在日常生活和工作中，有没有时间观念往往影响着对一个人的印象和评价。一个人如果在工作中经常迟到早退，他的敬业精神就会受到怀疑；一个人如果与朋友约会总是不守时甚至爽约，他就会被认为是一个不讲诚信的人，从而影响其声誉和前途。在社交活动中，人们常常会约定时间见面，因此必须注意不能迟到，也不能过早到场。

3. 衣着仪表

仪表，指人的外表姿容。衣着仪表是指一个人根据个体生理、身体特征，经过别具匠心的包装而形成的一种直观的外在形象，并通过这种非语言符号表现出其个人风度、气质的一种标志语。服饰语在人际交往活动中具有重要的作用，它同言谈举止一样，也是一种信息发送源。美国著名的传播学家 W.施拉姆说："衣服也能说话，不管我们穿的是工作服、便服、礼服还是军服，都可以无形中透露我们的性格和意向。"一个人的衣着装束能够透露其个性特征、职业爱好、社会地位、信仰观念、文化修养、生活习惯等多方面的信息。例如，喜欢穿休闲装的男人与喜欢穿西装的男人必定有不同的个性特征和生活形态。

（三）副语言

副语言也称辅助语言，指的是与声音相关的组成因素，包括语气、音调、音色、语速和音量等。副语言丰富多彩，在人际沟通中代表的含义各不相同。

1. 语气

从语气角度来看，句子一般分为陈述句、疑问句、祈使句和感叹句四种。一个句子表达了什么样的语气，有时还要根据特定语境来判断。

在鲁迅先生的《孔乙己》中有这样一处对话：

> 掌柜也伸出头去，一面说，"孔乙己么？你还欠十九个钱呢！"
>
> 孔乙己很颓唐的仰面答道，"这……下回还清罢。这一回是现钱，酒要好。"

掌柜对孔乙己说话时，在最后加了语气词"呢"。"呢"如用于陈述句，作用是指明某种事实，有时带有夸张的意味，有"把事情往大里说"的意思。通过掌柜句末的语气词"呢"，可以看出掌柜以此来强调孔乙己欠钱的事实；从语境的角度看，掌柜在提醒孔乙己还钱的同时还带有夸张揶揄的意味。而孔乙己的答语中用了"罢"这个语气词，表示的是一种商量乞求的语气，孔乙己是欠账的，这一问一答也符合孔乙己和掌柜之间的身份地位。

2. 音调

音调可以传递讲话者的情绪和态度等非言语信息。强烈的愉悦感、恐惧和愤怒感都会使音调升高。而当情绪不好、疲倦或者平静的时候，声带的肌肉会相应放松，讲话时的音调也会随之降低。

在鲁迅先生的《药》中有这样一处对话：

> 那屋子里面，正在窸窸窣窣的响，接着便是一通咳嗽。老栓候他平静下去，才低低的叫道，"小栓……你不要起来。……店么？你娘会安排的。"
>
> 老栓听得儿子不再说话，料他安心睡了；便出了门，走到街上。

3. 音色

音色指讲话时的声音是粗还是细、是浑厚还是单薄。底气十足的声音传递给人的是坚定、自信和充满力量的感觉，而单薄的高音会让人觉得缺乏安全感、软弱和优柔寡断。一般来说，男人的胸腔宽，声带粗而厚，声音往往比较低沉和饱满；而女人的声带又紧又细，所以声音大多比较高亢而单薄。

4. 语速

语速指讲话的速度，它可以反映一个人的情绪和态度。语速快给人的感觉是讲话的人比较兴奋，很有表现力和说服力。但是如果说话太快，则会让听者感到紧张、不自在，这是说话人缺乏安全感的一种表现。语速比较慢、讲话不慌不忙的人也许会给人一种懒惰和冷漠的感觉，但有的人会觉得讲话慢的人更真诚、更有想法，也更有趣一些。

5. 音量

在日常生活中，轻柔的声音传递给听者的通常是一种值得信赖、关心他人和善解人意的感觉，但有时候也会让人觉得说话者缺乏自信、卑怯。有的人讲话声音大，从积极的方面看，让人感到的是热情和自信；从消极的方面看，让人感到的是咄咄逼人、过分自大。事实上，人们在进行语言沟通时，同一句话、同一个字，就是因为使用了不同的音量而给人们带来了不同的知觉。

（四）类语言

类语言即某种类似语言的符号，在交际过程中的一种有声但无固定意义的语言，如笑声、哭声、呻吟声、叹息声、咳嗽声、哼哼声、啧啧声、叫声、掌声、口哨声等，被称为功能性发音。这些表达形式都不是正常的分音节语言，其本身没有固定的含义，而是在特殊的语境中用于表达特定的含义。“啊、咳、嗬、呀、咦、哟、哎、哎哟、哎呀嗬”等叹词语调上扬，表示惊讶或诧异；“啊、噢、哦、呢”等叹词语调拖长，缓慢下降，表示明白或了解、领悟。例如：

李桂珍：“也没问他姓什么吗？”

王海燕：“问啦，他姓王，从前是蹬三轮的，现在是运输工人。”

李桂珍：“噢……”

知识营

行动坐卧皆有规矩，言谈举止需有方寸。中国自古被称为礼仪之邦，近代以来却多有遗憾。礼仪对提高人与人之间的沟通效率、沟通效果具有极大的作用。以下资源可供读者课外拓展学习时参考。

商务礼仪之坐姿　　商务礼仪之站姿　　交际距离

案例链接

如何改善客户关系

改编自银兰《亲身经历：跟客户关系差？看高手如何改善！》

今日头条·职场，2016年8月1日

我们公司有一个客户是系统集成商，在行业内知名度很高，其相关联的项目决策人是一个40多岁的中年男人。我们公司的业务员一波又一波地上门拜访，结果两句话就被他打发了，都是兴致勃勃地前去，灰头土脸地回来。我们也想过很多办法，但统统无效。

我想攻下这个客户，于是便努力寻找对策，经常浏览他们公司的网站、官方微博、官方微信公众号，也重点关注了他的朋友圈和QQ空间。起初，我并没有与他常聊天，因为我知道，在取得别人信任之前，说什么都是无效的。接下来，我从他在朋友圈发的一条动态入手，一面精辟地评论，一面跟他用微信单独聊这个话题，我们聊了大约一个小时。

后来，我还是经常关注他的朋友圈信息，并不断有针对性地跟他聊他感兴趣的话题。慢慢地，我们的关系开始有所改善。再后来，我们相互见面，就变得熟络了，没有了以前那种格格不入的感觉！

根据他在朋友圈发的内容，我推断他可能喜欢吃开心果。有一次正好去香港出差，就带了几罐回来，打算春节后作为小礼物寄给他，一来是方便他接收，二来是避免直接提着上门去被拒绝的尴尬。

春节后上班的第三天上午，我带着资料、样品等登门拜访。见面后，我们就像老友相逢，真是特别亲切，你一言，我一语，从穿着聊到生活，从生活聊到公司，从公司聊到产品，从产品聊到项目，好不热闹……

后来，他自然就成了我们公司的客户，我们也成了好友。

思考与讨论

1. 本例的作者是如何改善客户关系的？
2. 本例给了你怎样的启发？

训练营

你说我演

活动目标

（1）学习运用非语言方式传递信息。

（2）练习解读别人的肢体语言。

活动过程

（1）A、B两个人组成一组，A面向大家，B背向大家，B在整个过程中不能回头。

（2）组织者站在B身后，向A依次展示词条。

（3）A以肢体语言表达词条的内容，以便让B猜出词条。

（4）自组织者展示第一个词条开始计时，每3个词条为一组，每组时间为5分钟，以在规定时间内全部猜出词条最多者获胜。

相关讨论

（1）你的肢体语言可以较好地传达你的意思吗？

（2）当你被迫不得不使用肢体语言“交谈”时，你有什么感觉？与先前一样沟通有效吗？

第二节　人际沟通的基本步骤

对于较正式的沟通，如果能事先做好整体的考虑，就会使双方在沟通过程中做到心中有数、有章可循，也会使沟通更有效。有效的人际沟通一般需要考虑以下几个基本步骤。

一、做好沟通前的准备工作

为了提高沟通效率，在沟通之前要做好各种准备工作，这是我们在沟通过程中的第一个步骤。具体内容如下。

（1）设立沟通的目标。在与别人沟通之前，一定要有确定的目标，即希望通过这次沟通能达成什么样的目的，这样在沟通中才能真正做到有的放矢。

（2）制订计划。根据沟通的对象和内容，对沟通的时间、地点、方式及沟通中可能遇到的各种情况做好计划和安排，即怎么与别人沟通、说什么内容、怎么说、先说什么、后说什么等。

（3）预测可能遇到的异议和争执，以免到时措手不及。

（4）对情况的态势进行分析。要明确双方的优势和劣势，设定一个合理的、大家都能够接受的目标。

二、确认对方的需求

沟通中除了要明确自己的目标之外，还要确认对方的需求。确认对方的需求需要三个步骤：第一步是提问，第二步是积极倾听，第三步是及时确认。

1. 提问

在沟通过程中，要想了解对方的需求及目标，就必须进行提问。提问常用的方式有封闭式提问和开放式提问两种。

封闭式提问限定了沟通对象的答案，即对方只能在有限的答案中进行选择，例如“您今天有时间吗”“您了解产品的相关信息吗”等。对于这些问题，对方通常只能回答“有”或“没有”、“是”或“不是”、“对”或“错”等。

开放式提问不限制沟通对象的答案，而完全让对方根据自己的认识，围绕谈话主题自由发挥。通常，开放性提问包括以下疑问词以及典型问法。

（1）“……怎（么）样”或者“如何……”，典型问法：

“通常这些问题都是怎样（如何）解决的？”

“我们如何做，您才能满意呢？”

（2）“为什么……”，典型问法：

“为什么我们现在会面临如此严重的问题？”

“为什么您会对这座城市情有独钟？”

（3）“什么……”，典型问法：

“您有什么困难需要帮助吗？”

“如果采纳了这项建议，对您的工作会造成什么影响？”

2. 积极倾听

倾听就是借助于听觉器官接收语言信息，进而通过思维活动达到认知、理解的全过程。“听”的繁体字是“聽”，经过拆分，可以看到它包括了“耳”“王”“目”“心”四个字，有人这样解释：“耳”字，意为要用耳朵去听；“王”字，意为要把说话的那个人当成是“帝王”来对待；“目”字，意为听时要看着别人的眼睛，还要通过眼睛观察对方的非言语信息表达；“心”字，意为要用“心”去倾听，才能够心领神会。从听字的繁体结构中可以看出，倾听时不仅要用“耳朵”，还要用“心”、用“眼睛”，更重要的是要把你对面的那个人当成是帝王，充分地去尊重他。也就是说，倾听不但要听清楚别人在讲什么，而且要给予别人好的感觉，必须心耳并用，既要听内容，又要“听”情感。

按照影响倾听效率的行为特征，可以把倾听分为五个层次。

（1）听而不闻。听而不闻就如同把别人的话当成耳边风，完全没听进去。听而不闻往往能够通过肢体语言表现出来，比如一心二用、心不在焉或东张西望。这会让对方感到自己不受重视，从而没有信心继续讲下去。

（2）敷衍了事。敷衍了事的表现是略有反应，用“嗯……”“喔……”“好好……”“哎……”等回答，其实是心不在焉地应付。其肢体语言表现为表情呆滞，或被动地盯着讲话者，好似电视观众，这样也会使讲话者无法继续下去。

（3）选择地听。选择地听是指倾听者完全没有留意说话人所说的话，假装在听，其实是在考虑其他毫无关联的事情，或内心想着如何辩驳；或者是倾听者只听符合自己意见的内容，与自己意见不符的一概自动过滤掉。

（4）专注地倾听。专注地倾听是听者排除一切干扰，全神贯注地聆听。其肢体语言表现为：点头示意，不停地发出附和的声音，并复述对方的话，这能使讲话者知道听者是在跟随着他的思路在听。

（5）带着同理心倾听。带着同理心倾听的出发点是“理解”而非“反应”，也就是通过交流去理解别人的观念和感受。这样的倾听者会暂时放下自己个人的喜好，站在对方的角度，不急于做出判断，而是感同身受地试着理解对方的情感。他们不仅能做到“耳到”，而且还能做到“口到”（声调）、“手到”（用肢体表达）、“眼到”（观察肢体动作）、“心到”（用心灵体会）。

3. 及时确认

在沟通过程中，一定要确认关键环节，并对重要事项进行书面记录，对重要信息特别是涉及对方的需求、时间、地点、人物等内容进行及时确认。这里用到确认重要信息的一个很关键的原则就是 KISS 原则（keep it simple，stupid，又称“懒人原则”）。KISS 原则的原意是指在设计当中应当注重简约的原则。在与人沟通方面指的就是“简单明了、通俗易懂”的原则，即尽量避免在同非专业人士沟通的时候使用专业术语，而要使用沟通对象听得懂、易理解的语言和方式。

三、准确阐述自己的观点

准确阐述自己的观点就是要把自己的观点很好地表达给对方，即当我们的意思表达完后，对方能够明白、理解和接受，这一点非常重要。那么在表达观点的时候，怎样才能很好地让对方明白、理解和接受呢？这不但要求说得全面、清楚，而且还要求说得艺术。这里用到表达观点的一个很重要的原则就是 FAB 原则，即 Feature（属性）、Advantage（作用）和 Benefit（益处）。在阐述观点时，按照 FAB 原则要求的顺序来表述，对方会更容易听懂，也更容易接受。在具体运用时，可以按照以下思路进行阐述：因为……（属性），所以……（作用），这意味着……（客户得到的益处）。

例如，销售员小王的工作是向客户推销衬衫，如果他按照 FAB 的原则及顺序给客户介绍衬衫，则步骤如下。

第一步，介绍衬衫的属性，“这件衬衫是 100%棉的”；

第二步，介绍衬衫的作用，“非常透气、吸汗”；

第三步，介绍衬衫的益处，“夏天穿能保持皮肤干燥，非常舒适”。

四、恰当地处理双方的异议

在沟通中，很可能会遇到对方有不同的观点，即异议。在遇到异议时，要先了解对方异议产生的原因，然后再对症下药，根据不同的情况采取不同的处理方法。

1. 忽视法

有些人习惯于提出反对意见，即“为了反对而反对”或“只是想表现自己的看法高人一等”，其真实的目的并不是想要获得问题的解决或对问题进行讨论。这时只要满足他表达的欲望就可以，然后采用忽视法，点头（表示“同意”或“听了你的话”）微笑，并说“你真幽默！”“嗯！高见！”等迅速引开话题。

2. 柔道法

“柔道法”就是类似借力打力的方法，是用对方的观点来说服对方，而不是强行说服对方。在沟通中遇到异议之后，首先要了解对方的某些观点，然后当对方说出一个对你有利的观点的时候，再用这个观点去说服对方。例如，你想邀请朋友出去玩，朋友推托心情不好而不想出去，你可以说：“就是心情不好，所以才需要出去散散心！”你向朋友推荐某套服装，对方说“我这种身材穿什么都不好看”，你可以说：“身材不好才更加需要用精心设计的服装来修饰啊！”这样用对方的观点来说服对方往往能使对方无法找到托辞或借口，说服效果比较好。

3.“是的……如果”法

当自己的意见被别人直接反驳时，不管有没有道理，内心都会产生不快、反感，甚至可能恼羞成怒。因此，一般情况下，在表达不同意见时，最好不要开门见山地提出反对意见，尽量利用“是的……如果”的句式，软化异议的语气。例如：“我想做豆浆，买料理机行吗？”“可以。但如果是豆浆机的话会更好用。用豆浆机做豆浆更快，不管是干豆还是浸泡好的湿豆都可以，20分钟就好了！还可以做果汁，一机多用。”

4. 直接反驳法

面对异议一般的原则是不要直接反驳。但当对方的异议不符合事实、引用的证据或资料不正确，甚至对企业的服务、诚信有所怀疑时，必须直接反驳以纠正对方的错误观点。如果对方引用的资料不正确，你能以正确的资料佐证自己的说法，对方会更容易接受，并且对你更信任。例如：

客户：“这个房子的公摊面积占总面积的比率比一般的房子要高出不少。”

销售人员：“您大概有所误解，这次推出的花园洋房，公摊面积只占总面积的18.2%，一般高层住宅的公摊面积平均通常达19%，我们要比平均数少了0.8%呢。”

使用直接反驳法时，需要在遣词造句方面特别留意，态度要诚恳，本着对事不对人的原则，切勿伤害对方的自尊心。

五、达成一致协议

当双方消除分歧之后，下一个步骤自然是迅速达成协议。至此，沟通的主要障碍已经完全消除，只需双方最后确认已经达成一致的意见，并将其以正式协议的形式确定下来即可。只有形成了协议，才算完成了一次沟通。

在实际工作中，一切的说明、展示及解决异议等都只是达到最终目的的辅助手段，其最终目的是达成一致协议。在达成协议时，要对在沟通过程中表现突出的人予以表扬，同时也要对这次成功的沟通表示祝贺。若双方沟通失败，最终没能达成协议，不仅会对双方造成人力、财力等方面的损失，甚至还会加深双方的误解和矛盾。

六、双方共同实施

达成协议是沟通的一个胜利成果。但在实际工作中，任何沟通的成果都同时意味着一项新的实施性工作的开始，双方要共同履行协议中约定的义务。如果一方违约，必定会失信于对方，那么以后的沟通就会变得非常困难。

知识营

什么是 SWOT 分析法？

补充学习素材

SWOT 分析法是一种众所周知的企业战略分析方法，其用途不仅局限于企业管理，在与他人沟通前我们一样可用 SWOT 方法分析自己和沟通对象的优势、劣势、机会和威胁。具体可扫码阅读相关内容。

开放式问题和封闭式问题的比较

封闭式问题是相对于开放式问题而言的，封闭式问题有点像判断题或选择题，回答只需要一两个词即可。下面举几个简单的例子来说明这两种问题的不同之处。

封闭式问题：“请问一下会议结束了吗？”对方只能回答“结束了”或者“还没有”。

开放式问题：“会议是如何结束的？”对方可能会告诉你非常多的信息，如会议从几点开始到几点结束，最后形成了什么决议，以及是在什么样的氛围中结束的。

假设你向航空公司订一张去上海的机票。

开放式问题：“我想问一下，去上海都有哪些航班？各航班的时间为几点？”服务人员就会告诉你非常多的信息。

封闭式问题：“有 4 点去上海的航班吗”？回答可能是没有。你又问：“有 5 点的吗”？回答很可能是没有。“6 点的呢”？“也没有。”

你会问（开放式）：“那到底有几点的呢？”服务人员可能会告诉你：“有 4 点 10 分、4 点 40 分、5 点 15 分、5 点 45 分的航班。”

封闭式提问与开放式提问的优势与风险如表 5.2 所示。

表 5.2　封闭式提问与开放式提问的优势与风险

	优　势	风　险
封闭式提问	节省时间 可控制谈话内容	收集信息不全 谈话气氛紧张
开放式提问	收集信息全面 谈话气氛愉快	浪费时间 谈话不容易控制

案例链接

一场医患分歧在真诚沟通中弥合

据《湖北日报》2018 年 1 月 23 日报道（记者：龙华）住院 39 天，进入重症监护室 21 天的患者小柔被转入普通病房。武汉同济医院心脏大血管外科主治医生程才，在小柔父亲朋友圈发文下留言：“一起努力，再加把劲儿，高高兴兴回家过年。”小柔的父亲回复：“衷心感谢程医生的精心治疗。”

在治疗过程中，这对医患化疑为信，携手抗衡疾病。

2017 年 12 月，小柔因心脏二尖瓣脱垂引发心衰，从咸宁市中心医院转诊至同济医院。除心衰外，小柔还有反复发烧症状。“反复检查、化验，发热原因始终找不到。”程才介绍说，当时小柔心衰加重，只能选择先手术治疗瓣膜疾病。2018 年 1 月 3 日，瓣膜修复手术顺利完成，然而术后小柔恢复困难，接连出现反复发热、胆红素升高、少尿、肺动脉高压等症状。

情急之下，小柔父亲在病房的患者留言簿上，即兴创作了一首《如梦令》：医护虚浮无力，家属唉声叹气，敢问众医生，可有医德医技，同济同济，唯有浮名功利。细心的护士将留言拿给了程才。“我看到时吃了一惊，这样质疑、嘲讽的诗词还是第一次见到。虽然我能理解家属的焦虑，但这种表达方式让人汗颜、直戳人心。”

一天后，在科室的病案大讨论中，程才讲出此事，请同事们支招。“既然怀疑患者还有血液免疫系统疾患，不隐瞒实情，跟家属做好病情解释。”“建议立即启动全院大会诊”……采纳大家的建议后，程才一边邀请血液科、检验科等专家商讨修改治疗方案，一边密切与小柔父亲沟通。程才主动将搜索到的国内外相关病例资料，深入浅出地为小柔的父亲进行讲解。

其间，麻醉科的同事除向程才提出专业治疗意见外，还填了几首如梦令：医术不是神技，救治竭尽全力，医患心连心，沟通弥合分歧，同济同济，携手创造奇迹；医护竭尽全力，家属加油打气，敢问睡美人，可有重生之意，同济同济，为你不离不弃；一日病如山倒，医患齐心协力，半路起波澜，暂缓灰心丧气，同济同济，医护不离不弃。“我把诗词拿给小柔的父亲，他高兴地与我交流，还指出了平仄的不足。距离拉近了，他的信任也多了。”程才说。在经过会诊后，小柔的家属采纳了医生的建议，医生对小柔进行了全身血浆置换。此后，小柔的病情逐渐缓解，并最终离开了重症监护室。

此时，小柔的父亲高兴地又填了一首如梦令：医护同心协力，索命阎王叹气，辛苦救苍生，不计浮名功利，同济同济，救命恩情永记。

思考与讨论

1. 本例中医患分歧是如何改善的？
2. 本例给了你怎样的启发？

训练营

角色扮演之“你怎么了？”

活动目的

模拟一场沟通过程，了解沟通的基本步骤。

活动程序

1. 规则说明

场地不限，每组用时 10 分钟。每组 2 人，根据设计的情景，分别进行角色扮演，开展一次完整的沟通。

2. 情景说明

（1）A 是一名新员工，来到公司已半年。××与 A 同时进公司，学历一样，工作强度和内容也一样。有一天，A 偶然得知××的工资竟然比自己多 1000 元，于是心里愤愤不平，可是却没有勇气和经理 B 说，而是采取消极怠工的方式。经理 B 看在眼里，决定和 A 好好谈一谈近期他的工作表现。

（2）A 是一名大学生，最近失恋了，心情大受打击，也不想上课，经常逃课，在宿舍独自伤心。辅导员 B 看在眼里，决定和 A 好好谈谈他最近遇到的问题。

（3）A 和 B 住在同一个宿舍，最近 A 总是在宿舍看电视剧到很晚，台灯和电脑屏幕的光亮，以及她时不时发出的笑声影响了 B 的休息，B 决定和 A 好好谈谈这件事。

相关讨论

（1）在沟通中，你的目标明确吗？

（2）在沟通中，你能围绕着目标准确、完整地阐述自己的观点吗？

（3）对沟通中出现的异议你能处理好，并最终达成一致协议吗？

（4）请分析在沟通中出现障碍的原因。

第三节　如何消除人际沟通的障碍

每个人都希望自己擅长人际沟通，并通过人际沟通建立起和谐的社会关系。但在实际的人际交往过程中，总是或多或少地存在一些不尽如人意之处，影响着人际交往的正常进行。

一、为什么会存在人际沟通障碍

人际沟通的目的在于人与人之间传递信息、沟通思想和交流情感，而信息传递、思想沟通和情感交流的真实性、完整性和便捷性决定了沟通的质量。如果在日常生活中听到了这样的话：“如果您的意思正是这样，那又为何不这么说？”“我实在没听明白！”……这说明沟通障碍已经产生了。人际沟通障碍的主要因素有个人因素、人际因素和结构因素。

1. 个人因素

在人际沟通中，个人的性格、心理特点、思维方式、知识、能力、经验等的不同，往往会造成人际沟通障碍，主要体现在以下几个方面。

（1）对人对事的态度、观点和信念不同造成的沟通障碍。

（2）个性特征差异造成的沟通障碍。

（3）语言表达、交流和理解能力差造成的沟通障碍。

（4）沟通能力欠缺造成的沟通障碍。

（5）其他因素，如知识、经验水平的差异，以及个体记忆不佳造成的沟通障碍等。

2. 人际因素

人际因素主要包括沟通双方的相互信任程度和相似程度。沟通是信息发送者与接收者之间“发”与“收”的过程，沟通双方的诚意和相互信任程度至关重要。沟通的准确性与沟通双方的相似性也有着直接的关系，沟通双方在性别、年龄、智力、民族、社会地位、兴趣、价值观、能力等方面的相似性越强，沟通效果就会越好。

3. 结构因素

结构因素是指信息传递链、团体规模、信息传递者在组织中的地位等因素，它们会影响沟通的有效性。研究表明，地位的高低对沟通的方向和频率有很大的影响。例如，一般情况下，在集会时，人们总是更愿意请地位较高或权威人士发言，希望能从他的讲话中获得有价值、有权威的信息。

信息上下沟通层次越多，达到目的所需时间就越长，信息失真率也就越高，从而越不利于沟通。沟通对象庞大，层次太多，会影响信息沟通的及时性和有效性，所以减少沟通环节是信息传递快速和真实的基本保证。

二、人际沟通障碍的类型

一般来说，人际沟通障碍包括知觉障碍、个性心理障碍、文化障碍以及社会组织结构障碍等几种类型。

（一）知觉障碍

人际沟通障碍产生于人际沟通过程中。在认知对象时，经常会出现不同的知觉错误即知觉障碍，最常见的就是前面章节中介绍过的几种心理效应，如首因效应、近因效应、光环效应、投射效应与刻板效应。它们既会在人际交往中发挥积极的促进作用，同时也会因其消极作用而干扰人们的直觉，使人们形成认知误差，最后形成沟通障碍。这里不再赘述。

（二）个性心理障碍

个性心理主要是指一个人的个性倾向性与个性特征，包括性格、气质、态度、情绪、兴趣等。自卑、害羞、嫉妒、孤僻等消极性心理特征对人际沟通有着严重的制约作用。

1. 态度与情绪

（1）态度。沟通的基本前提是把握好态度，一个人的态度不对，技巧再高也是枉然。在沟通交流的过程中，无论我们处于什么位置，都应根据自己的要求、兴趣去理解和分析对方传递的信息并做出积极的反馈，进而调整自己的言行，达到交流信息的目的。

（2）情绪。研究表明，两个人的沟通 70%是情绪，30%是内容。如果沟通时情绪不对，就会扭曲对内容的理解；当情绪激动时，人们很难条理清晰地思考问题，思路也会变得模糊，常常会口不择言，伤人情感。面对情绪激动的对方，大部分人都会变得怒不可遏、拒不接受，而不能平静、理智地驳倒对方，乃至产生冲突。所以在沟通时，一定要注意控制好自己的情绪。

2. 自卑与自傲

（1）自卑。自卑是由于对自己的知识、才能评估过低而轻视自己，是一种自我封闭的心理。它是认为自己不如别人的情绪体验，主要表现为缺乏信心、妄自菲薄，对自己的能力估计过低；成功时多做外部归因，遭挫或失误时则做内部归因，过分自责。自卑是严重影响人际沟通的心理障碍，将直接阻碍个人走向社会，危害个人发展和人际交往。

（2）自傲。自傲是由于自以为比别人高明而骄傲，是一种过度的自我接受倾向。它是自尊心过分膨胀的体现，主要表现为狂妄自大、目空一切、不自量力、想入非非，设想自己如何了不起，能干大事业，对身边小事不屑一顾，喜欢贬低他人，常以居高临下的姿态与他人交往。

3. 羞怯与孤僻

（1）羞怯。羞怯既指害羞，也指胆怯。根据斯坦福大学心理学家所做的调查，在抽样调查的一万多名成年人中，约 40%的人有不同程度的羞怯心理，且男女人数比例基本持平[①]。羞怯心理较重的人在人际交往中常表现为心跳加速、脸红、思维混乱、语无伦次、举止失常等。紧张是羞怯的主要反应，而脸红是最常见的外部表现。当遇到权威人士或身居要职者、心中暗恋的异性、面对大庭广众时，羞怯感更易产生。从心理感受上讲，羞怯者强烈感到自己做错了事或者有什么不得体的地方，别人一定都看在眼里。他们觉得其他人都知道在某种场合如何应付，如何听懂别人的话，只有自己不知所措，不知如何理解这个情境，好像连别人说话都听不懂了，想赶快逃离这里。

---

① 转引自中央编译出版社 2008 出版的《病由心生（珍藏版）》（才发永）。

（2）孤僻。孤僻是指孤寡怪癖而不合群的人格特征，常表现为独来独往、离群索居，对他人怀有厌烦和戒备的心理；与人交往时显得漫不经心、敷衍了事。有时看上去似乎也较活跃，但常给人一种做作的感觉，人们一般都不愿主动与之交往。

孤僻常在以下几种情景中表现得更为突出：自身不受别人理睬而不得不独处时，常会有失落感和自尊心受伤感，往往显得更加孤僻而不愿与人交往；当与别人交往而当众受到讥讽、嘲笑、侮辱和指责时，常会导致神经过敏，以为别人都瞧不起自己，于是闷声不响、郁郁寡欢，或者恼怒异常、转身离去等。孤僻的人常缺乏朋友之间的欢乐与友谊，缺乏群体的支持，看不到生活的美好。

4. 嫉妒与偏见

（1）嫉妒。嫉妒是个人通过与他人比较，发现自己在才能、名誉、地位或境遇等方面不如他人而产生的一种由羞愧、愤怒、怨恨等组成的复杂的情绪状态。嫉妒是人类的一种普遍情绪，有积极作用，也有消极作用。有些人嫉妒是出于不服与自惭而不甘居下，从而激励其奋发努力、力争上游，这时嫉妒就能对人发挥积极的心理作用。然而很多人在产生嫉妒心理之后，不能将其转化为积极的一面，而是立即将其转变为嫉妒行为，成为影响身心健康、学习工作和人际交往的一个重要障碍。另外，嫉妒心强的人往往事事好胜，以致别人不愿与其交往，从而让自己更加感到孤独、寂寞。

（2）偏见。偏见是产生人际交往障碍的另一种个性心理障碍。它指的是不对别人以公正的考察便贸然做出判断，属于先入为主的一种交往成见。错误的判断、盲目的推理、无知的肯定和否定，都是造成偏见的主要因素。持有偏见的人往往拼命维护自己的偏见，即使事实证明他错了，也仍会坚持下去。持有偏见可以说是人际交往中的大忌，它一点一点地腐蚀着人们的独立判断能力，为正常的人际交往设置了一道难以逾越的屏障。

（三）文化障碍

人们由于言谈举止、风俗习惯等不同，在相互沟通时往往会产生各种分歧和冲突。人际沟通障碍中的文化障碍主要包括语言、习俗、观念与教育背景等几个方面。

1. 语言障碍

人与人之间的信息沟通主要是借助于语言进行的，但语言只是用以表达思想的符号系统，而不是思想本身。由于每个人的语言修养不同、表达能力不同，对同一种思想观念或事物，有的人能表达得很清楚，有的人却难以表达清楚。这样就有可能造成，对同一组信息，有人听后马上理解了，有人听来听去也不知其所以然；有人听后做这样的解释，有人听后做那样的解释。特别是当人们用不同的语言或文字表达思想、描述事物时，会更多地出现让人听不懂、曲解或断章取义的现象，从而形成语言障碍。

2. 习俗障碍

习俗即风俗习惯，是在特定文化历史背景下形成的、具有固定的调整人际关系功能的社会因素，如礼节方式、审美传统等。习俗世代传承，是经过长期重复出现而约定俗成的习惯做法，虽然不具有法律的强制效力，但对人们的行为和思想有相当大的约束和影响作用，因而不可忽视。

3. 观念与教育背景障碍

当沟通双方拥有不同的受教育程度、经验水平、文化素养和文明程度时，各自能接受的、信奉的并用以指导自己行动的理念就存在差别。在沟通过程中，当信息接收者对信息的内涵不理解或理解出现偏差时，也会造成沟通障碍。

在沟通过程中，须考虑对方的知识储备与文化背景是否能让其理解并接受自己所说的话，否则，使用了很多专有名词、专门术语，对方不见得了解，或者讲了一大堆自己认为是对的道理，可是对方不能理解，这样只能造成沟通障碍。

（四）社会组织结构障碍

1. 空间距离障碍

如果信息发送者与接收者空间距离过远、中间环节过多，就有可能使信息失真或被歪曲；传递工具不灵，通信设备落后，则会造成信息传递的延迟甚至中断；信息在传递过程中还会受到自然界各种物理噪声的干扰，由此更加重了沟通障碍。

2. 组织机构障碍

一般而言，企业的规模越大，管理层次就越多，信息传递的质量和速度受到的影响也就越大。信息在传递过程中经历的层次和环节越多，失真的可能性就越大；同时，企业规模的扩大会带来一定的空间距离，而空间距离造成的生疏必然会反映到沟通上来。这就需要合理设置沟通渠道，减少中间环节。

另外，有一些组织结构不健全、沟通渠道堵塞，也会导致信息无法传递，从而造成沟通障碍。

3. 年龄性别障碍

年龄是一个人阅历的体现和反映。不同年龄的人所处的时代不同、环境不同，决定了每个年龄阶段的人无不带有时代的烙印，因此其思想观念、行为习惯也有所差别，即人们所说的“代沟”。处于不同年龄阶段的人们之间，代沟是造成人际沟通障碍的主要因素。

在性别上，男性和女性有着不同的语言表达方式和习惯。有研究表明：男性一般通过交谈来强调自己的身份，而女性则通过交谈来改善人际关系。例如，男性经常会抱怨女性一遍又一遍地谈论她们的困难，女性则批评男性没有耐心倾听她们。实际情况是，当男性听女性谈到问题和困难时，总是希望能通过提供解决方案来表现他们的独立性和对问题的控制；相反，女性则将谈论困难看作拉近彼此距离的一种方法，是为了获得支持与理解，而不是想听取男性的建议。

三、克服人际沟通障碍的方法

1. 主动倾听

倾听是成功沟通的关键，主动倾听可以使人们深入理解他人及其感受，以及他们为什么有这样的感受。真正的倾听意味着全神贯注地听别人说话，并尽量理解它。

2. 简化语言

简化语言就是讲话不啰唆，简明扼要，有重点，并善于运用比喻、类比、举例等修辞方法。语言要通俗易懂、生动活泼、真实可信，这样会使听者一听就明白，而且容易被打动。

3. 以诚待人

正常的人际沟通是为了实现意见的一致和感情的融洽，是为了解决矛盾，而不是加深矛盾。

沟通双方在沟通过程中，都应该以诚相待，摒弃有意的防范和自卫心理，用务实的态度去解决分歧，用与人为善的态度去体谅、理解对方，这样沟通才能达到比较理想的效果。

4. 控制狭隘的情感

狭隘的情感，如猜疑、嫉妒等，是影响人际沟通十分重要的一个因素。人是有情感的动物，但是对于消极的心理因素，必须用理智去控制，并逐步克服，以平和的心态去和他人沟通。

5. 胸怀坦荡

胸怀坦荡就是要敞开胸怀容载万物。就像世界上没有完全相同的两片叶子一样，每个人都有自己的个性和特点，每个人所属的民族、文化、家庭和社会环境不同，其性格、心理健康状态也不尽相同，甚至会截然相反。在人际沟通中，要时刻站在他人的立场去考虑，善于倾听不同观点，吸收其中的合理部分。当发现他人有过错时，要勇于指出来，并坚持自己的原则和观点。当自己有过错，被别人指出来时，也要勇于承认错误并加以改正。

知识营

十大法则见于《工作禅二十四式》(上海世界书局，2010 年）附录二《人际交往的十大黄金法则》，柯云路新浪博客也有本文。

人际冲突与人际交往法则

人际冲突是指两个或更多社会成员间，由于反应或希望的互不相容性而产生的紧张状态。人际冲突的主要表现形式一般可分为显性冲突和隐性冲突。显性冲突表现为直接用行动来对抗、侵犯、伤害对方；隐性冲突仅表现为心理上和情感上的对抗或不兼容。

作家柯云路曾列举了十条人际交往法则，这些法则是避免和解决人际冲突的至理名言，值得读者关注和参考：换位思考，善解人意；己所不欲，勿施于人；不求取免费的午餐；己所欲而推及于人；永远不忘欣赏他人；诚信待人；和气宽仁；不靠言语取悦于人，而靠行动取信于人；要雪中送炭，不要锦上添花；以德报德，以直报怨。

案例链接

一次失败的沟通

（黄微）

小元今年高考，按他的成绩能上三本。小元的家人都倾向于让他复读一年，争取第二年能考个好一点的大学。可小元断然拒绝了，他希望自己能成为一名医生，于是选择了一所医专，并且已有了规划：在校期间，要专升本，继续深造。

他妈妈为了打消他的念头，带他去看了那所医专：假期中的学校，远离城市，荒凉冷清。但是小元很坚定，不管怎样，他都要上这所学校，并且对未来的困难，已做好了心理准备。

最终小元的父母妥协了，同意他按照自己的想法去走自己的路。可是，小元的爷爷、奶奶、姑姑、叔叔大有恨铁不成钢之意。

爷爷说："作为长孙，你这样的表现，太让人失望，不行，一定要复读一年，明年考个好大学！"

奶奶说："你不能吃苦，太懒，有志气的孩子，哪怕再辛苦一年，也要上个好大学，你怎么这么没志气呢！"

姑姑说："爷爷奶奶说这些，都是为你好，你也不小了，该懂点事了！"

叔叔最义正辞严，从社会的发展，讲到生存的艰辛，从人生的有限，讲到规划的重要，从做人的道理，讲到小元的毛病："你要孝敬你妈，你妈上班多辛苦呀，从明天开始，你要每天早起给你妈做早饭，看我小时候，……"叔叔还没说完，小元已经怒了，于是和叔叔大吵了一架，拂袖而去。

看着小元的背影，大家直摇头，"真不懂事呀，快 20 岁了，心智还这么不成熟。"叔叔说："这些话要是不说出来，我心里会不舒服，所以知道他不高兴，我也要说。"

本例原文

思考与讨论

1. 本例中，家人与小元沟通失败的原因是什么？
2. 你认为，应如何改善本例中家人与小元的沟通？

训练营

以讹传讹

活动目标

明白传递信息时力求准确的重要性。

活动程序

（1）参加者以 6~10 人为一组，每组排成一行。另设导师一名，导师事先准备好信息卡（信息卡上的内容应具有一定的复杂性，可参考本书配套资料）。

（2）每组的最后一位组员准备一张白纸和一支签字笔。

（3）每组的第一位组员到导师处领取信息卡，然后花一分钟的时间用心记下信息卡上的内容。

（4）第一位组员返回组内将信息卡上的内容向第二位组员说一次，但不能让其他人听到。

（5）第二位组员将听到的信息说给下一位，同样也不能让其他人听到。依次类推，直至最后一位。

（6）由最后一位组员把听到的信息写在纸上，然后与原始信息进行比较，看经过多次信息传递后信息的失真情况如何。

相关讨论

（1）传递信息时要注意哪些方面，才不会造成信息失真？

（2）这个活动给了你怎样的启示？

知识巩固与实践训练

一、判断题

1. 沟通成功的最后一个步骤是达成协议，如果最后没有共同实施协议也没有关系。（　　）

2. 亲密距离一般在 0~0.5 米的范围内，因为交谈者会有意识地与对方频繁地进行身体接触。适用对象为父母、夫妻、恋人或知心朋友等。（　　）

3. 社交距离一般在 1.2~3.5 米，适用于商业活动和咨询活动。这种距离的控制基于几个重要因素，比如你是站着还是坐着，或者你是与一个人交谈还是与一群人交谈。（　　）

4. 声调低的人给人以紧张、缺乏自信与情绪化的负面印象，声调高的人则会让人感觉稳重老练。（　　）

5. 口头沟通可以根据语言和非语言的反馈，及时进行改正和调整。（　　）

6. 面对面沟通讲究的是即兴表演艺术，没有必要提前做准备。（　　）

7. 即使面谈时涉及的话题很复杂，也没有必要做记录，只凭大脑记忆即可。（　　）

8. 面谈时，只要把你的意思表达清楚，就已经完成了沟通的一多半，不必过多在乎沟通对象的反应。（　　）

9. 在共同实施协议时偶尔失信一次也没有关系，肯定不会影响双方的沟通。（　　）

10. 如果在共同实施协议的过程中对方失信了，只要一方按照协议办了，那么沟通就还是成功的。（　　）

二、情境训练

1. 在沟通过程中，对方不同意你的观点，以表 5.3 所示的几种借口来结束跟你的谈话。如果遇到这种情况，你将如何应对呢？

表 5.3　对方的借口/你的应对方法

对方的借口	你的应对方法
关于你的观点我还需要考虑考虑	
我们目前对你们公司的产品还没有需求	
这个项目尽管很好，可是我们公司目前在资金上有些问题	

2. 临下班前 5 分钟，客户服务部的张经理正在收拾办公桌上的文件，准备下班。这时电话突然响了。他皱了皱眉，继续收拾文件。当电话铃响过七八声之后，他才拿起电话，微笑着说：“我是客户服务部的张经理，我能帮您做点儿什么吗？”

（1）你认为张经理接电话时有什么不妥之处？

（2）你认为打电话的人也有不妥之处吗？

三、案例分析

究竟谁该承担责任？

随着人们生活水平的提高，越来越多的人通过跑步来健身或减肥，而运动导致的猝死事件也屡屡发生……

当猝死事件发生时，更重要的是现场急救而非送院治疗，因为如果拨打 120 沟通不好，就会错过抢救的黄金时间，甚至还会让病人付出生命的代价。

2017 年 5 月 18 日，杭州九堡一家健身房内，一位 32 岁的女子在跑步机上跑了 2 分钟就突发心脏骤停，摔倒在地。在场的健身教练拨打了 120 急救电话，但他是这么说的：“这里是×××健身房，有人从跑步机上摔下来了。”了解急救常识的人都知道，如果是单纯的摔伤，万一出现脊柱骨折或身体其他地方骨折，盲目移动伤者就可能会给其带来二次伤害，于是 120 接话员凭直觉告诉他：“不要动伤者，我们马上派车过来！”

……

结果，救护人员到现场一看，发现是一位心脏骤停的患者，此时已经错过了急救的最佳时间，在场的人眼睁睁看着这位年轻的患者就这样离开了这个世界。

事发后，死者家属一纸诉状把健身房告上了法庭，索赔 100 万元。

死者家属：健身房不作为。家属说，健身房作为可能会发生意外的公共场所，没有尽到现场该有的救护责任。健身房的三四个教练都持有急救证书，但最起码的心肺复苏和拨打 120 都出现了问题。

本例原文

健身房：依照专业指导处理，教练并没有错。教练毕竟是非专业人士，没有法律规定必须实施急救，关键是 120 不让动患者，一切得听专业人士的指挥。根据业内说法，游泳、攀岩、潜水和滑雪是四大高危运动项目，教练负有救护职责，其他诸如健身房教练，法律上没有明文规定要求其负有救护职责。

120 急救中心：健身房报警时称摔伤，没说心脏骤停啊。

思考与讨论

1. 本例中，健身房与“120”之间的沟通存在什么问题？
2. 本例中，健身房与“120”之间正确的沟通应是怎样的？

自我认知

沟通技能测试

注意：以下测试必须依据客观事实完成，不可用价值判断，否则结果将毫无参考价值。

一、测试题目

1. 你在说明自己的重要观点时，别人却不想听你说，你会（　　）。

A. 马上气愤地走开

D. 不说就行了，但可能会很生气

C. 等等看还有没有说的机会

D. 仔细分析对方不想听以及自己的原因，找机会换一种方式去说

2. 去参加老同学的婚礼回来，你很高兴，而你的朋友对婚礼的情况很感兴趣，这时你会（　　）。

A. 详细述说你所看到的整个婚礼的细节和自己的感受

B. 说些自己认为重要的

C. 朋友问什么就答什么

D. 感觉很累了，没什么好说的

3. 你正在主持一个重要的会议，而你的一个下属却在玩手机，并有声音干扰会议现场，这时你会（　　）。

A. 幽默地劝告下属不要玩手机　　B. 严厉地叫下属不要玩手机

C. 装作没看见，任其发展　　D. 给下属难堪，让其下不了台

4. 你正在向老板汇报工作时，你的助理急匆匆跑过来说有你重要客户的电话，这时你会（　　）。

A. 让助理告诉客户，说你在开会，稍后再回电

B. 向老板请示后，去接电话

C. 让助理告诉客户，说你不在，让助理问对方有什么事

D. 不向老板请示，直接跑去接电话

5. 去与一个重要的客户见面，你会（　　）。

A. 像平时一样穿着随便　　B. 只要穿得不是太糟就可以了

C. 换一件自己认为很合适的衣服　　D. 精心打扮一下

6. 你的一位下属已经连续两天下午请了事假，第三天上午他又拿着请假条过来说下午要请事假，这时你会（　　）。

A. 详细询问对方为何要请假，视原因而定

B. 告诉他今天下午有一个重要的会议，不能请假

C. 你很生气，但仍然什么都没说就批准了他的请假

D. 你很生气，不理会他，不予批准

7. 你刚应聘到一家公司就任部门经理，上班不久，你了解到本来公司就有几个同事想就任你的职位，

老板不同意，才招聘了你。对这几位同事，你会（ ）。

A. 主动认识他们，了解他们的长处，争取成为朋友

B. 不理会这个问题，努力做好自己的工作

C. 暗中打听他们，了解他们是否具有与你竞争的实力

D. 暗中打听他们，并找机会为难他们

8. 与不同身份的人讲话，你会（ ）。

A. 对身份低的人，你总是漫不经心

B. 对身份高的人，你总是有点紧张

C. 在不同的场合，你会用不同的态度与人讲话

D. 不管是什么场合，你都以一样的态度与人讲话

9. 在听别人讲话时，你总是会（ ）。

A. 对别人的讲话表示很感兴趣，会记下所讲的要点

B. 请对方说出问题的重点

C. 对方老是讲些无关紧要的话时，你会立即打断他

D. 对方不知所云时，你就很烦躁，不想听下去

10. 在与人沟通前，你认为比较重要的是，应该了解对方的（ ）。

A. 经济状况、社会地位

B. 个人修养、能力水平

C. 个人习惯、家庭背景

D. 价值观念、心理特征

二、计分方法

根据自己的作答，在表5.4中找到对应的分值，并将各题分值汇总。测试结果解析可参阅附录中的“自我认知参考意见”。

表5.4 沟通技能测试计分表

题目序号	各选项分值				得分
	A	B	C	D	
1	1	2	3	4	
2	4	3	2	1	
3	4	3	2	1	
4	4	3	2	1	
5	1	2	3	4	
6	4	3	2	1	
7	4	3	2	1	
8	1	2	3	4	
9	4	3	2	1	
10	1	2	3	4	
得分合计					

第六章

Chapter 6

我们需要掌握的人际沟通技巧

学习目标

1. 学习有效发送信息的技巧。
2. 了解有效倾听的技巧。
3. 了解有效提问的技巧。
4. 掌握有效反馈的技巧。
5. 掌握有效使用肢体语言的技巧。

关键概念

有效发送信息　有效倾听　有效提问　有效反馈　肢体语言

导引案例

一次订餐经历

佚名

外卖餐馆大多会有一些贴心的服务，只要顾客在订单上备注一下自己对口味或者其他方面的要求，店家一般都会尽量地满足。不过，有一些比较热心的店家，他们会按照自己的逻辑，去揣摩理解顾客的要求，这让一些顾客感到有点“扎心”。

一位网友小李分享了自己的一次订外卖的经历。小李不喜欢吃紫甘蓝和胡萝卜，所以在订外卖的时候，就备注了不要加这两样，而且还写了三遍。结果出人意料，店家送来外卖的时候附了一张纸条，上面工工整整地写着：别挑食，有营养的!!!

小李感到无比扎心又哭笑不得，不知道是该谢谢店家的关心，还是该生店家的气。有网友回应，自己也遇到过类似的事情，因为网友认为小菜难吃，所以备注了不要小菜，结果店家还是送来了小菜，只不过是换了一种，而且也有留言：“同学，我们今天换小菜了，请你尝一下!”

在我们的生活中，热情的商家还真是不少，其实他们都是为了让顾客更加满意自己的饭菜或服务，同时希望能和顾客建立良好的关系，但是有时候这种热情的确有点过了，因为顾客可能真的并不需要。

思考与讨论

1. 你有过类似的经历吗?
2. 你对“热情”的店家有何建议?

人际关系是在人际沟通过程中形成和发展起来的，人际沟通对人际关系影响很大。人随时都处在沟通之中，任何性质、任何类型的人际关系的形成，都是人与人之间相互沟通的结果。人际关系的发展与变化，同样是相互沟通的结果。沟通技巧运用得当，可使人际关系更融洽、更美好。

第一节　有效发送信息

在沟通过程中，需要不断发送和接收信息。这里的信息不仅包括一般意义上的信息，还包括思想和情感等信息。在发送信息的时候，需要掌握以下技巧。

一、明确信息的接收对象

沟通前，首先要明确与谁沟通会最有效果、最容易解决问题、最有效率。例如在推销产品时，首先要了解谁是负责采购的关键决策者，从而将其作为重点的公关对象。另外，信息接收者的个性、性别、年龄、文化层次和背景不同，其利益要求、需要解决的问题也会有所不同。为此应该采用不同的方法进行沟通，从而提高沟通的有效性。

（1）了解信息接收者的个性。俗话说，“见什么人说什么话”。从其积极意义而言，就是说在与他人沟通时，要事先了解对方的个性，这样才可以“投其所好”。例如，有的人热情奔放，参与感、掌声与赞美都是他们不可或缺的原动力，在与他们沟通时，就要多给予掌声与赞美；有的人细腻敏感，对伤害过自己的人往往不能原谅，在与他们沟通时，就要十分谨慎；有的人沉着冷静、内向、拘谨，在与他们沟通时，则要严肃、认真。

（2）了解信息接收者的性别、年龄、文化层次和背景等因素。只有根据这些因素的差异来选择恰当的沟通方式，才能让对方真正理解你要表达的意思。例如，湖南卫视《变形记》节目，农村孩子和城市孩子互换角色 7 天，体验对方的生活，从中就可以明显地看出，农村父母和城市孩子因为文化层次和背景的不同而存在诸多沟通障碍。

（3）考虑信息发送时接收者的情绪。人都是有情绪的，任何极端的情绪体验都可能阻碍有效沟通。在人际交往中，如果沟通对象情绪不对，内容就会被扭曲。所以在沟通之前要控制好情绪，避免因情绪而带来麻烦，导致双方无法充分沟通。

二、确定恰当的发送内容

初次交往的成败，往往取决于能否突破人与人之间的隔膜。因此，交往时的第一句话，便不是可有可无的寒暄，谈话内容是否具有吸引力、是否能引起对方的兴趣是沟通得以顺利进行的关键。我们要了解有哪些开场常用话题，做到抛砖引玉，使自己和他人在互动中引出更多的话题，从而打开沟通的局面。以下是几种开场常用话题。

（1）聊时事、新闻等热门话题。每天的微博、热搜、微信朋友圈上的新闻是全民关注的热点，选取其中的话题会使沟通更顺畅。

（2）聊天气、交通状况。和天气、交通状况相关的新闻、趣事，可以说是一个永恒的话题。

（3）聊兴趣爱好。旅游、美食、电影、综艺等话题，应该是大多数人都喜欢聊的。

（4）聊自己。聊自己的见闻，聊自己的童年、少年经历，聊自己的工作、朋友圈也都是可以的。

另外，还可以从对方的衣着穿戴、家乡所在地域方面找话题等。例如，可以从对方的口音入手聊到其家乡，从家乡扩展到地域，再从地域聊到当地的风土人情、名胜古迹等。

三、选择合适的信息传递形式

为了达到良好的沟通效果，要选择正确的沟通方式或信息传递方式，包括电话、电子邮件、即时在线交谈、论坛发帖、会议沟通、面对面交谈等。

要根据沟通内容的轻重缓急来选择沟通方式。重要且紧急的事件需要沟通时，面对面交谈是不错的选择；但若两人的空间距离较远，或时间紧急来不及面对面交谈，那么电话沟通可能是最好的方法。

要根据沟通内容的不同来选择沟通方式。例如，将一份报告传给同事或上级，主要是信息沟通；与客户沟通则主要是为了增进和客户之间的感情和信任，这个时候信息是次要的，情感是主要的。因此在沟通前，要考虑内容本身是以信息为主还是以思想和情感为主，然后再选择合适的沟通方式。

> 随着微信等即时通信工具在生活中的普及应用，越来越多的医患交流已不局限于医院内，微信、QQ等社交软件里的医患沟通正在成为常态。推荐读者扫描二维码阅读相关新闻，并谈谈您的看法。

四、选择合适的信息传递时机

孔子在《论语·季氏》里说：“言未及之而言谓之躁，言及之而不言谓之隐，未见颜色而言谓之瞽。”这句话有三层意思：一是不该说话的时候说了，叫作急躁；二是应该说话的时候却不说，叫作隐瞒；三是不看对方的脸色变化，贸然信口开河，叫作闭着眼睛瞎说。

对于说话人而言，要想达到预期的目的，取得好的效果，不仅要选择符合时代背景、与彼时彼地的情景相适应的说话内容，还要巧妙地把握说话时机。如果该说的时候不说，就会因此错失良机。同样的，如果不顾听者的心情，不注意当时所处的环境和氛围，在不该说话的时候却抢着说，则很可能会引起对方的误解甚至反感。

此外，还要注意控制沟通时间的长短，时间过长容易造成双方沟通疲劳，使对方不能及时消化信息内容；时间过短则易造成沟通不充分，难以达到沟通的预期目标。

案例链接

批评的话什么时候说更合适

清晨，恰如一年中的春天，更宜以微笑和鼓励相赠，而不适合埋怨和批评，否则难免会影响对方一整天的精神状态。

上午，一般人们都在全力以付地学习、工作，此时如果对其进行批评，难免会让对方情绪低落，影响学习、工作的动力和信心。

> 沟通时机补充素材

午后，人们精力不如上午集中，学习、工作效率一般不如上午，如果此时选择合适的语言、方式和环境对犯错者批评指正，也许能点醒他，促其改正。

晚上，人们正准备休息，这时如果批评对方，容易让对方难以入睡，也可能睡后噩梦连连、忧思过度、还可能伤了脾胃。

当然，上述说法有些绝对，如果想让被批评者心甘情愿地改正错误，就一定要考虑好时间、语言、方式和环境等因素。

喜欢用文字沟通的林经理

佚名

林经理是研发部的负责人，进入公司不到一年，因工作能力强而颇受老板的器重和大家的肯定。在他的缜密规划之下，研发部一些当年被搁置的项目，如今都在积极推进当中。不过，老板发现林经理有一个问题：非常喜欢以电子邮件的方式与他沟通工作事宜。

每天早上来到公司，老板都能收到林经理头天晚上 10 点钟发来的邮件，上面洋洋洒洒千余字，看得老板有些烦。后来，老板通过与其他领导及下属交流，得知林经理也喜欢用电子邮件与他们沟通。原本大家并没觉得用电子邮件沟通有什么不妥，但是最近由于工作紧张，大家的任务都很重，看邮件、回邮件很浪费时间。本要一两句话就能说清楚的事情，林经理却总是要写邮件，这让大家很不解。

一天，老板来到另一部门经理的办公室，发现他正在聊 QQ，于是随便问了一句："和谁聊 QQ 呢？"对方说："林经理。"老板感到奇怪，就问："你和林经理的办公室只有一墙之隔，为什么不当面交流工作上的事情呢？"这个部门经理面露无奈，说："林经理喜欢用文字的方式沟通，不喜欢当面聊。我刚才去了他办公室，他寥寥数语就把我打发回来，然后在 QQ 上长篇大论和我聊工作，我也不想这样啊，没什么大事，几句话就能沟通完……打字多费劲啊！"

了解到这些情况后，老板去找林经理聊天，他说："管理工作重在追求效率，沟通应该用最省事的方式，比如面对面交流。QQ、电子邮件等虽然都是重要的沟通方式，但相比于当面交流，会更费时费力一点，希望你能考虑一下沟通中的时间成本以及沟通效果，多与大家面对面交流……"

本例原文

思考与讨论

1. 你认为林经理的沟通方式有什么问题？
2. 这个案例给了你怎样的启示？

训练营

抛球游戏

活动目标

体验肢体语言在协同工作中的作用。

活动程序

（1）将参与者分为若干小组，每组 6～8 人。准备几个小筐（或小桶），40 个乒乓球。

（2）每组让第一个抛球者站在前方，然后在其背后任意角度和距离处放置小筐，并将 20 个球交给他。接下来，在其他队友的提示下，让其将小球从背后抛入小筐内。

（3）队友只能通过肢体语言提示，不能说话；抛球者不能转身，如果有 5 个以上的球被抛入筐内则算成功。其他人依次抛球。

（4）计算各组队员抛入小筐内 5 个球以上的人数，多者胜出。

相关讨论

（1）对于抛球者来说，队友给予的什么提示最重要？

（2）在沟通过程中，你该如何使用肢体语言？

第二节　有效倾听

在沟通中，"能说"确实是不可或缺的重要部分。但是一味能说，可以实现有效沟通吗？调查研究发现，在沟通中行为比例最大的不是交谈、说话，而是倾听。为什么呢？沟通是信息交流的过程，若不听或听不懂对方的意思，便无法准确反馈，难以达成沟通目的。

一、倾听的原则

1. 尊重的原则

在与人沟通时，不管对方年龄、相貌、地位和文化程度如何，都应给予尊重。尊重对方的价值观、人格和权益，这是建立良好沟通的前提。

2. 客观的原则

倾听者应站在说者的角度，客观倾听其所说的内容，细心领会其透露的语言信息和非语言信息，而不是急于对其所说的内容进行价值评判。

3. 移情的原则

移情倾听是指一个人理解另一个人说话的真实意图以及所带的感情，并将自己的理解反馈给说者。可以说，一次移情倾听就是一笔巨大的情感投资。因为人都有被理解、肯定、认可和欣赏的心理需求，只有这些基本的心理需求被满足，才会考虑其他。移情倾听等于给对方提供了“心理空气”，对方没有了心理上的顾虑，才会集中精力于双方的关系和共同关注的问题。

但移情倾听也是有风险的。要理解对方的思维模式和感受就要敞开自己，沟通、交流和影响都是双向的。如果一个人的心理比较脆弱，很容易被对方的负面想法和感受所影响。

4. 真诚的原则

倾听者在沟通过程中，不仅仅要用耳朵听，还要用“心”听。人的思维非常敏感和敏锐，能感受到沟通对象的心是否真诚。做个真诚的倾听者，思他人所思，忧他人所忧，乐他人所乐，惧他人所惧，使自己的思绪跟随说者慢慢推进，把自己的思虑与之相融合。人与人之间的碰撞合作也是同理，如果思维能达到共鸣，那么任何合作都会事半功倍，而且还会给你带来意想不到的惊喜。

5. 完整的原则

倾听者须对说者要传递的信息有一个完整的了解：既要获得传递的内容，又要获得说者的价值观和情感信息；既要理解说者的言中之义，又要发掘说者隐含的意图；既要注意其语言信息，又要关注其非语言信息。

二、倾听的类型

1. 移情式倾听

移情式倾听是侧重于人的一种倾听方式。由于每个人有不同的天性、背景和经历，所以对同一件事往往有不同的理解，进而造成人际交往中的沟通障碍，真正地倾听并进入他人的内心，就是所谓的移情式倾听。这是一种带着同理心的倾听，力图通过他人的眼光看世界。

每个人都希望得到别人的理解，即使是在倾听别人的时候，也常常会边听边准备回应，试图从自己的角度去评判、建议和解释。其实这些都不是理解别人的回应，而是来自我们的自我、我们的世界和价值观。移情式倾听的目的是在深入了解对方的情绪和思想的基础上实现有效沟通。倾听者不要去臆想对方的想法、感情和动机，而要真正投入到对方的情感中，并运用语言和非语言手段真诚地给予回应。

2. 信息式倾听

信息式倾听是侧重于内容的一种倾听方式。倾听者将注意力集中在说者的内容和观点上，寻找重点或中心思想，并从自己的视角出发对其进行分析和思考。

倾听是获取信息的一种途径。在上学的时候，你通过倾听老师的谆谆教诲学到知识，懂得人生的道理、学会为人处世的方法，为自己的未来打下坚实的基础，做好长远的储备。在你陷入困境时，倾听好友、师长、亲人的建议和点拨，你可以选择最好的方法，帮助自己解决难题。好友耐心为你出谋划策，帮你分析解决方法；师长倾听你的苦衷，凭借自己的经验帮你梳理问题，让你的心境变得从容平和，静静思考解决之道；亲人用自己的人生阅历为你的选择指引方向，以免你误入歧途。而我们，则带着一颗感激的心倾听，再从容地走出困境。在平时，倾听别人的经历、见闻，可以增加自己的学识，正如“听君一席话，胜读十年书”。

3. 批判式倾听

批判式倾听侧重于评估所听到的内容。倾听者首先要做的是弄清说者的动机。有些动机简单，比较容易弄清，比如广告；有些动机很复杂，不容易弄清，比如政治领导人的演讲。当人处于被动劝说的情景时，质疑说者的动机甚至观点和内容，是一种正常和恰当的反应。这些质疑可以在倾听者的头脑中进行，也可以直接向说者表达。在倾听劝说性信息时，批判式倾听特别重要。

4. 享乐式倾听

享乐式倾听是通过倾听给自己带来乐趣，其目的是学习、吸收他人的知识，滋养自己。倾听者不带偏见，敞开胸怀，抱以学习或欣赏的态度去倾听他人，可以了解他人的思想及观点，学习他人思考问题的方法，增长见识、开阔思路，在与他人的思想碰撞中，不断地启迪思维，迸发灵感。

三、倾听的技巧

有效的倾听要求倾听者不但要积极努力地理解谈话内容，获取重要信息，还要支持和鼓励对方畅所欲言，保障谈话的顺利进行。

（一）进入全神贯注的状态

倾听不仅要用耳朵，还要投入全部身心，以捕捉和解读对方所传递的信息，理解其全部含义。倾听者可以通过以下方式表达自己的专注。

1. 身体姿势

坐着的时候，身体略向前倾，要面向说者。保持坦然直率的姿势，不要僵硬不动，要随着说者的姿势而不断调整自己的姿势。

2. 目光交流

眼睛是心灵的窗户，是最富有表现力的感官。在沟通时，倾听者目视说者，不仅有利于自己集中注意力，而且能表明自己对所讲内容感兴趣。倾听者对说者的注视应目光柔和，可以偶尔移开视线。凝视或斜视往往会使说者对听者产生不良印象或给说者带来心理负担。

3. 适时反馈

用“嗯”“真的吗”“真有趣”“有意思”等语言鼓励说者，以表示你在专注地听。

4. 排除干扰

在沟通过程中，有时会出现很多干扰因素，比如房间内的喧闹、电话铃声或者客人来访，说者不恰当的穿着打扮、面部表情或体态语言等。倾听者要尽量排除这些干扰，专注于倾听。

（二）听懂全部内容

在与人交谈时，不要思前想后，要集中注意力听清全部内容。

1. 倾听内容

在倾听过程中，要注重讲话内容，不要受其他因素影响，也不要过分注重说者讲话的声音、表情等。

2. 捕捉要点

在倾听时，要善于从说者的言语层次中捕捉要点。一般情况下，人们说话时，首先是提出问题，然后是阐述要点或解释，最后是得出结论或对主要观点进行强调及引申。此外，还要善于从说者的语气、手势变化中捕捉要点，如对方会通过放慢语速、提高声调、突然停顿等方式来强调某些重点。

3. 察觉言外之意

人们在进行语言表达时，常常会伴有一定的肢体语言。倾听者在倾听对方的讲话时，除了要注意其语言是否出现犹豫、停顿、语调变化等情况，还要观察伴随其语言出现的各种表情、姿势、动作等，从而判断说者的语言信息与非语言信息是否一致。如果听到的语言信息和感受到的非语言信息相背离，那就说明语言传递的信息可能并非说者的本意。

（三）适当地参与和反馈

倾听是一个相互交流的过程。倾听时，可以做出一定附和，这样既可让说者知道你在听他说，又可让他感觉到你的尊重之意，使他对你产生兴趣。

1. 鼓励对方表达

可以通过点头、竖大拇指等动作，“嗯哼”等肯定性短语，以及重复说者讲话内容中的关键词等语言或非语言手段鼓励说者说出更多信息。此外，适当的微笑和关心也是两种主要的鼓励手段，能使说者在发言时感觉更放松，从而更好地表达自己。

2. 澄清所听事实

在说者发出模棱两可的信息后，倾听者可以用“你的意思是……？”或“你是说……？”这样的句式向其提出问题，然后重复说者先前的信息，目的是请其更详细地叙述或进一步解释，从而准确理解自己所听到的内容。

3. 肢体语言反馈

除了语言上的附和以外，作为一个有效的倾听者，还应通过身体语言表明对说者所说内容感兴趣。比如真诚地注视对方，表明你正在集中注意力；肯定性的点头、恰当而肯定的面部表情，无疑也表明你正在用心倾听。值得注意的是，在倾听的过程中，要避免出现隐含消极情绪的动作，比如打哈欠、看手表等，这样会向说者传递你对他所说的内容不感兴趣的信息。

案例链接

卢森堡的一次调解

在尼日利亚，有两个部落之间时常因为冲突而发生械斗，以致每年都有上百人死亡。双方积怨日深，结为世仇。

卢森堡受命去调停两个部落。他花费了许多力气，才将双方酋长请来进行谈判。

两个酋长一个满脸虬须，一个脸上有刀疤。会谈一开始，两个人怒目相对，双方手下也都摩拳擦掌，火药味儿十足。

卢森堡对双方说："我们今天会谈的主题，就是弄清楚你们各自的真正需要是什么。"

虬须酋长说："他们都是杀人犯，和他们有啥好说的？！"

刀疤酋长也不甘示弱："他们都是强盗，跟他们有什么道理可讲？"

眼看气氛不对了，卢森堡赶紧问虬须酋长："你说他们是杀人犯，是不是说明你们最需要安全？你希望以后不论发生什么，都可以不用暴力而用其他方法来解决，对吗？"

"他杀了我儿子！"虬须酋长忽然大喊一声。

"我弟弟不也死在你手上？"刀疤酋长也翻开了旧账。

卢森堡又费力解释了很久，虬须酋长才终于承认，自己和整个部落最想要的是安全。"要是能有办法解决，傻子才动刀子呢！"

卢森堡又转向刀疤酋长："你说他们是强盗，是不是觉得他们做事不公平？"

刀疤酋长说："当然，我们需要的是公平。水啊、农田啊，还有外国支援的物资，都要分配合理！"

渐渐地，双方的态度缓和了。经过谈判最终达成了共识，签订了合约。从那天开始，两个部落的战争便结束了。

本例原文

补充素材（也许你并不懂沟通，倾听才是核心奥义）（视频）

思考与讨论

1. 案例中卢森堡是怎么做才使两个部落酋长签订合约的？
2. 这个案例给了你怎样的启示？

训练营

做一名合格的听众

活动目的

训练聆听技巧。

活动程序

（1）指导者拿出事先准备好的写有十条谜语的纸条。

（2）指导者读一遍纸条上的内容，在指导者读内容的时候，要求参与者不能做笔记。

（3）请参与者听完以后将谜语全部复述出来。

相关讨论

（1）你记住所有的谜语了吗？

（2）从这一活动中，你得到了哪些可用于解决人际沟通问题的经验教训？

第三节　有效提问

在沟通过程中，恰到好处的提问可以提升沟通效果。提问之前，需要先深思熟虑，而不是让自己的问题显得没有水平或缺乏深度。因为每一次的提问都能向别人展示自我形象，留给别人的是成熟睿智还是毛糙唐突的印象，则完全取决于所提问题是否深刻或具有价值。在与上级或资深人士沟通的过程中，这一点尤为重要。

一、提问的原则

1. 目标性原则

提问的目的要明确，意图要清楚。提问者就某方面的内容提出问题，是为了达到某种目的或实现某种意图。因此，要围绕自己的目的或意图设计问题，以使对方的回答能够解释自己的疑惑。

2. 明确性原则

提问者为了使对方能准确理解自己的提问意图，达到提问的预期目的，在提问时要简洁明了地表述问题，不要使用模糊不清的语言，以免使对方“不知所问”。

3. 针对性原则

提问具有针对性才可以得到有效的回答。被问者年龄、身份、文化素养不同，其心理、性格特征也会有较大的差异。有的人热情直爽，有的人沉默寡言；有的人诚恳，有的人狡黠。在问答过程中，提问者提问的内容、提问的方式，甚至提问的行为本身都会对被问者的心理产生一定的影响。提问者应从实际出发，有针对性地提出不同难度和深度的问题；同时提问方式也应有相应的变化，或单刀直入，或迂回进攻，或敞开发问，或试探而进。

4. 适宜性原则

提问的适宜性原则，包括“适量”“适度”“适时”三个方面。

（1）适量。适量是指所提问题的范畴及数量要适当。所提的问题，范畴不能太大，否则会让被问者无从下手或没有足够的时间作答；问题的数量也不可过多，且一般一次只提一个问题，否则就会分散被问者的精力，使其穷于应付，不知道该回应哪一个问题；若问题太少，被问者因得不到相关的信息反馈，同样会对提问者的倾听效果和态度产生疑问。

（2）适度。适度是指问题的难度或深度要适中。提问时，所有的问题都必须紧紧围绕谈话的主题。如果提问者的问题与对方谈话内容无关，或者关系不大，会使对方对其产生不好的印象或某种误解，也会使双方的有效沟通和人际关系受到负面影响。问题的难度要适中，不能超出被问者的能力范围或者使其不便回答。

（3）适时。适时是指提问的时机要恰当。要在对方充分表述完以后再提出问题：一来是出于对他人的尊重，二来是为了避免打断对方谈话的思路。提问也不可太迟，如果某个话题已经结束很长时间，再回过头来提问，就会打断对方当前的思路，也会延长沟通时间，势必对沟通产生不好的影响。

二、有效提问的技巧

在倾听过程中，如果有一些疑问或者需要向对方确认自己的理解正确，这时就要把这些疑问或者自己的理解表达出来，以得到对方的解答或者确认。有效提问，不是不假思索地贸然脱口而出，而是要充分运用提问的技巧，在深思熟虑后慎重构思，问到点子上，从而提高沟通效果。

1. 尽可能地选择开放式提问

开放式问题案例（视频）

封闭式提问尽管有利于询问一些被问者往往不愿说出真实看法的敏感问题，但很容易让被问者感到十分被动，甚至还有可能产生被审问的感觉。在这种情况下，提问者能从对方答案中得到的信息也就极其有限了。而开放式提问灵活性大、适应性强，能够让被问者感到自然从而畅所欲言，特别适合回答那些答案类型很多、答案比较复杂、事先无法确定各种可能答案的问题。因此，在重要的人际沟通中，应尽可能地多用开放式提问。

2. 问题必须切中要害

在沟通之前应该根据实际情况逐步分解最根本的沟通目标，然后针对各个小目标考虑好具体的提问方式。这样一来，既可以避免因提问一些无关紧要的问题而浪费彼此的时间，又可以循序渐进地实现各个目标，进而实现最根本的目标。

下面是一位推销人员向客户提出的问题：

“请问贵公司在选择合作厂商时主要考虑哪些因素？”（这个问题的目的是弄清客户需求）

“贵公司曾与我公司有过合作，不知道您对我公司以及公司的产品印象如何？”（这个问题的目的在于拉近彼此间的距离，为进一步介绍公司及产品做好铺垫）

“贵公司以前使用的设备有哪些不足之处呢？您认为造成这些问题的原因是什么呢？”

“我公司的产品能够达到贵公司要求的标准，我来给您简要介绍一下这些产品的具体情况，好吗？”（站在客户需求的立场上提出问题，有助于控制整个谈判局面）

3. 提问时需要注意说话技巧

（1）说话的速度要适中。提问时，说话的速度也会影响沟通效果。如果说话速度过快，会让对方听不清楚问题，从而来不及反应。如果说话速度过慢，会让对方觉得不耐烦，失去沟通的兴趣和信心。所以，提问时说话的速度既要保证能让对方听清楚问题，还要适应沟通的场所、特定的情境及提问的对象。

（2）说话的语气要合适。提问时，说话的语气也能传递一些重要的信息。所以，提问时语气的合适与否同样会影响到沟通效果。语气的轻重缓急能表达提问者当时的心情与感受，在无形中传递给对方更多的信息。因此提问时要注意使语气和所要表达的感情相吻合，从而使提问更加有效。

（3）提问时要有礼貌。提问时一定要有礼貌，不要咄咄逼人，避免提一些敏感的、私密的或者可能会给对方带来压力，难以得到良性反馈的问题。如果必须问一些此类问题，并且此类问题的答案确实对你很重要，那么不妨在提问之前先进行试探或征询，待得到对方的允许后再提问。

4. 提问时需要注意提问的方式

提问时，要注意避免提出容易遭到质疑或指责的问题，包括复合问题、影射性问题和诱导性问题。

所谓复合问题就是一系列相互联系的问题。例如：“是谁说他们不愿意见客户的？他们为什么会认为我们打算在那个时候召开会议？我们在会上该让客户知道哪些事情？”面对这些问题，被问者会想：“我该回答哪个问题？”因此，在提出这样的涉及过多方面的问题之前，请停顿片刻，将问题分解成几个独立的小问题后再进行提问。

影射性问题包含了一些刺耳或者煽动性的语言，提问者用一种缺乏尊重的方式对他人的行为或者动机进行概括或质疑、攻击等。例如：“你为什么老是想逃避责任，总把工作丢给别人做？”

诱导性问题其实是认定自己进行提问的假设是绝对正确的。例如：“你是从什么时候开始偷拿别人东西的？”

在提问时，要考虑负面语言对你和他人之间关系的影响，不要提带有倾向性和诱导性的问题。

案例链接

我和一个客户的一次对话

以下是我曾经跟一个客户的对话：

客户：我想请你们帮忙设计一套管理体系，模仿谷歌的人才管理方法，比如用 OKR 而不是 KPI，给予员工更多自主权等。

我：你们为什么要模仿谷歌？

客户：我们希望能打造一个创新型组织。

我：为什么谷歌采取这个策略能够成功，而模仿它的公司成功的不多？

客户：可能是因为谷歌的人才更优秀吧，他们招聘的都是最顶级的人才。

我：为什么人才优秀，谷歌这种管理方式就能成功呢？

客户：优秀人才都是自驱型的，不给予他们太多限制，反而能让他们更好地发挥创新才能。

我：那为什么大多数公司，模仿都不成功呢？

客户：因为他们的人才不够优秀，并且是属于外驱型的，把工作当成赚取生活费的方式。

我：那我再问一遍开始的问题，你们为什么要模仿谷歌？

客户：嗯，我们可能要再想想。

本例原文

思考与讨论

1. 客户为什么要模仿谷歌的管理体系？
2. “我”是如何通过提问让客户豁然开朗的？

训练营

猜人名

活动目标

练习使用封闭式问题，缩小选择范围，锻炼与人沟通的技巧。

活动程序

（1）以 5 人为一组，共 4 组；准备四顶写有名人名字的高帽，让所有人都知道是哪几个人名；在场地前面摆四个椅子。

（2）各组选一名代表坐在椅子上，编号为 1、2、3、4，面对小组的其他成员。

（3）组织者给坐在椅子上的人戴上一顶高帽。

（4）坐在椅子上的人都不知道自己戴的是哪顶帽子，其他人都知道，但谁都不能直接说出来。

（5）从1号开始猜，他必须问封闭式问题，如“我是男性吗？”如果小组成员回答是，他还可以问第二个问题。如果小组成员回答否，他就失去机会，轮到2号发问，以此类推。

（6）先猜出自己戴的是哪顶帽子者获胜。

相关讨论

（1）你认为哪一位同学的提问最有逻辑性？最能快速猜到结果？

（2）在沟通时，你该怎样改进提问方法？

第四节　有效反馈

一个完整的沟通过程，既包括信息发送者的“表达”和信息接收者的“倾听”，也包括信息接收者对信息发送者的反馈。反馈就是在沟通过程中，信息的接收者向信息的发送者做出回应的行为。给予反馈意味着告诉他人你对其行为的看法，其中包括对个人行为的评论以及个人行为对他人所造成的影响。

一、有效反馈的特性

要做到有效反馈，就要在尊重他人的基础上做到以下几点。

1. 反馈信息具体明确

反馈信息要具体明确，使对方很容易把握你要表达的意图。例如，“你这份文件中第二、四点条理不够清晰”或者“你迟到了25分钟”。反馈时，表述不能含糊不清。例如：“小李，你的工作真是很重要啊！”这种表述方式很空洞，小李也不知道为什么自己的工作很重要，从而不能真正给对方留下深刻的印象。明确而具体的反馈容易被对方接受；含糊不清、普遍性的评价则容易使对方产生抵触情绪。

2. 选择恰当的反馈时机

在对方表述完之后，可根据自己的理解进行适当的反馈。如果对方还没有表述完，那么我们所接收到的就是不完整的信息，对信息的理解自然就不一定准确，至少可能是不全面的。所以，一定要等对方表述完之后再进行反馈。

3. 注意场合

说话要注意场合，“上什么山唱什么歌，在什么场合说什么话”是人们在长期的交际实践中总结出来的经验。场合就是谈话的社会环境、自然环境和具体场景，其中具体场景涉及谈话的时间、空间及周围环境。场合虽然无言，却在言语交际中有着不可估量的参与和影响作用。

谈话双方对话题的选择与理解、某个观念的形成与改变、谈话的心理反应以及交谈结果，无不与场合有直接联系。这就要求人们在谈话时必须估计场合的影响，并有意识地巧妙利用“场合效应”。由于受特定人际关系和场合心理的制约，有些话只能在某些特定的场合说，换一个场合就不行了。同样一句话，在这里说和在那里说会有不同的效果。因此，在人际交往中，说话时一定要注意说什么、怎么说，还要顾及场合、环境，这样才更有利于沟通。“一句话把人说笑，一句话把人说跳”，说的就是这个道理。

4. 多提建设性的建议

如果人们接收到的都是对某人的负面评价，就很可能会认为此人总是喜欢批评别人、难以相处。因此，要想让他人听取建设性的反馈，就要一定注意说话委婉，不可过于简单直白，以免让他人产生抵触情绪。例如，有的领导容易武断地给下属的意见或想法下结论，而且常常用批评或藐视的语气说“你的想法根本就行不通！”“小伙子，你还是太年轻了！”等，结果就挫伤了下属主动沟通的积极性。如果换一种态度，以建设性的、鼓励的口气给下属反馈，效果就会不同，比如：“小王，你的意见很好，尽管有些想法目前还不能实现，但是你很会动脑筋，很关心咱们部门业务的开展，像这样的建议以后还是要多提啊！”

5. 循序渐进

反馈时，不要一次性表述太多的内容，以免给对方造成太大压力。如果一个人一下子接收到太多的反馈信息，就会感到压力，从而不能抓住你要表达的重点。因此，应该有计划、有节制地表达反馈信息。

二、有效反馈的技巧

有效反馈比根据自己的观点做出简单的反应更有效，能够激励他人重复好的行为并摒弃不良行为。要使反馈更加有效，需要掌握以下技巧。

（一）给予反馈

1. 客观地描述行为

客观地描述所发生的事情，并确保描述真实可靠，能促使对方改正不良行为，而不会冒犯和侮辱对方。要避免“你总是……”或是“你从来都是……”式的表达。假如一位同学有一次做错了作业，而老师不由分说地批评道：“你总是做错作业。”对事情进行描述而不是评价和判断，会减少由此导致的对方的愤怒或反感，从而使事情变得更容易解决。

2. 表达体会和感受

描述完对方的行为，就可以坦陈自己的反应或感受。为此，要记住下面几点。

（1）关注可能的改进。反馈时，要根据可能产生的效果来设计自己要讲的话。要避免使用贬低或批评他人的措辞，比如“你太笨了”“你真是个窝囊废”等，这样可能会引发一个人的情绪化反应，以致沟通困难，甚至无法进行下去。

（2）最好是用“我……”而不要用“你……”的句型。反馈时，应尽量避免使用前者，因为“你……”听起来像是在指责对方，会引起其防御反应和抵制情绪，例如“你就是那样做的”或“这件事就是你做错了”。相反，使用“我……”句型是一种非常有效的表达观点或描述所观察到的行为的方法，会使对方感受的威胁性比较小，例如可以说“我认为你不应该那么做”或“我觉得你应该尝试另一种方式”。

（3）关注非语言表达。非语言表达能够修正和补充语言表达的内容，在沟通中起着非常重要的作用，主要表现在目光注视、面部表情、身体语言、声音特质、空间距离、衣着及步态等几个方面。比如，当别人和我们说一件事情的时候，我们通常会先判断对方的话是否可信。而判断的依据，一方面来自对方说话的内容，比如逻辑是否合理严谨，另一方面则来自对方说话的方式。

同样一句话，如果对方在表达的时候语气坚定，神情自若，表现出一副很自信的样子，那么我们就会很容易相信；相反，如果对方说话的音量很小，眼神飘忽不定，语气很犹豫，我们就会心生怀疑。在实际生活中，我们都是通过这些非语言信息来感受一个人的，而且相对于可以伪装的语言，人们更容易相信非语言信息的真实性。

3. 关注行为的影响

在表达完自己的反应或感受后，就要解释对方行为带来的影响，同时确保你所说的影响是合理的、现实的和不带偏见的。为此，要注意以下几点。

（1）顾及对方的感受。提出反馈时，要尊重他人，先认同和接受他人的观点，关注反馈对接收者产生的价值，而不要只图一时之快。因为人们都有一个承受反馈的上限，所以我们只能以别人可以接收的信息量为限，而不要一股脑地反馈大量信息，这样的结果可能会适得其反。

（2）考虑对方的需求。反馈者要考虑接收者的需求，确保自己的反馈与对方有关联且对其有益，或是对其具有十分重要的影响。反馈者要考虑接收者能从自己的反馈中得到什么，应把反馈重点放在能对接收者所产生的价值上，而不是敷衍了事。反馈时应以友好、关心的方式来表达，要真心帮助他人，而不是发泄自己的情绪、贬低他人以使自己从中获得优越感。

（3）倾听对方的反应。反馈者给出反馈意见以后，应给对方留出时间进行反应，这时就要转入积极倾听。即使反馈做得再好，也仍有可能使对方感到不适，甚至恼怒。但无论如何，都要保持冷静和尊重对方，并要使用前面介绍过的有效倾听的“反馈技巧”对其反应做出回应，以此消除对方的不适。比如，“听到这些让你感到不安，我深感抱歉”。

（二）接受反馈

反馈既可能是正面的，也可能是负面的。当人们接受反馈时，应该做出什么反应呢？

（1）避免防御反应。不管反馈者的初衷如何，大多数人在接受反馈时都会自动转入防御模式：对于正面的反馈不以为然，对于建设性的反馈则是先感到有点惊讶或是震惊，紧接着会非常生气，然后就会排斥或者否认，极力为自己的行为辩护，而不承认反馈者提供的信息或观点可能有一定的道理。只有以积极的心态接受反馈意见，把它当作学习和成长的机会并且积极利用，才能避免自己做出过激或防御反应。

（2）理解反馈或澄清。反馈有可取的、不可取的、不确切的意见等不同类型，因此要做出针对性的回应。可取的意见意味着反馈是正确的，最好的回应方式就是认可。不可取的意见意味着反馈是错误的，也有可能是因为对方把事情弄错了，或对情况的判断有误，这时可以进一步解释或澄清事实。当接收到不确切的意见（即反馈不够具体，意见模糊不清）时需要向对方询问更多的细节。

（3）处理好情绪。人们有时对于如何处理反馈感到困惑。如果这个反馈让人生气、烦躁或是受伤，那么可以暂时先不要做决定，等到心情平静之后再决定下一步该如何做。要尝试不为那些负面的情感所影响，反而要去充分地利用此类反馈信息。即使反馈让人觉得受到了威胁或人身攻击，也应该敞开心胸去倾听，并请反馈者举出具体事例或者表明意图。

（4）不作反馈。不作反馈是沟通中常见的问题。许多人“误”以为沟通就是“我说他听”或“他说我听”，结果常常忽视沟通中的“反馈”环节。这样会导致信息表达一方不了解信息接收一方是否准确地接收到了信息。例如，在沟通时，遇到一言不发的“闷葫芦”，你表达的信息往往会“泥牛入海”，毫无回应，你也就根本不知道他到底有没有听进去自己的讲话。

知识营

反馈的类型

你是否有时想给其他人反馈但又怕破坏你们之间的关系而欲言又止？你是否有时赞扬了对方对方却觉得你不真诚？你是否有时给别人提意见却被当成耳旁风？

反馈在工作和生活中几乎无处不在。为了增进彼此关系、实现共同目标，我们需要同他人相互反馈。但是反馈不好，则可能会惹怒他人，招来误解甚至怨言，使双方关系恶化。反馈可以分为正面反馈和建设性反馈。

1. 正面反馈

正面反馈可以鼓励他人重复好的行为，增进彼此关系。沟通时，如果我们对对方传达的信息或者具体表现比较满意，那么就应适时地给予对方赞许或者鼓励，希望对方能再接再厉，继续取得更大的进步。进行正面反馈时，要描述对方行为并说明该事实或行为带来的积极影响。例如，如果想告诉对方“你这份报告写得很好”，不妨这样说：“你这份报告数据全面、版式简洁，并且没有任何拼写错误，体现出了专业度，非常好。”这不仅说明你关注对方，赞赏是发自内心的，而且能使对方很清楚地知道自己的哪些行为做得好，以后就会继续发扬。

2. 建设性反馈

当我们通过交流发现了对方的不足之处，或者和我们的观点相背离时，可以恰当地给对方提出建议，让对方改进或者尝试接受我们的观点。

要特别注意的是，给对方的反馈必须是货真价实的善意的建议，而绝不能是任何批评。建设性反馈的过程包括“认可—描述—影响—确认”四个步骤，具体如下。

（1）认可对方做得好的地方。

（2）认可后要描述对方的具体行为，以及与你预期的差异。在这一步，切记不要使用评判性的词语。例如，下属做汇报的时候出现错误，千万不要说：“你怎么会犯这种低级错误？”可以这样说：“你的汇报中有两处提到这个项目的总预算，不过这两处总预算的金额是不一致的，不知道是什么原因造成的。”因为评判性的词语会让人产生抵触情绪，即使下属表面上不会与上级领导争辩，心里也会愤愤不平。这样，也就完全达不到上级领导希望下属改进的目的了。

（3）将对方行为可能会造成的不良影响描述出来。接着上面的例子，如果下属的回答是写错了。上级领导可以说：“汇报中预算数字不一致，很可能会降低报告的可信度，也容易给人留下不细心、不专业的印象。”描述后给出具体且容易实现的改进意见，能够使人更乐意去尝试。

（4）询问对方是否有意愿改进。询问对方的改进意愿，不仅能使对方增强承诺后的责任感，还可以了解对方是否在改进过程中需要得到支持或资源。

正面反馈就是对对方做得好的事情予以表扬，希望好的行为再次出现。建设性反馈就是针对对方做得不足的地方，为其提出改进的建议。我们需要特别注意的是，建设性反馈是建议，而不是批评，这一点非常重要。

案例链接

我请老妈买核桃

前两周打电话给老妈，请她帮忙买一些新鲜核桃给我寄过来。但一直没见她有任何反应。想着马上中秋了，物流会比较紧张，我心里着急，就打电话问了她。

我：妈妈，核桃买得怎么样了，有合适的吗？

妈妈：没有，今年雨水多，核桃成色都不太好！

我：哦哦，我倒是不怎么着急吃！

妈妈：今天看到有一家卖得还不错，但是要价高，我就想再看看！

我：嗯，那你再看看，有合适的就买一点，先寄过来，马上中秋了，我怕寄东西会比较慢！

妈妈：是哦（恍然大悟的样子），我都没想到马上过节了，那要赶紧给你买来寄了，不过现在天气也不太好，没太阳晒！

我：没太阳没事啊，反正我吃新鲜的，你买回来晾一下给我寄过来就好了，我放冰箱慢慢吃！

妈妈：不用晒干吗（很惊讶的样子）？那会不会发霉了？

我：不会啊，我就是要吃新鲜的啊，不用完全晒干啊！

妈妈：啊？不早说，我还准备买几十斤然后晒干了一起寄过去呢！

我：不用啊，买个三五斤就好了，我先吃新鲜的，后面再慢慢买了晒干！

妈妈：哎呀，那今天那家还不错啊，早知道你就要这么点，我就先买了啊！又不早说！

我：……我说的就是我只要一点点啊（委屈状）……

本例原文

妈妈：行吧，那我明天就去买了！

我要晕倒！

思考与讨论

1. 为何“我”请“老妈”买新鲜核桃的事情没有任何进展？

2. “我”和“老妈”该如何沟通？

训练营

赞美反馈

活动目标

让学生体会什么是积极的反馈，并鼓励学生相互给予正面的积极信息。

活动程序

（1）以 2 人为一组，每人准备一张纸。

（2）让每组成员写出 4～5 个他们所注意到的自己搭档身上的特点，注意列出的各项都必须是积极的、正面的。

（3）写完后，每组的两个人之间展开自由讨论，其中每个人都要告诉对方自己的感受。

相关讨论

（1）你觉得进行这个游戏愉快吗？如果不愉快，为什么？

（2）为什么对我们中的大多数人来说，赞扬别人是一件困难的事情？

（3）什么能让我们更加轻松地给予和接受别人积极的反馈信息？

（4）为什么有些人总是给予别人负面评价，而几乎从来不提别人的好处？

第五节　有效的肢体语言

美国口语传播学者雷蒙德·罗斯（R. Rose，1986）认为，在人际传播活动中，人们所得到的信息总量中，只有 35%是经由语言符号传递的，而其余 65%的信息则是经由非语言符号传递的，其中仅仅面部表情就可传递 65%中 55%的信息。梅拉宾（1968）也认为，面部表情最具信息冲击力，并远远超过声音和言辞。他为此专门设计了一个信息冲击力的计算公式：信息冲击力 1=0.07×言辞+0.38×声音+0.55×面部表情。可见，非语言符号在一次成功的沟通中，起着十分重要的作用，而且有时比语言传递的信息更多、更有效。

一、恰当运用肢体语言的技巧

肢体语言在沟通中所占比重较大，表明肢体语言比语言本身传递的信息量更大，而且更可信。要在沟通中把肢体语言运用得恰到好处，需要注意以下技巧。

1. 恰当运用辅助语言

在沟通中，要依据谈话内容和沟通对象来确定需用到的音调、音色、语速、音量和节奏。运用辅助语言，可以流露出人真实的情绪和态度。

2. 学会用眼睛“说话”

沟通时，眼睛要注视对方，以示我们正在专心致志地倾听或者告诉对方我们要表达的信息。同时要适时地和对方的目光进行适当的交流，把我们所感受到的信息通过眼神表达出来。当对方捕捉到这种积极反馈后，会更愿意继续交流。

3.“学会”点头和微笑

微笑是一种友好的表现。沟通时，面部肌肉要适当地放松，心里想一些较为满意或开心的事情，那么脸上发自内心的、自然的微笑就会使我们精神焕发。在这种轻松愉快的气氛中，交流就会更深入、细致。如果再配合适当的点头，表示理解或者赞许，则沟通效果会更加明显。

4. 注意手势

手是人们习惯支配和运用频率很高的一个身体部位。由于手势运用起来很方便，所以是沟通中一个突出的重点。

5. 保持正确身姿

（1）站姿。规范而典雅的站姿具有一种静态美，古人主张的“站如松”就是说人的站姿要像松树那样挺拔。正确的站姿会给人以挺拔笔直、舒展大方、精力充沛、积极向上的感觉，可以简单概括为“头正、腰直、肩平、挺胸、收腹”十个字。

（2）行姿。行姿是人体所呈现出的一种动态，是站姿的延续。行姿文雅、端庄，不仅给人以沉着、稳重、冷静的感觉，而且是展示自己气质与修养的重要形式。

（3）坐姿。坐，作为一种举止，有着美与丑、雅与俗之分。正确的坐姿礼仪要求“坐如钟”，指人的坐姿像座钟般端直，当然这里的端直指上体的端直。正确规范的坐姿要求端庄而优美，能给人以文雅、稳重、自然、大方的美感。

二、改善自己的肢体语言

由于肢体语言与社会和文化环境有着十分密切的联系，所以要完全改变确实并非易事。然而我们通过努力可使肢体语言得到进一步改善，从而更加准确地传达自己的沟通意图。

（1）观察对方的反应。沟通是一种互动行为，针对我们的肢体语言，对方肯定有一个相应的及时反应。观察对方的反应是否和我们的预期有很大的差距，如果没有，说明肢体语言准确地传达了我们的沟通意图；反之，则可能说明我们的肢体语言有不妥之处。

（2）通过视频观察自身。可以用摄像机等设备录下自己与他人沟通的全过程，通过回看视频很容易发现一些经常被我们忽略的细节，进而从一个旁观者的角度来重新审视自身的缺点，尤其是肢体语言方面的不足。

改善肢体语言的过程虽然很艰难，但是只要我们找到了症结所在，并且努力去解决，再加上别人的帮助，就一定能取得不错的效果。

三、洞察对方的肢体语言

心理学家弗洛伊德认为，凡人皆无法隐藏私情，他的嘴可以保持缄默，他的手脚却会“多嘴多舌”：一个人的微笑表示“我很快乐”，皱着眉头表示“我很烦恼”，跺脚和大声地叫表示“我很不耐烦了”“我已经恼了”等。肢体语言为人们的沟通提供了大量的有效信息。我们不仅要学会灵活运用这些肢体语言，还应该做到敏锐洞察对方的肢体语言，只有两者密切结合，才能使沟通畅通无阻。

1. 熟练掌握肢体语言的含义

要想读懂对方的肢体语言，就必须知道各种肢体语言分别代表什么含义，如对眼睛、手势、面部表情等身体各个部位的细微变化所分别代表的具体含义都要非常了解。这样针对对方的肢体语言，就能迅速地做出反馈，从而在沟通中争取主动。

需要注意的是，在沟通刚开始时，由于双方还未完全进入状态，所以要避免仓促地给对方的肢体语言下结论。

2. 准确理解肢体语言所蕴含的情感

肢体语言包含着丰富的内容，往往比语言这种复杂的人类情感表达工具所传递的感情更丰富、更强烈。所以我们必须学会从肢体语言中洞察对方的喜怒哀乐，并以此来准确判断其情感发展的程度。在沟通中，如果对方注视你，可能表示想让你注意他所谈的内容；如果对方俯视你，可能表示他想显示一种威严；如果对方斜视你，可能表示他对你非常有兴趣，但又不想让你识破等。

3. 肢体语言和口语相结合

肢体语言一般常和口语结合使用，是口语交流的补充和完善。有时单纯从肢体语言出发，很容易产生错误的理解，导致沟通受阻或者失败。如果将肢体语言和口语密切结合，再考虑当时的具体情境，就能准确理解肢体语言反映的真正的具体含义。

知识营

SOFTEN 原则

“SOFTEN 原则”是尽快进入沟通角色的重要技巧，由六个相关英文单词的首字母组成：smile，微笑；open posture，聆听的姿态；forward lean，身体前倾；tone，音调（还有一种说法是指“touch，接触，表示身体友好地与别人接触，如握手等”）；eye communication，目光交流；nod，点头。

案例链接

妙用手势

改编自沈阳新励成演讲口才培训班网站《运用肢体语言的事例》一文

俄罗斯商人巴卜耶夫是做国际贸易的，有一次，巴卜耶夫所在的公司与巴西顾客谈下了一个利润非常丰厚的合作项目。就在签署合同当天，巴卜耶夫生病了，不能下床，只得让儿子巴卜耶维奇代替自己签约。

不过，巴卜耶夫有些担心：儿子既不了解两家公司谈判的内容，也听不懂对方的语言，虽然现场有翻译，但还是怕他将事情搞砸了，毕竟交流也是合作的一部分。

巴卜耶维奇却笑着说："您就放心吧，我们除了说话，还有其他交流方法啊。"巴卜耶夫很奇怪，问儿子其他交流方法是什么。"现在不告诉你，等回来你看我的结果就知道了。"说完，巴卜耶维奇就走了。

至下午时分，巴卜耶维奇志得意满地回到医院，一看就是合同已经顺利签好了。巴卜耶夫更加好奇，想知道儿子都说了些什么，为什么对方公司很满意。参加签约的人说："真是奇怪，巴卜耶维奇并没说太多，倒是在不断做一个手势，结果巴西商人对巴卜耶维奇赞赏有加，还让翻译告诉他：'你是个非常有教养的人，是个很好的倾听者'，真不可思议。"

"手势？"巴卜耶夫更迷糊了，追问是怎么回事。参加签约的人接着说："交谈的时候，巴西商人一直话多，这是您知道的，但巴卜耶维奇则表现出听得很认真、感兴趣的样子，还时不时地给予适当的回馈。当对方说得开心时，他就伸出右手，然后握拳，将大拇指夹在食指、中指间，用力晃动一下，巴西商人一看到这个手势，就高兴得合不拢嘴呢。"

"这是为什么呢？这不是侮辱人的意思吗？"巴卜耶夫一脸茫然，在自己国家，对人摆这个手势是要被揍的。一边的巴卜耶维奇却笑了，说："可是，国家与国家之间的文化是有差别的。这个手势虽然在我们这里是侮辱的意思，但在巴西却是赞美、交好运的意思。我在他介绍自己国家、家庭的时候总不断这样夸他，祝福他，他当然高兴了，自然会说我有教养。"

本例原文

"憨豆先生"受访片段

思考与讨论

1. 为什么巴卜耶维奇听不懂对方的语言，却能成功签约？
2. 这个案例给了你什么启发？

训练营

面部表情

活动目标

通过观察和表演，进一步体会肢体语言对沟通的影响。

活动过程

（1）任意找一张处于活动中的人物照片，也可以用手机现场拍摄，注意拍摄时要确保被拍者处于自然动态中。

（2）用手盖住照片的其余部分，只留出人物的脸部。仅从脸部你能获得何种信息呢？又会遗漏何种信息呢？

（3）除了眼睛，盖住其余部分，看看你是否仍然能够辨别出其精神状态。

（4）试试遮住照片中人物的其余部分而只留出嘴部，看看情况又会如何。

相关讨论

（1）你是否会发现，尽管你不能辨别照片中的人物在干什么，但你能识别出他们的精神状态？

（2）你是否会发现，只需看到照片上人物的眼睛和嘴，就能对其精神状态做出可靠的解释。然而，对脸部遮得越多，就越难分辨出人物的情感和态度？

知识巩固与实践训练

一、不定项选择

1. 反馈是指（　　）。

A. 关于他人之言行的正面或负面意见　　B. 关于他人之言行的解释

C. 对别人做得不足的地方，给他一个建议　　D. 对将来的建议或指示

2. 积极聆听是指（　　）。

A. 一边听一边与自己的观点进行比较并进行评论　　B. 边听边想自己的事情

C. 设身处地地聆听　　D. 选择性地聆听

3. 封闭式提问的不足之处是（　　）。

A. 收集信息不全　　B. 谈话气氛紧张　　C. 浪费时间　　D. 谈话不容易控制

4. FAB原则包括（　　）。

A. 互补　　B. 特色　　C. 利益　　D. 优势

5. 以下属于开放式问题的是（　　）。

A. 请问去上海有哪些航班？　　B. 你对我公司有什么看法？

C. 请问一下会议结束了吗？　　D. 这个问题你认为如何解决比较好？

6. 在与他人谈话的过程中，起码要以多大的时间比例注视着对方？（　　）

A. 30%以上　　B. 60%以上　　C. 80%以上　　D. 100%

7. 请在下面的选项中选出你认为正确的。（　　）

A. 先聆听，后发言　　B. 边倾听边提问　　C. 用耳朵倾听　　D. 用全身“倾听”

E. 倾听效果的好坏在于对方的表达清楚与否

F. 倾听效果的好坏取决于你是否按照恰当的方式进行了倾听

8. 下面哪些选项是恰当的反馈？（　　）

A. “你的这个项目运作得非常好，我希望下一个项目做得更好”

B. “你是怎么回事，为何到现在工作还没有成果？”

C. “我认为也许你在工作中多和别人交流，就会解决这个问题”

D. “你这个人太马虎了！”

9. 在倾听对方谈话时，（　　）是不恰当的非语言倾听的行为。

A. 盯着自己的手机　　B. 总是面无表情

C. 一直盯着对方的眼睛　　D. 与无论何种说话风格的人都能沟通

二、情境训练

请使用5W2H方法对以下案例进行拆分，体会该方法所传递的重点：“张小姐，请你将这份调查报告复印两份，于下班前送到总经理室；请留意复印的质量，总经理要带给客户参考。”

who（执行者）：__________　　what（做什么）：__________
how（怎么做）：__________　　when（时间）：__________
where（地点）：__________　　how many（工作量）：__________
why（为什么）：__________

三、案例分析

我的一场失败的沟通

> 本某例整理自2016年4月1日edgar1990在人人都是产品经理网发布的《我进行了一场失败的沟通，希望你别犯我这3个错误》一文。

我所负责的产品计划于4月中旬发布，当前正处于产品的全功能测试阶段。但是原计划3月11日接入的横向模块尚未通过测试，在跟横向部门的产品、测试、前端、后端沟通后，发现“坑”远比我想象中的要大，于是便跟他们的项管（项目管理人）沟通准备召开一个短会。

横向产品、测试、项管、前端、后端、技术主管、我、我的测试，一行八人来到了休息区，召开模块进度沟通会。我先简单说明了情况：第一，产品原计划4月发布，现在还没通过测试；第二，横向产品说会把模块接入我的产品，并完成测试，业务线仅需简单测试主流程；第三，横向测试说模块已通过，在接入App进行联调，联调期间业务线应该并行测试；第四，后端开发说需要在开发环境测试，横向开发进行了测试环境的打包提测；第五，业务线测试在开发环境测出数个漏洞，横向项管说我们还没发布，你们不用测试。

当我一口气把这些情况说完，他们几位的意见就如暴风骤雨般扫过来。我不断解释，但毫无效果，结果我们相互“撕”了起来。

以上这种争论的情况经常发生在我身上。虽然后来问题大都得到了妥善解决，但从沟通的过程来看，无疑是一场失败的沟通。经总结，我发现上面的沟通中犯了几个明显的错误。

（1）没有找准关键人。当模块进度不明时，我直接找到横向开发和测试沟通，却忽略了统一对外接口人是项管。开发和测试将更多精力聚焦在模块的功能上，而进度方面最清楚的无疑是项管。

（2）会议召开不及时。当模块进度不明时，我没有直接召集相关人员开会沟通，而是分别找了开发、测试、产品沟通，每个人对该模块进度描述不一致也是我把该问题严重程度上升一个档次的重要原因。可后来事实证明情况并没有那么坏，如果在有疑问时直接召集模块相关同事开会，既可以降低沟通成本，又可以快速明确进度。

（3）会议主题不明确。我没有开门见山地询问进度，而是根据自己获取的零散信息开始指责他人。其实会议的核心就一个——模块什么时候发布。最后项管也很确定地告诉我，明天一定可以上线。其实这样就够了，我无须关心其他问题。因为大家分工明确，各司其职。

如果我能避免上面任意一个问题，这场沟通就不仅会简短很多，更会愉快不少。

思考与讨论

1. 案例中的“我”和其他人的沟通障碍是什么？
2. 案例中的“我”应该如何改进？

自我认知

表达能力简易测试

一、测试题目

1. 当一个人对你非常不公平时，你是否会让他知道？

2. 你是否能控制自己的脾气？
3. 在讨论或辩论中，你是否很容易发表意见？
4. 你是否易于开口赞美别人？
5. 你是否因很难对推销员说不，而买些自己实际不需要或并不想要的东西？
6. 当你有充分的理由退货给店方时，你是否会迟疑不决？
7. 你是否觉得别人在言行中很少表示不欢迎你？
8. 如果有位朋友提出一种无理要求，你会拒绝吗？

二、计分方法

如实回答问题，在表 6.1 中录入相应选项得分，将分值汇总，得分解析可参阅附录中的“自我认知参考意见”。

表 6.1 表达能力测试计分表

题目序号	各选项分值					得分
	从来没有	很少	有时	大多是	经常是	
1	1	2	3	4	5	
2	1	2	3	4	5	
3	1	2	3	4	5	
4	1	2	3	4	5	
5	1	2	3	4	5	
6	1	2	3	4	5	
7	1	2	3	4	5	
8	1	2	3	4	5	
得分合计						

下篇 职场中的人际沟通

第七章

Chapter 7

初入职场——职场中的人际关系

学习目标

1. 了解职场人际关系。
2. 掌握与职场中不同类型的人的沟通技巧。

关键概念

职场人际关系　支配型性格　影响型性格　稳定型性格　服从型性格

导引案例

我的职场第一年

节选并改编自 2018 年 8 月 27 日今日头条·济世论事《初入职场的那一年》

我的第一份工作是在一家大型的外包呼叫中心担任呼出代表。我之所以会选择这份工作，是因为我希望可以接触到更多不同类型的人；同时因为我很喜欢和人聊天，而这份工作不仅能够在电话中和人沟通，还可以赚钱。

上岗以后，我发现实际工作与培训全然不是一回事。培训师之前所教的一切，似乎都是多余的，用户根本不给你说话的机会，更不用提相互沟通了。工作上的困难，让我感到无所适从，一次又一次的打击使我陷入了一个恶性循环当中。我开始怀疑自己的选择和判断是否正确，内心也开始动摇，而同事的不断离职更是让我陷入前所未有的迷茫中。终于，在入职后的第三个月时，我提出了辞职。

交辞职书时，主管和我进行了一番谈话。她很关心地询问我最近是不是感到压力很大，我说觉得这份工作不适合我。她问我何以见得，我告诉了她这份工作不适合我的理由。她说，做呼出代表，最关键的就是健谈与热情，而这两点我都有，所以从我进公司，她就留意我了。看我若有所思，主管接着说："你现在最大的纠结，不是你没有完成指标，而是你为什么不是最优秀的那一个。"她又说："很多成功都不是一蹴而就的，需要的是长时间的自我积累与不懈坚持，你正在变得越来越好，千万不要放弃，否则太可惜！"听了主管的话，我开始重新审视自己的决定：究竟是我被所碰到的困难吓倒了，还是我本身的能力不行？我在改变，困难不是不可解决的，既然如此，我为什么要退缩呢？于是，我决定留下。

在那之后，我的表现果然如同主管所说的那样一天比一天好，又过了三个月，我成为公司的正式员工。

思考与讨论

1. 谈谈你对案例中主管和"我"的谈话的看法。
2. 这个案例给了你怎样的启发？

告别校园生活，结束学生时代，成为上班族的一员后，我们就开始真正地步入社会了。社会其实就是一个由错综复杂、千变万化的人际关系组成的立体人脉关系网。进入了社会，也就进入这个关系网，要同来自四面八方、各种各样的人发生联系。其中，工作单位就是社会的一个缩影。在单位里，每个人都要和同事、工作团队、上司、客户等相处、共事、打交道。而能否融洽相处、合作共事，就成为职场新人面临的首要课题。

第一节　了解工作环境并进入职业角色

当成为一个单位的新员工后，首先需要考虑的就是能否以及如何在这个单位立足的问题，也就是要尽快熟悉工作环境、适应工作，尽快进入职业角色并最终站稳脚跟。要达到这个目标，就要知道自己该做什么、该怎样去做，能否较快地将自己融入本单位、本部门这个集体和团队中，进而较快地被上司、同事从心理上、情感上接纳。

一、尽快了解工作环境

进入工作单位以后，要尽快对以下各方面的情况进行了解。

（1）单位的基本情况。初到一家单位工作，首先必须通过岗前培训、领导致辞、员工手册、内部刊物、单位网站等多种渠道了解单位的基本情况，包括：单位内部的组织系统和架构；每个部门所负责的工作及主管领导；上下级的请示汇报关系；领导班子的职责与分工；直接上司的性格特点和工作习惯；在具体工作中与同事的联络方式；与工作生活密切相关的一些信息，如餐厅、休息室、盥洗间、复印室、附近的银行以及交通工具的存放地点等。了解以上信息，有助于自己尽快适应工作环境。

（2）工作程序和流程。一般情况下，单位会针对部门与部门之间、岗位与岗位之间的工作关系等制订相应的工作程序和流程。此外，单位还会对员工的日常行为和正常工作秩序有各种规范要求，如办公用品领用程序、文件收发程序、费用报销程序、质量控制程序、请假程序等。就拿请假程序来说，各单位都会对什么情况下可以请假、向谁请假、如何请假、哪个岗位可以请几天假等做出具体规定。因此要开展工作，就必须先了解这些工作程序和流程。

（3）单位的产品、服务、客户和市场竞争状况。单位生产哪些产品、提供哪些服务，单位的客户（顾客）有哪些人，单位的市场竞争状况如何等，对这些我们都有必要做到心中有数。

（4）单位的历史、传统、组织文化和核心价值观。一个单位的软环境，包括历史、传统、经营理念、组织文化、核心价值观等，也是整体工作环境的重要方面。了解软环境，才能了解单位的短期和长期目标，也才能减少对单位的陌生感，增加对单位的亲切感和使命感。从长远来看，一个人的职业满意度取决于其信仰和价值观与组织文化的“匹配”程度，如果不想另寻发展的话，主动适应组织文化就是很重要、很迫切的事情。一个人只有感觉到自己的价值取向与单位的组织文化、核心价值观相匹配，才有可能继续在这个单位待下去。

（5）单位的规章制度及其他规定。对于职场新人来说，了解相关规章制度是做好工作、立足单位的前提。我们要着重弄清的几点是：单位对员工的要求有哪些？哪些规章制度被员工严格地遵守着，哪些没有？单位不成文的规章制度又是什么，作用如何？如果违反规章制度会有什么后果？另外，我们也必须了解一些“隐性”的不成文规范，以免在日后的工作中“碰钉子”。

二、尽快适应职场人际关系

职场新人在了解、熟悉单位及其环境，做好自己本职工作的同时，还应尽快度过与同事、领导的人际磨合期，以便尽早被同事接纳而融入团队。不管是闲谈还是工作，都要注意自己可能会给同事、领导留下什么样的印象，造成什么样的心理影响。因此，丢掉“学生气”，完成从校园人向社会人的转变十分必要。

（1）尽快从个人导向到团队导向转变。单位更多强调的是团队精神、严谨的工作纪律和统一的标准、流程和规范，个人意愿则要通过集体来发挥作用。如果我们想和其他同事在今后的工作中融洽相处，就要充分认识到集体合作、团队精神的重要性，并且将小我融入大我。

（2）尽快从情感导向到职业导向转变。单位对员工的首要要求是对组织的“认同感”“归属感”。我们在进入工作单位后就必须尽快养成职业化的思维、意识和习惯，这一点很重要。

（3）尽快从成长导向到责任导向转变。这里所说的责任导向，是指在单位中普遍提倡的“小公司做事，大公司做人”的精神。我们必须树立一种“与组织共命运”的意识，在履行岗位责任的前提下实现自我提升、成长。

（4）尽快从思维导向到行为导向转变。在单位里看一个人的工作能力，最重要的是看他如何处理问题并能否处理好问题，看他碰到问题时能否懂得权衡利弊，从而做出可行的决定，而不仅仅是看他如何思考。所以在工作中，我们不能像学生时代一样，凡事等完全争论清楚了才去做，而要有更强的思考力和行动力。

三、尽快进入职业角色

在了解和熟悉单位与工作环境的同时，还要着手了解和熟悉自己的本职工作，注意不懂就问，以便尽快上手。作为职场新人，还要严格按照角色规范行事，严守职位的责任分工，即在什么职位做什么主、说什么话，既要尽心尽力做好本职工作，又要做到出力而不越位。

（1）了解工作岗位及其职责权限。要了解自己工作岗位的名称、内容、意义和工作范围，以及胜任这个岗位需要掌握的业务知识、基本技能和方法。另外，还要明确该岗位具备的职权有哪些、应该履行哪些职责，只有这样才能按角色规范行事。

（2）遵守角色规范，出力而不越位。要遵守职业的角色规范，摆正自己的位置，切忌轻易“越位”“侵权”，要做到不越位决策、不越位表态、不越位答复问题、不越级请示汇报等。

（3）了解单位和上司对我们工作的期待。要尽快了解、明确单位和上司对我们工作的期待是什么，如所期待的工作态度、工作要求、工作标准、价值观、行为方式等。这样就能使我们的行为与单位的期待自觉地保持一致，从而快速得到领导、同事的认可，尽快融入单位。

知识营

职业素养

职业素养是指人们在工作中需要遵守的行为规范。个体行为的总和即构成了其自身的职业素养，职业素养是内涵，个体行为则是外在表象。

1. 职业素养的三大核心

职业素养的三大核心包括职业信念、职业知识技能和职业行为习惯。

2. 职业素养的训练

要提高职业素养，就应该在积极进取、宽容大度、诚实守信、自律守纪、坚持理性、保守秘密以及形成良好的习惯等方面加强训练。

（1）积极进取。积极进取就是培养自己努力、勤奋、正直、乐观、勇敢和通情达理等积极心态，以及为了达到较高目标而不断进取的精神。要养成立即行动的行为习惯，不计较鸡毛蒜皮的小事，保持乐观心态，积极更新观念，做到与时俱进。

（2）诚实守信。诚实守信是职业道德的根本。如果一个人的人品遭到了他人的质疑，那么他在社会中的处境将会十分尴尬。要想在职场生涯中有所成就，就要做到说话算数、信守约定，从而赢得他人的信任，获得他人的支持。

（3）宽容大度。宽容大度彰显着一个人的气度和胸襟。宽容的人都能有良好的人际关系，这对一个人的事业会大有裨益。倾听别人的辩解则是宽容的开始。此外，还应做到：营造融洽的人际关系，重视发展职场友谊，学会忘却个人恩怨。

（4）自律守纪。所谓自律，就是针对自身的情况，依靠内心的信念和力量，自觉地以一定的目标和行为规范指导自己的言行，严格要求和约束自己。要做到自律守纪，就要养成反思、自省的习惯，学会“慎独”，自觉拒绝做不合规范的事。

（5）坚持理性。人的理性既包括抵御外来的诱惑，坚守自己的道德底线，不随性而为，也包括个人在谋事、成事、决策等方面的清醒和坚定。职场人士要以客观和开放的态度，对事物做出合理的判断，在遇到问题时能提供有效的解决方法，懂得信赖事实依据，避免和减少感情用事，不盲目相信和依从别人的意见。

（6）保守秘密。保守秘密是一个人人品中的重要内容，它反映了一个人对他人利益的尊重和对他人的诚信，保守秘密会为自己赢得他人的信任。如果泄露商业秘密，还会引起民事责任、行政责任甚至刑事责任。一个好的员工对自己的职业、自己的单位必须保持忠诚，时刻维护单位的利益并保守商业秘密。

（7）良好的习惯。习惯是一个人素质的外显行为，高素质是良好习惯的升华和结晶。习惯并不是遗传的，而是后天在一定的环境和训练中养成的。良好习惯养成的过程，就是一个人将外在要求内化为自身需要的过程。在工作中，我们应养成关注更重要的事情而忽略一些次要事情的习惯，比如本来约好和同事打球，可是工作还没有完成，就只能选择取消约定，优先完成工作。

案例链接

做个职场“冷眼热心”的人

王月冰，2018年4月2日

我到这家公司上班之前，被前一家公司炒了鱿鱼，原因是我太喜欢发表办公室言论，比如公司规定加班，我会和同事一起义愤填膺。领导觉得我事儿多，容易扰乱军心。经过反思，我决定今后在职场中冷静地看、安静地做、低调地热心。

这家公司办公室很大，我选了个角落的位置安静坐下，认真工作，很少说话，而是观察办公室里的情况、公司微信群中的动态，发现自己能“热心”的地方，便在深思熟虑后悄悄地做。比如，有同事请假，他的客户来电话，别人要不就是装作没听见，要不就是接了电话直接把对方变成自己的客户。而我会帮同事接电话，清清楚楚地在纸上记下电话内容及对方的电话号码，第二天早上把这页纸放到同事的办公桌上。这样的事情做多了，同事们对我就有了一种默契式的信任。

有一次，营销部张主管主持召开一次重要会议，负责接待的同事请假了，便由我临时顶替。我发现张主管得了重感冒，他要一直与大家在一起，还要陪大家吃饭。经过慎重考虑，我泡了一大壶姜糖茶，然后用一次性杯子给每人都倒了一杯，并说这是张主管的意思。那次的会很成功。事后，董事长和张主管才知道这些都是我的贴心之举，满意地表扬了我！

本例原文

从那以后，我逐渐成为领导层眼中可委以重任的人。后来部门重组，我晋升为新部门的主管。

思考与讨论

1. 案例中的主人公成功的秘诀在哪里？
2. 以上案例给了你怎样的启发？

训练营

我是谁

活动目标

提供一个新颖的方法来让大家互相认识。

活动程序

（1）每个人有15分钟的时间在教室内外找一个能够代表自己个性特征或表达自己身份的物品带到课堂上。
（2）请每个人展示所选的物品并解释其所表达的含义。

相关讨论

（1）你从其他参与者身上学到了什么？
（2）为什么你在各式各样的物品中选择了此类物品？请说明其特征。
（3）你对其他参与者的了解达到了何种程度？

第二节　职场人际关系解析

一、职场人际关系的特点

职场人际关系，是在职工作人员之间各类关系的总汇。一群性格迥异、年龄参差、阅历不一、认识有别的人，为了共同的目标而会聚在同一职场中，以利益作为纽带联结在一起，这样的职场人际关系必然带有复杂性和功利性。所以了解职场人际关系的特点，是我们正确认识职场人际关系的基础。

1. 被动性

一个人初到某个单位，对上司、同事和下属一无所知，既不可能为自己选择上司和同事，也不可能改变同事和上司的情况。也就是说，我们对职场人际关系的架构缺乏决定权，对职场人际关系的构成成员缺乏选择权，对职场人际关系的变化缺乏控制权。所以说，职场人际关系具有被动性。

2. 等级性

职场是个等级分明的地方。职场结构如同社会结构一般，都呈金字塔状，因而有着“地位决定关系”的特点。这种等级性，讲的是人有权责大小之分。但不论是什么样的等级之分，都要讲究规矩。讲究规矩，指人的言行是受限制的。职场人士必须按照规矩来规范自己的行为，不能为所欲为、逾越规矩。

3. 职业性

一家单位可能有十几、几十、几百甚至上千个性格迥异、年龄参差、阅历不一的员工，自然就存在职场距离远近和关系亲疏，甚至关系好坏的问题。职场距离近的人，就是指那些经常活动在自己身边的人，彼此之间的了解可能多一些。职场距离较远的同事，彼此之间大多保持点头之交。而职场距离过远的人，可能一起共事多年，彼此之间却一无所知。无论职场距离远近、亲疏、好坏，为了工作需要，都必须和同事之间产生工作上的交往。大多数职场交往都更具礼节性和职业性，很少有达成深层次交往关系者。

4. 复杂性

由于职场人际关系建立在利益的基础上，人际交往一般多以利益为导向，从而使得大多数职场交往都更具复杂性。在这种情况下和同事做朋友就要有“距离”意识，可以适当谈一些一般性的私事，以加深同事间的了解，但不要涉及太深的个人隐私，更不可说交浅言深的话。在职场友谊中，只有把握好职场距离，才能保持和谐的同事关系并确保工作的顺利进行。

二、影响职场人际关系的因素

在职场中，影响人际关系的因素可以分为外因和内因两种。外因是指工作环境、文化传统、道德规范和组织架构等个人力量几乎无法改变的因素。内因则是指通过个人的主观努力，可以施加影响的因素。在这里，我们主要讨论影响职场人际关系的四个方面的内因：职位、个性、行为方式和沟通能力。

1. 职位

职位一般是指在一个特定的组织中、在一段特定的时间内、由一个特定的人所担负的一个或数个任务所组成的集后体。简单地讲，职位就是指组织工作与人的结合，是职权和所承担工作职责的集合体。职位由职务、职权和责任组成：职务是指规定承担的工作任务；职权是指依据法律或企业的规定所赋予职位的相应权利，以提供完成某项工作任务的保障；责任是指担任一定职位的人必须做什么或不能做什么。每个职位都有相应的职权，也要承担相应的工作任务及责任。比如，作为经理，他有权利向下属指派工作；而作为下属，他有权利监督上司，但没有权利指挥上司。

2. 个性

个性又叫人格，是指一个人独特的、稳定的和本质的心理倾向和心理特征的总和。简单地说，个性就是一个人的整体精神面貌，它受遗传、环境、种族、文化等因素的影响。个性差异是客观存在的，表现在个体的性别、年龄、容貌、体能、能力、兴趣、爱好、态度和观念等方面。在日常的人际交往中，我们会发现，有些人的行为举止、音容笑貌令人难以忘怀，而有些人则很难给别人留下印象。出现这种现象的原因就是个性在起作用。一般来说，鲜明的、独特的个性容易给人留下深刻的印象，而平淡的个性则很难给人留下印象。

3. 行为方式

行为方式是行为方法或形式的总称，主要表现为行为主体在实现行为目标过程中所采取的方法或途径。在现实生活中，不同的行为主体往往会产生相同的需要和动机，但满足这些需要和动机的行为方式却是各不相同的。影响行为方式的因素主要有：行为主体的判断能力、行为主体的个性、行为主体的优势、行为环境的压力、行为方式的选择标准、行为动机的强度、实现行为目标的困难程度等。行为方式不是固定不变的，在实现行为目标的过程中，行为主体往往会依据特定的具体情况，调整、改变或完善行为方式，使其与实现行为目标的要求相吻合。

4. 沟通能力

沟通实质上是人与人之间信息、思想和情感的一种交流，这种交流能否成功在很大程度上取决于沟通者有无与人沟通的意识、是否掌握了有效沟通的技巧和方法。有效的交流可以使自己与他人进行充分沟通，从而实现自己的目标。沟通意识强的人，能在实践中自觉、积极、主动沟通，不仅会有意识地运用肢体语言表达技巧，同时也会注重沟通能力的提高，以及对个性和行为方式等方面的调整和完善。

三、职场人际关系的发展过程

职场人际关系的发展过程依次为建立、定位、改进、维护和终止五个阶段。这五个阶段并非直线递进，而是处于不停的循环之中。

1. 职场人际关系的建立

建立人际关系有许多种方式，也就是说人与人相识的方式很多，比如见面就是人际关系的开端。另外，还可通过电话、微信等方式建立人际关系。而沟通是职场人际关系建立最重要的一部分，是人与人之间传递情感、态度、信念和想法的过程。

2. 职场人际关系的定位

定位是指在交往过程中，人们对自己、交往对象以及交往关系的一种认识。这种认识多发生于人的潜意识中，决定了人际关系的走向，它包括自我定位、对人际关系的定位、对交往对象的定位以及他人对我们的定位。

自我定位是指一个人在人际交往过程中如何看待自己、感受自己以及对自己有什么期望。对人际关系的定位是指人们对人际关系的认识和期望。职场人际关系有两种：一种是以感情为基础的，另一种是以利益为基础的。一般情况下，人际关系都是感情和利益的结合体，只是每个人的偏向有所不同。对交往对象的定位是指人们对交往对象的角色设定和角色期望，这种定位会随着相互关系的发展而不断变化。在职场中，对交往对象的积极定位，不仅有利于我们和同事建立和谐的人际关系，提高工作效率，而且还会令我们心情舒畅，使工作和生活变得轻松愉快。他人对我们的定位是指别人对我们的角色设定和角色期望。我们对这种定位的了解，一般是通过与他人的沟通得来的，也就是通过别人告诉我们是什么样的人（“你的确是个天才”或“你真是一个笨蛋”），以及他人对我们的感觉如何（“我喜欢和你在一起”），来推断他人对我们是怎样的一个定位。

3. 职场人际关系的改进

职场人际关系的改进其实就是对人际距离的调控。人之所以要与他人保持距离，原因就在于人们对人际空间的需要。任何一个人，都需要在自己的周围建立起一个自己能把控的自我空间。他人的闯入会被认为是一种严重的侵犯，使人产生压力、焦虑，从而调整与他人的距离。在职场中，更要注意把握与上级、下属、同事和客户的距离。如果关系太疏远了，那就主动去沟通；如果关系太亲密了，那就适当地做淡化处理。

4. 职场人际关系的维护

职场人际关系的维护是指职场人际关系的保持、微调及职场人际关系的挽救。职场人际关系是动态的，时常会发生变化，在沟通过程中可能因沟通者本身的特质或沟通方式而造成误会。因此，信息传送者与接收者之间必须通过不断反馈来判断双方接收及了解到的信息是否一致，其目的是保证现有职场人际关系的相对和谐。

5. 职场人际关系的终止

终止可能发生于职场人际关系发展的任何一个阶段，有些人际关系从建立到结束可能非常短暂，有些可能伴随我们的整个职业生涯甚至更长。

四、职场人际关系的处理原则

职场人际关系处理得如何，在很大程度上决定着一个人的工作和生活质量。而职场人际关系如何，取决于一个人的处世态度和行为准则。具体来讲，要想获得和谐的职场人际关系，需遵循以下几项原则。

1. 换位思考

人们在思考、观察问题时常常会习惯性地从自己的角度出发，根据自己的利益、愿望、情绪与他人交往，所以往往很难了解他人的利益、愿望、情绪，与他人沟通的效果就差强人意。如果转换一下角色，站在对方的立场去思考，就会发现正是彼此之间几乎完全不理解、完全不体谅才发生了冲突。所以，要想处理好与他人的关系，最需要做的就是换位思考，即从对方的角度观察问题，深入体察对方的内心世界。

2. 平等待人

平等待人是获得他人信任的起点，也是与人和谐相处的前提条件。有位哲人曾说过，不懂得尊重别人的人就不会得到别人的尊重。只有那些懂得尊重别人的人，才会得到别人的尊重，也才会获得良性的交往效果。所以，无论你从事哪个行业、哪项工作，职位是高还是低，在工作和生活中都应做到平等待人。这是做人的根本，也是处世的标准。

3. 学会分享

当你把你的快乐和别人分享时，就会变成两份快乐；当你把你的点子和别人分享时，就会产生更多思想火花。同样，也可以通过分享共同满足渴望。自己渴望的事情，要想到他人也可能渴望。当你渴望被理解、被关切和被爱，就要知道如何力所能及地给予他人理解、关切和爱。给予他人理解、关切和爱，就能在高水平上发展彼此的关系，也就能很好地调整自己的状态——这个好状态既是对方的回报，也是自己“给予”的结果。善待别人，就是善待自己。

4. 欣赏他人

每个人都各有所长，随时发现别人的进步，真诚地为别人取得的成绩、进步和荣誉喝彩，是一种胸襟、一种气度。善于欣赏别人的人，总会得到更多人的欣赏和帮助，从而为自己创造一个更适合个性发展的宽松、和谐又充满人情味的人际环境。

5. 乐于付出

美国舒勒博士在他的《快乐的态度》一书中揭开了永远快乐的秘诀，其中之一就是热心帮助别人。要想真正获得快乐，就要乐于付出。有的人之所以在付出时感觉不到快乐，是因为他更多想到的是索取。这种功利化的付出不是发自内心的，因而也就快乐不起来。只有无条件付出的那一刻，一个人的内心才是喜悦的。

6. 诚信宽容

“一诺千金，恪守诚信”。诚实守信是做人的基本准则，是人与人交往的基础，是一切职业道德的“立足点”。做人是否诚实守信，是能否赢得别人尊重和友善的重要前提条件之一。宽容待人就是要学会接受别人的短处、缺点，原谅别人所犯的错误，主动去解决矛盾，不记恨在心，更不伺机报复。宽容是人和人之间交往必不可少的润滑剂。宽容本身是一种沟通，也是一种美德。

7. 持之以恒

真正和谐的人际关系不是应付差事得来的，而是依据相应的准则，通过将好习惯长期坚持下去获得的。要相信别人总有一天会理解和信任自己，即使有不理解或不信任也无所谓。坚持是一种品德，坚持自己认为正确的做法，就会使自己永远立于不败之地。

8. 互惠共赢

任何好的人际关系都是使双方受益的，如果一方长期受损，那么这种关系是长久不了的。因此，我们在考虑问题时，不要只为自己着想而不为他人着想，不要只顾眼前的利益而不考虑长远的利益；在双方意见不能统一时，要跳出“思维定势”，谋求一个折中方案；当双方有争议时，要坐下来诚恳协商，必要时不妨都做出一定的妥协。所以，在人际交往中，只要我们肯让自己先退一步，肯给足对方面子，肯在自己的底线上留有一定的弹性，肯与对方利益共享、共谋发展，那么就一定能取得沟通的最佳效果，也一定能使人际关系变得更加和谐。

知识营

职　商

Blair Aolsin 于 2002 年 6 月在美国《商业周刊》中首次提出了“职业智商”这一概念。

补充学习素材

职业智商（简称“职商”）是职业胜任力的量化标准。职商代表着个体在创业、就业、从业等职业活动中各种胜任素质（包括智力的和非智力的素质）的综合水平与同类群体相比较而言所处的位置。职商主要包括职业技能、职业行为习惯、职业思想（意识）和职业道德四个方面的内容。

蘑菇定律

“蘑菇定律”指的是组织或个人对待职场新人的一种心态。职场新人常被置于“阴暗的角落”，不受部门的重视，只能做一些打杂跑腿的工作，有时还会受到无端的批评、指责，代人受过；组织或直属领导任其自生自灭；职场新人得不到必要的指导和提携。这种情况与蘑菇的生长情景极为相似。

蘑菇的生长特性是需要养料和水分，同时也害怕阳光的直射。一般需在阴暗角落里对它进行培育，过度曝光会导致其过早夭折。古时，蘑菇的养料一般为人、兽的排泄物，虽不洁却是蘑菇成长的必需品。地点、养料两方面的条件给予了蘑菇以生存空间，但其须自生自灭。从这个角度来看，职场新人和蘑菇类似。

补充学习素材

“蘑菇”经历对于成长中的年轻人来说犹如破茧成蝶，如果承受不了这些磨难就永远不会成为展翅的蝴蝶，所以顺利地走过生命中的这一“蘑菇”阶段能够让人汲取经验，尽快成熟起来。当然，如果当“蘑菇”的时间过长，就有可能成为众人眼中的无能者，渐渐地自己也会认同这个角色。

案例链接

职场中的修炼

我有个朋友，现在在携程工作，属于6级，携程的技术划分是1到8级，6级已经是公司骨干了。

他在毕业的头三年工作很不开心，每天做的事情基本上都是复制粘贴，不用动脑子，一旦公司的系统遇到问题或者出现一些具有挑战性的新功能，他就得靠边站，可以说是个跑龙套打杂的。到了第四个年头，他不想这样继续平庸下去了。

他是怎样改变自己的呢？——给自己找事。

公司有新项目，他会立马凑过去，自告奋勇要求加入，而且主动要求做这做那。有一次，他在解决服务器问题的时候，输错了一个命令，导致系统瘫痪，结果被罚了半个月工资并被取消了季度奖金。

这放到别人身上，肯定是失落、沮丧一股脑袭来。他却乐呵呵地，好像占了多大便宜，而且面对类似问题或者更大挑战的时候，他并没有吸取“教训”选择退缩，反而更积极地参与进去。按他的解释，自己赚大了，因为他认为这是花几千，甚至几万元去培训都得不到的宝贵经验。

他还总结了一句话：你不会的东西，觉得难的东西，一定不要躲。先入门，后精通，你就会比别人优秀。因为大部分人都不舍得花力气去钻研，所以你的执着会让你慢慢变成某方面的专家。当然给自己“找事”时，一定要循序渐进，切勿急功近利。

本例原文

思考与讨论

1. 案例中的“他”是怎样从工作不开心而变为公司骨干的？
2. 谈谈这个案例给你的启示。

训练营

躲起来的正方形

活动目标

培养创新思维，提升团队意识。

活动程序

（1）向参加者展示一幅被分成多个小正方形的大正方形图案。

（2）给出1分钟时间，要求他们迅速数一下总共有多少个正方形，然后点名做出口头回答。

相关讨论

（1）是什么因素使我们不容易得到正确答案？

（2）这个任务和我们经常面临的其他问题有哪些相似之处？

（3）我们从这个训练中能学到哪些可应用于处理其他问题的经验？

第三节 与不同类型的人的沟通技巧

每个人的需求、愿望、看待事物的角度和方式都是不同的，造成这种不同的原因有许多，比如出身背景、生活经历、受教育程度等，而其中起着决定性作用的是性格。虽然每个人都有属于自己的性格，但在最根本、最重要的一些方面，总会有一些人存在共同之处，从而与其他人区分开来。

一、性格矩阵图

迄今为止，对性格的分类还没有形成一个统一的标准。在这里，我们采用的是职场人际关系分析常用的性格矩阵图，也就是 DISC 的性格分类方法（见图 7.1）。这种方法是从支配型（D）——dominance、影响型（I）——influence、稳定型（S）——steadiness 和服从型（C）——compliance 四种人格特质描绘一个人，从而了解一个人的心理特征、行为风格、沟通方式、激励因素、优势与局限性、潜在能力，等等。

从图 7.1 中可以看出，DISC 分类有两个尺度：一个是敏感性，另一个是坚定性。敏感性反映了一个人的个人情感或关心他人的程度；坚定性反映了一个人行为的坚强有力和始终如一的程度。

图 7.1　性格矩阵图

（1）坚定性对人的行为的影响。坚定性强的人一般精力充沛，走路较快，手势较有力，会较多运用眼神的变化，习惯于身体挺直或前倾，特别是在强调某一观点时更明显。他们说话速度较快，声音较洪亮，处理问题较迅速果断；喜欢与人正面交锋，在表达观点、提出要求时直截了当，且很容易发脾气。坚定性弱的人则刚好相反，他们一般习惯于身体后仰，不大喜欢与人正面交锋，在表达观点、提出要求时语气会相当婉转。

（2）敏感性对人的行为的影响。敏感性强的人一般喜欢公开表达自己的感情，显得很友好，通常面部表情丰富，说话语调转折较多，喜欢做手势、唠家常、谈论新闻逸事，看问题的时候比较关心人的因素，喜欢和别人一起工作，衣着较为随便，计划性较差。敏感性弱的人一般不大会流露自己的感情，比较拘谨沉默，面部表情较少，而且不大会用手势来表达，对日常小事不大感兴趣，更多的是根据事实而不是道听途说作推论；看问题的时候会比较关心具体的工作，并且喜欢独自干活，平时讲究衣着，计划性较强。

坚定性强而敏感性弱的人属支配型性格，坚定性和敏感性都很强的人属影响型性格，而敏感性强坚定性弱人的属稳定型性格，坚定性和敏感性都弱的人属服从型性格。当然，大多数人都不是单一性格类型的人，只是性格偏向于某一类型而已。

二、四种性格类型的特点

每个人在性格上都有自己的特色，但在一些最基本、最重要的行为方式和沟通模式上，一些人之间会有共同之处，而另一些人之间则可能截然不同。每种性格类型都有各自的优点和缺点，如表 7.1 所示。

表 7.1　四种类型性格的特点

性格类型	特　点	一般特征	优　点	缺　点
支配型	非常独立，有很强的领导欲和支配欲，喜欢掌控他人，在生活中总是扮演指挥者的角色	为人行事比较客观，精力充沛，反应迅速，行动机敏，决策果断，对时间管理较好；支配能力强，做事考虑全面，掌控环境能力强	好胜心很强，不安于现状；外向乐观，积极主动，富有热情，非常自信，易赢得别人的信任；工作风格坚决、直截了当，具有较强的逻辑能力和良好的职业适应能力	有时会张扬跋扈，不体谅别人，过分自信，很少考虑他人的感受，总是采用命令的口吻对待别人，很难与他人培养起亲密的关系
影响型	在人群中是典型的“社交者”，性格活跃、友善、开朗、外向	善于适应环境的变化，善于交际，鼓动性强；沟通能力强，生性乐观；自我意识很强，较圆滑，对他人的感觉较敏感	喜欢交友，热情，富有人情味，社交技巧和沟通能力较好；善于表达自己，擅长游说他人，是出色的演说家；灵活易变通，在工作中有较强的竞争力，具有较强的行动力	过分乐观，常轻易做出承诺，可能结果无法兑现；不注意细节，注意力不太集中，兴趣容易转移；情绪决定一切，说得多干得少，遇到困难容易失去信心，做事不彻底
稳定型	谨慎、稳定、有耐心、忠诚，是别人眼中最可靠的支持者	忠诚、可信赖，喜欢为一个目标而奋斗；偏爱稳定且可预测的环境，热爱长期的工作关系，有耐心且和善，能设身处地为他人着想且富有同情心，关心他人的感受	谦逊随和，会关注他人的需要、感觉和愿望，设身处地地为别人着想，受人欢迎；擅长与人合作，是最有耐心的倾听者和最合适的调和者；循规蹈矩，有条理并讲效率	自信心不够，缺乏承担重大责任的勇气，常常错失机会；优柔寡断，常拘泥于细节，缺乏行动力，软弱善良，难以开口拒绝别人；对压力感到恐惧，不敢尝试新事物
服从型	以任务为中心，其核心价值观是理性，注重细节、事实、程式，对准确度要求很高，是典型的思考者	头脑冷静，处事谨慎有耐心；情绪控制力强，做事井井有条，感情细腻，想象力丰富，观察敏锐；尽忠职守，遵守纪律，凡事讲求细节且要求完美	有选择性地社交；不喜欢与人有身体上的接触，总是保持一种礼节性的距离；待人诚挚而有礼貌；有明显的完美主义特征；责任心强，工作努力；擅长分析，逻辑性很强	保守、不果断；力求完美导致他们成为人群中相对消极、悲观的一群，遇到挫折的时候易于焦虑；对别人则表现为过于苛刻，缺乏足够的宽容

三、不同类型的人之间的相处之道

不同性格的人，各有不同的长处或短处。比如，急性子的人性格较直爽，好相处，但脾气可能不好，做事容易冲动；相反，慢性子的人大多态度和蔼，也比较好相处，做事力求完美，但速度较慢，效率低。性格外向的人活泼开朗，而性格内向的人则稳定深沉。所以从整体来看，不能说哪种性格类型更好，只能说各有长处和短处罢了。不同性格类型的人之间相处需要一些技巧。

（一）支配型性格

如果你是支配型性格的人，在和各种性格的人相处时应注意以下一些问题。

1. 与支配型性格的人相处

支配型性格的人是天生的领导，喜欢控制一切人和事，不喜欢顺从。如果碰到同为支配型性格的人，因双方都过于自我，常有发生争吵的危险。这种性格的人要适当放低自己的姿态，在与对方沟通时，要注意倾听并降低说话的音量，表现出谦让的态度，避免发生冲突。

2. 与影响型性格的人相处

影响型性格的人非常健谈，在困难和质疑面前更多的是想找人倾诉和表达，他们有“感染和影响他人”的强烈愿望。在事件发生时，支配型性格的人更关注事，对事件中的人不怎么关心。

当支配型性格的人碰到影响型性格的人时，谈话应比平时随意一点，对对方情绪上出现的反复不必做过多的回应，也不必介意对方发脾气时进行的口头攻击；对对方一些夸大的说法要采取容忍的态度，对其表述时出现的矛盾之处要巧妙地加以回应；要赞扬影响型性格的人所做的贡献，让他成为人们注意的焦点。

3. 与服从型性格的人相处

服从型性格的人性格内向，他们认为没有想清楚就付出行动是缺乏思想的表现，所以他们通常是言胜于行。而支配型性格的人正好相反，他们认为即使一个人再有思想，如果不付诸行动，也毫无用处，所以他们通常是行胜于言。当支配型性格的人碰到服从型性格的人时，在沟通中要注意控制自己的情绪，说话的语调要平稳、语气要缓和，就算不喜欢他们的态度，也不要阻止他们畅所欲言；在说明一种观点的时候，要避免给人以咄咄逼人的感觉；在提出建议时，最好是用商量的语气；在谈话过程中，应该耐心倾听，并注意尽可能提供书面证据和相关材料，以使其信服。

4. 与稳定型性格的人相处

稳定型性格的人态度比较温和，配合度高，比较容易相处，做事缜密，不欣赏那种咄咄逼人、高嗓门或者发脾气的人。当支配型性格的人碰到稳定型性格的人时，最好对稳定型性格的人表现出热情和关心，但不能因此给他们太大的压力；在日常交往中，对待稳定型性格的人的态度不要太强硬，要营造稳定有序的工作氛围；同时要了解他们内心的需求，注意虚心听取他们的意见。

（二）影响型性格

如果你是影响型性格的人，在和各种性格的人相处时应注意以下一些问题。

1. 与影响型性格的人相处

影响型性格的人在与人交往时常常善于表达却不善于倾听。影响型性格的人有才华，喜欢出风头，说话直白，强烈希望获得众人的关注和称赞。所以，当影响型性格的人碰到和自己同类型性格的人时，一定要注意避免争吵，因为都太善于表达自己的情绪和观点而不善于倾听。最好是收敛一下自己的锋芒，控制好自己的情绪，多关注对方，表现出谦虚的态度；尽量不要粗暴地打断对方的讲话，而要让他完整地说出自己的看法；在表达自己的意见时，宜采用委婉的方式。

2. 与支配型性格的人相处

支配型性格的人自我意识强，有很强的领导欲和支配欲，做事雷厉风行；他们喜欢受到公开表扬，但也能接受私下的批评和建议；他们快人快语，但一般不会恶意伤害他人。与他们交往时，要注意避免发生冲突，即使是提出批评时也要态度友好、语气委婉；需要注意的是，在原则问题上，千万不能因其强势而放弃自己的立场；一定要注意信守诺言，不能给对方留下办事不严谨的印象；工作中要给他们充分的授权，不要过多地干涉他们的做事方法。

3. 如何与服从型性格的人相处

服从型性格的人敏感，容易受伤害，他们需要真诚的关怀，喜欢安静和独处。影响型性格的人在面对服从型性格的人时，最好保持适当的距离，因为这两种人的性格冲突最厉害。影响型性格的人很难接受服从型性格的人的慢节奏，认为他们是故作深沉，但这其实是服从型性格人的性格使然。影响型性格的人应当对服从型性格的人适当地表示尊重，以示对他们的重视，还要注意少说话多做事，以获取他们的信任。

4. 如何与稳定型性格的人相处

稳定型性格的人不愿意成为先行者，他们在没有冲突、没有人催促的情况下，做事情会兢兢业业；他们担心受伤害和遇到挫折，害怕面对挑战和压力，有强烈的归属需求。影响型性格的人在面对稳定型性格的人时，交流过程中要态度诚恳，并注意照顾对方的感受，多听听对方的意见；如果能经常保持微笑，那么对稳定型性格的人就是一种鼓励，从而更容易与其交往。

（三）服从型性格

如果你是服从型性格的人，在和各种性格的人相处时应注意以下一些问题。

1. 与服从型性格的人相处

服从型性格的人最大的特点就是表达方式过于委婉，做事冷静，总想跟身边的人和事保持一定的距离，且不会让情绪左右自己。他们喜欢独处和思考，在做任何决定前，一定会先深思熟虑，不太喜欢主动社交。所以，当服从型性格的人遇到另外一个服从型性格的人时，在沟通中要避免“捉迷藏”，因为双方在表达观点、提出要求和发布指示时，都倾向于采用委婉的方式，这样很容易使彼此产生误解。这时除了在表达观点时要直截了当外，还要静下心来多听听对方的意见，仔细揣摩其话语背后的真实意图。

2. 如何与支配型性格的人相处

支配型性格的人做事果断，只要他们认为可行，就会毫不犹豫地去实施，而绝不会拖拖拉拉、迟疑不决。这种性格的人比较直爽、讲义气，可以为朋友两肋插刀。他们有时很难接受别人的意见和建议，并且比较专横霸道，常让人感到不近人情。在面对支配型性格的人时，要少讨论一些理论性的问题，多关注一下具体行动。同时，在与支配型性格的人相处时，要坚持自己的观点，可以为其出谋划策，但不可以帮他们做决定，因为支配型性格的人喜欢自己做决定。

3. 如何与影响型性格的人相处

影响型性格的人开朗、口才好，善于结交朋友，乐于助人，喜欢参加集体活动，容易和周围的人打成一片，但常缺乏耐性。在面对影响型性格的人时，你可能会看不惯他们的张扬，认为他们夸夸其谈、不切实际，但其实这只是他们的表达方式而已；在与影响型性格的人交流时，不要按一贯的严密思维对他们的每一句话都进行推敲和分析，他们在长篇大论时难免会言多有失，注意不必对他们的话太过计较；要接纳他们爱开玩笑的特点，做一个好听众并适时表达意见；要对他们工作以外的事情表示一定的关心，以拉近彼此之间的距离。

4. 如何与稳定型性格的人相处

稳定型性格的人温文尔雅，亲切随和，容易相处，颇具合作精神。他们总是尽可能地避免与人发生冲突，在言谈中常常会掩饰自己的真实想法而去迎合他人。与稳定型性格的人相处是比较容易的，但由于服从型性格的人与稳定型性格的人都不太善于表达，双方容易产生交往障碍。另外，双方在表达观点的时候，都喜欢采用委婉的方式，为避免出现兜圈子的现象，不妨有话直说。

（四）稳定型性格

如果你是稳定型性格的人，在和各种性格的人相处时应注意以下一些问题。

1. 如何与稳定型性格的人相处

稳定型性格的人比较敏感，不喜欢与人发生冲突，也不太喜欢表达，在言谈中常常会掩饰自己的真实想法而去迎合他人。所以，两个稳定型性格的人相处时，很容易陷入冷场的局面。为了避免这种情况的发生，最好改变以往的表达方式，以更坦率的态度进行交流。

2. 如何与支配型性格的人相处

稳定型性格的人与支配型性格的人交往时，要明白彼此的想法和行为存在很多差异，因此不要仅凭个人感觉来判断对方的意图，以免产生误会。如果有什么建议或意见，最好是直接对支配型性格的人说出来。

3. 如何与影响型性格的人相处

稳定型性格的人在面对影响型性格的人时，一定要尊重对方的表现欲望。在交流时，要通过各种方式向对方表明自己在认真倾听；而在表达自己意见的时候，要尽量坦白直率地告诉对方。

4. 如何与服从型性格的人相处

稳定型性格的人在面对服从型性格的人时，由于双方的主动表达的欲望都不太强烈，所以就要注意避免相对无言的尴尬局面，主动同对方沟通。另外，对于心里的想法，最好是能直接表达出来。服从型性格的人比较关注事情本身而常忽略事情中的人，这其实和他的关注重点有关，不要因此而认为他不近人情。

知识营

布朗定律：找到心锁就是沟通的良好开端

补充学习素材

有时候，我们乐意与某些人沟通，却发生了困难以致失败。对方仿佛处于一个作茧自缚的桎梏里，与任何人都格格不入；性格显得乖僻，情绪非常不好，拒绝与外界交流，暂时处于“绝缘”状态；任何信息的输入都会被阻挡，他呆若木鸡、视而不见、充耳不闻；任何人都无法走进他的心灵世界，不知他在想些什么。这种沟通障碍其实并不少见。

布朗定律是指一旦找到了打开某人心锁的钥匙，就可以反复用这把钥匙去打开他的某些心锁。

案例链接

跟支配型的同事沟通

A 想组织销售部门的员工去参加户外拓展训练，于是请销售助理帮他统计销售部门参加的人数。“B，有事想让你帮个忙。”A 来到销售助理 B 的座位前说。“什么事，说！”销售助理 B 语气生硬地蹦出一句，且声音很大，周围的同事都被这句话吸引了，目光齐刷刷地向 A 看过来。

“下个月我想组织你们部门的员工参加拓展训练，想请你这一两天帮忙做个意愿的调查，让愿意参加的人到你这里报名，然后你把名单给我。”A 很谨慎地说。

“我很忙，事情很多，没那么快，你先把活动方案给我！”

“我这个事情很急，能不能快点儿，尽量这两天给我？”A像是在哀求B。

“你听不懂我说的话吗？我现在很忙，没空！”B大声而且语气坚定地说。A一听这话，火冒三丈，说：“你这人怎么这样！我好好跟你沟通，你什么态度！”

B一听，也火了，噌地一下站起来，说：“我跟你就事论事，我有说过不帮你吗？你发什么火？”就这样，两个人你一言我一语地吵了起来，最后在领导的劝阻下才停下来。

本例原文

思考与讨论

请问销售助理B的沟通有什么大问题吗？

如果你是A，如何与销售助理B沟通？

训练营

晋　级

活动目标

促进同事之间的情感沟通，活跃办公室的气氛，增强大家的工作积极性。

活动程序

（1）让所有人都蹲下，扮演鸡蛋。

（2）相互找同伴猜拳，或者由成员自己决定其他一切可以决出胜负的方法，获胜者进化为小鸡，可以站起来。

（3）小鸡和小鸡猜拳，获胜者进化为凤凰，输者退化为鸡蛋；鸡蛋和鸡蛋猜拳，获胜者才能再进化为小鸡。

（4）继续游戏，看看谁是最后一个变成凤凰的人。

相关讨论

本游戏的主旨是什么？

知识巩固与实践训练

一、情境训练

下面是一些新进员工在讨论到人际关系时的谈话，请判断其正确与否，并试着简要陈述一下你的理由。

1. 我觉得最重要的就是搞好和上司的关系，因为凡事到最后总是上司说了算，其他同事怎么看倒是次要的，反正他们也决定不了什么。(　　)

____

____

____

2. 像我所在的这样的大公司，人际关系非常复杂，我一个新入职员工还是远离纷争为好，免得惹祸上身。(　　)

____

____

____

3. 我想关键还是一个度的把握的问题。和上司也好，和同事也罢，只要在处理关系时对分寸把握得当，不卑不亢，你就能赢得大家的认同和支持。(　　)

4. 在与同事相处时，要广结善缘，这有利于自己以后在公司的发展。(　　)

5. 在公司举行的产品发布会上，有男士一直在注视你，你与对方素未谋面，这时不要忸怩、忐忑或怒视对方，可以巧妙地离开他的视线范围。

6. 我一开口就紧张，可奇怪的是他为什么看上去那么坦然。(　　)

7. 不管多么紧张，都千万不能让人看出来，否则我会更没信心，局面也会被我弄得更糟糕。(　　)

8. 我老是不能静下心来好好地听别人说话，因为我不知道自己到底能从他们的表达中得到些什么。(　　)

二、思考与讨论

论述服从型和支配型两种性格的人的特点及与他们进行沟通的技巧。

三、案例分析

小美该怎么办？

改编自今日头条·秋收奇异2017年5月12日《遭遇职场七年之痒，她该何去何从？》一文

小美大学毕业一年后，离开苏州来到深圳找工作。她经过初试、复试、面试几个环节，被一家公司录用。公司总经理是个女强人，性子急而多疑，对下属很挑剔，公司的同事都对她非常敬畏。小美学的是管理专业，爱看杂书，在各个方面都有涉猎，也能给总经理一些简单的建议，总经理越来越喜欢和小美商量工作上的事，小美也成为公司第一个提前转正的员工。

入职半年后，人事主管离职了，总经理让小美兼任。小美边学边做，很快就能上手招聘工作了。总经理对小美越来越信任，关于公司很多决定她都要和小美讨论，以致小美常常要很晚才下班。

公司业务发展经历了高峰期后，出现趋缓的迹象，市场开始有低价竞争的苗头，小美建议公司进行战略升级，但是总经理没有采纳，而是将业务目标转向商会和各类培训班。

又过了两年，业务没有像总经理预期的那样得到拓展，但是培训班的学习让总经理对公司的管理多了很多想法，觉得公司需要改革。小美刚开始也是热情满怀，积极配合总经理开展工作，但是总经理的很多想法不切实际，执行效果不理想，于是小美和总经理产生了分歧，有时候还会出现冷战。总经理强势的个性，每次都使得小美最后只能遵照执行，但是也让小美有了“我是否还要待在这家公司？”的想法，但和总经理亦同事亦朋友的关系让小美没法说出离开的话。

市场乱象的出现终于让总经理意识到战略升级势在必行，但是公司人才储备不足，高级业务拓展困难，升级战略进展缓慢。总经理要求小美将全部精力投入到人才招聘中去，同时薪酬福利要求低于同行业水平。小美的招聘进度很不理想，招聘到的人才很快就流失了，半年过去了，没有留住一个高级人才。总经理每次开会总是批评人事部办事不力，将公司战略升级进展缓慢的责任都推到人事部头上。小美内心非常焦虑，经常和总经理讨论人才流失和招聘存在的问题，并建议建立人才培训体系，但是总是没有结果。

时间就这样过去了，慢慢地到了第七年，小美对工作的热情越来越低，她和总经理提了两次离职，每次都被极力挽留，于是也就不好意思再提了。另外，家里总是在催她结婚，小美又没有时间处对象。遭遇职场的七年之痒，小美该何去何从呢？

思考与讨论

1. 你对小美的经历作何评价？
2. 假如你是小美，你会怎么办呢？

自我认知

职场能力简易测试

这份测试能让你对自己的职商有个大致了解。请根据你的实际情况与真实想法，在表 7.2 中用最快的速度选择答案。

计分方法和得分解析可参阅附录中的“自我认知参考意见”。

表 7.2 职场能力简易测试

序号	问题	选项					得分
		总是	经常	有时	很少	从不	
1	我能保持镇定、乐观、冷静的态度，即使在紧要关头也是如此						
2	即使再有压力，我也能保持清晰的思维，集中精力处理手头的工作，压力对我而言不是工作的阻力						
3	我勇于承认自己在工作中的失误						
4	我能履行承诺和遵守诺言，即使有意外，也能全力以赴，绝不轻易食言						
5	我对自己的工作目标和任务能负责到底，而不会把自己的工作推给他人来完成						
6	我在工作中条理清楚，仔细认真，不会因为粗心而犯错误						
7	我能从各种庞杂的信息中获得新的知识，不断充实自己						

续表

序号	问　题	选　项					得分
		总是	经常	有时	很少	从不	
8	我擅长出主意，有创新精神						
9	我能顺利地处理多方面的要求和应对工作重点的变化，具有应变能力						
10	我注重结果，有实现工作目标的强大韧性和耐力						
11	我喜欢具有挑战性的目标，并愿意为实现这些目标承担风险						
12	我会设法学习如何改进自己的工作，包括向比我年轻的同事请教						
13	我随时准备为实现一个重要的集体目标做出牺牲，能做到个人服从集体						
14	我对团体所面临的工作之艰苦与困难能够予以理解，并尽可能地会给团体成员提供支持						
15	我所在的小组（或科室、部门、公司）的价值观会影响我的决定和选择						
16	我会积极寻找机会促进组织实现目标，并争取其他人的帮助，绝不会单干						
17	障碍和挫折会使我耽搁一阵子，但它们阻止不了我的前进						
18	我认为避开繁文缛节和修改过时的规则有时是必需的，不应因循守旧						
19	我追求新观点，即使那意味着我要做全新的尝试，我也有勇气接受						
20	在工作时，我能抑制住冲动和情绪，不会因个人的私心影响工作						
21	当情况发生变化时，我能够迅速地改变策略						
22	善于获取新信息是使我减少不确定性和把工作干得更好的最佳途径						
23	我不会把挫折归因于个人的缺点（包括自己的或他人的），而是寻找组织方面的原因						
24	我抱着期望成功而不是害怕失败的心态做事情						
得分合计							

第八章 Chapter 8 与同事沟通的技巧——伸出你的手

学习目标

1. 了解同事之间的差异。
2. 了解四种典型风格的同事。
3. 掌握构建良好人际关系的方法。

关键概念

同事　竞争者　合作者　逃避者　顺应者

导引案例

职场隐形人

职场中有一种隐形人，明明每天勤勤恳恳地工作，可公司里的老员工多半连他的名字都叫不出来；平日里同事聚餐，也常常把他落下；他偶尔请假，也几乎没人发觉。更有甚者，实习期间悄悄地来、悄悄地走，从头至尾无人问津。这种职场新人，存在感就是这么弱，像个隐形人一样，不被察觉和在意。我的职业生涯中见过不少这样的例子，最近就又发生了一例。

我们公司新接了一个项目，一个知名的快消品品牌要做下半年的营销推广策划，需要翻译全英文的客户简报。

客户经理 Mark 找我帮忙，而我正在赶第二天的方案，于是向他推荐了 Linda 组新招的一个实习生，刚好也可以趁这个机会让她学着分析标准版的客户简报。

Mark 一脸茫然：你说的是哪个实习生啊？叫什么名字？

我说：我也不记得什么名字了，一个短头发的女孩子，就是之前坐在 Linda 对面的。转身问旁边的 Jane 那个女生的名字，Jane 也说没什么印象。

Mark 说：得，我还是直接去找 Linda 吧。

本例原文

思考与讨论

1. 职场隐形人是怎么出现的？
2. 怎样避免让自己成为职场隐形人呢？

从进入单位工作的第一天起，任何人都会面临与上级、同事、客户等个人或群体沟通的问题。了解职场中的人际关系，掌握沟通艺术与技巧，能为自己将来的职业发展打下良好的基础。

在职场人际关系中，同事关系很重要，因为同事是工作中最常接触的人，也是合作共事的人。工作的成功离不开同事的协助，我们可以与同事针对工作相互提出意见和建议，也可以与同事公平竞争以获得晋升的机会，进而激发我们的潜力，加速我们的成长。处理好与同事的关系，对每个人来说都是必须认真学习的技能。

第一节　熟悉工作环境并融入团队

传说，释迦牟尼曾问他的弟子：“一滴水怎样才能不干涸？”弟子们都答不上来。“把它融入大海中去”，释迦牟尼说。那么，年轻人怎样才能与集体和团队融为一体，与领导、同事和谐相处、通力合作呢？这是工作中必须面对的问题。

职场“新人”所做的一切，不管是闲谈还是工作，都要注意可能会给同事、领导留下什么样的印象，会造成什么样的心理影响。所以在认识、熟悉和适应新环境的过程中，遇事一定要冷静，一旦有摩擦和误会产生，一定要从大局出发，多从自身查找原因，审视一下自己的认识、态度和方式，看是否有做错的地方，从而有针对性地约束自己，以努力适应新的环境。

一、要尽快“入乡随俗”

这里的“入乡随俗”，指的就是要善于发现组织中被大家认可的工作“礼仪”和习惯，掌握“当地语言”，即工作场所的专门用语和术语，学习同事们的做事方式。例如，我们应该知道对谁可以直呼其名、对谁需要带上“老师”或“领导”等尊称。只有按照组织中约定俗成的习惯去做，才能让自己尽快融入其中。

二、融入同事的爱好之中

俗话说“趣味相投”，只有那些有共同爱好和兴趣的人，才更容易走到一起。作为职场新人，应尽快了解周围同事们的兴趣，在日常交流时多谈或多听同事感兴趣的话题，这样和同事之间更容易产生亲近感，如果自己也有相同的爱好，就更容易被同事接纳。

三、增进与同事的交往和沟通

在工作中，与同事交往与沟通有两种方式：正式交往和沟通及非正式交往和沟通。正式交往和沟通是“以工作为中心”的，其特点是原则性较强，感情成分较少，有相应的规章制度加以规范制约。非正式交往和沟通是同事之间、上下级之间以个人身份彼此进行的非工作性质的交往和沟通。如有共同兴趣的人在一起打球、打牌、聊天、跳舞、唱歌、郊游等，其特点是感情成分多，交往的程度取决于个人的好恶和价值标准。

职场新人可以通过参与各种集体活动，对单位有更为全面的了解，比如了解单位中人际关系的构成、上下级相处的模式、不可触碰的“雷区”等。同时，参与各种活动也能让更多的领导和同事认识、了解自己，增进彼此的情谊和感情，拓展相互之间良好的人际关系。

> 总之，无论是正式还是非正式交往和沟通，职场新人都要懂得，应该多给同事一些了解和接受我们的机会。与同事、领导的关系，不要走两个极端：一是过分疏远，毫不重视；二是过从甚密，你我不分。

孔子的学生子游曾说："事君数，斯辱矣；朋友数，斯疏矣。"建议读者通过互联网查询这句话的含义，结合上述"两个极端"进行分析。

知识营

同事合作很重要

补充学习素材

同事之间就工作而言是一种合作关系，在一定程度上讲，或者从个人发展和利益上讲，又存在竞争关系。竞争与合作就像手心与手背一样，是事物的两个方面。同事平时坐在一起时，可以谈天说地、欢声笑语。但是，当触及个人利益的时候，同事可能又会变成竞争对手。在现代社会，人与人之间的合作越来越密切，而在工作中失去与同事的合作，一叶孤舟是难以远航的。因此，同事之间在竞争中讲团结、讲合作，以赢得共同发展非常重要。

案例链接

喜欢敞开门工作的杰克

改编自哈耶克《哈佛家训 3：决定成败的细节》，陕西师范大学出版社，2009 年出版

杰克大学毕业后进了一家设计院。那里的办公条件很好，每个人都有自己独立的办公室。由于每个人在工作的时候都不愿被别人打扰，因此都习惯随手关上自己办公室的门。刚走出校门的杰克是一个很活跃很开朗的人，他非常渴望与同事们进行交流。所以，他总是把自己的办公室门打开，希望能有人进来。但是一周过去了，从未有同事进来过。尽管这样，杰克还是习惯敞开门工作。

因为这是唯一一扇开着的门，同事琳达跑进了他的办公室请求帮助，杰克很高兴帮她把新到的书搬到了楼上。这件事之后，他们开始打招呼，慢慢熟了起来。渐渐地，当工作中需要有人配合的时候，同事们都会走进杰克的办公室。杰克很快就和大家熟悉起来了。

有一天，院长史密斯拿着一份材料走进了杰克的办公室，急匆匆地问他打字是否快，说有一份文件急需马上打印出来。杰克按照院长的要求快速地打印出了那份文件。

从此，不仅同事们会来找他帮忙，院长也常常会给他吩咐一些事。有一天，院长要出去办事，因为秘书请假，他便打电话让杰克随行。杰克再次圆满地完成了任务。渐渐地，杰克成为院里最忙的人。年底，院里要选一位院长助理，杰克当选了。

思考与讨论

1. 你认为杰克很快就当选院长助理的原因是什么？
2. 本案例给了你怎样的启发呢？

训练营

坐地起身

活动目的

这个活动体现的是团队队员之间的配合，主要是让大家明白合作的重要性。

活动程序

（1）以 10 人组成一组。每组先由 4 个人为一组，围成一圈，背对背地坐在地上。

（2）以 4 个人为一组，通过不用手撑地的方式站起来。

（3）随后依次增加人数，每次增加 2 个，直至 10 人。

相关讨论

谈谈参加活动后的体会。

第二节　认识你的同事

几乎每个职场人都有过这样的体验：与同事建立和谐的人际关系，不仅有益于工作效率的提高，还有益于身心健康。但是一些职场新人在初尝人间冷暖后，便发出了“涉世不易”“同事难处”的抱怨和世态炎凉的感慨。究其原因，很多事情的发生是由于同事之间存在着诸如性格、思想观念、能力等方面的差异造成的。

一、同事之间的差异

性格、思想观念、能力和竞争关系等因素，会导致同事之间出现很大的差异。

1. 性格不同

每个人都会遇到许多性格不同的同事，有的人开朗，有的人内向，有的人果断泼辣，有的人优柔寡断，正是这些性格上的差异，容易导致同事之间在交往时产生矛盾。例如：有些沉着冷静的人，可能就看不惯咋咋呼呼的人；有些果断泼辣的人，就和优柔寡断的人合不来。

2. 思想观念不同

不同的文化背景、文化素质和道德水平，不同的地域、时代，不同的外部环境、生活阅历等都会造成人们在思想观念上的差异，而思想观念的差异则会给人际交往带来诸多障碍。因为即使对待同一事物，不同观念的人也会有不同看法，以致在沟通和交流中很难达成一致，很难友好相处、顺利合作。

3. 能力差距

能力差距会造成同事间难以相处。一方面，能力差距使得同事间的目标、理想以及对事物的理解程度大不相同，而这必然会影响彼此的正常交流。另一方面，能力高者可能会看不起能力低者，从而伤其自尊，同事关系逐渐恶化；而能力低者也不愿与能力高者相处，怕给自己带来太大压力，有时甚至会产生嫉妒心理，使同事之间很难相处。

4. 竞争关系

在工作中，同事之间一般是和平共处、相安无事的，如有需要还会互帮互助，有些同事之间的关系甚至会达到比较亲密的程度。但是，工作时间长了，尤其是在名利面前，难免会出现一些竞争，很多人可能会在竞争中产生矛盾、冲突和争斗，甚至还有人会勾心斗角、不择手段，从而影响同事间的正常交往。可以说，竞争使得同事关系复杂化、尖锐化。

二、四种典型的同事

在一个单位里，有些同事之间没有太多工作上的交集，这时候彼此的关系相对单纯，也易于把握，只需保持点头问好的交情即可。而一旦因为工作的关系需要和部分同事合作，甚至保持密切的接触时，关系就会变得复杂起来。

既然同事间的关系是在合作过程中产生的，那么就可根据一个人是否有勇气表达自己的感情与信念、是否能体谅他人的感受与想法、是否有勇气追求自己的利益并顾及他人的利益等合作特点，对同事进行分类。即按照“勇气”（“勇气”是反映表达自己想法和主张的积极程度）和“体谅”（“体谅”是反映对他人意见注意倾听和表示赞赏的程度）这两个维度将同事分为四种类型，如图 8.1 所示。

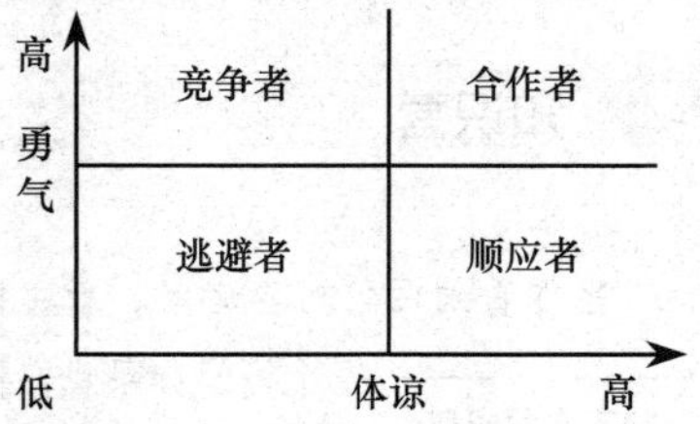

图 8.1　四种类型的同事

1. 竞争者

竞争者：高勇气、低体谅。勇于表达自己的意见，但对他人的意见置若罔闻，常以“自我”为中心。

这类同事天生争强好胜、独断专行，表现欲很强，在各方面都喜欢占上风，强烈地想要超过身边的每个人。他们往往过分自信，在表达自己的看法时语气总是非常肯定，态度很强硬，很少能听进别人的意见，一旦自己的主张不被采纳，就会认为是别人对他个人的否定，反应非常强烈。这类同事中还包括不谙世故、刚步入社会的年轻人，由于没有受过挫折和磨砺，对自己的能力太过自负，缺乏清醒的认识，再加上总想表现自己，不知不觉就成了不受大众欢迎的“竞争者”。

有的竞争者外表看似强硬，竞争意识很强，凡事不服输，不甘落后，实则内心脆弱，容易被美好的言辞说服，也容易信仰名人的言论。

2. 合作者

合作者：高勇气、高体谅。既敢于发表自己的意见，也能悉心听取别人的意见并积极采纳，是理想的合作伙伴。

这类同事富有想法，敢于表达，既能做到乐于倾听、虚心接受别人的想法，又不会勉强别人，对别人总是抱着肯定和鼓励的态度，是受欢迎的合作者。与这样的同事合作，会令人感到愉快。

合作者不仅富有见识，而且具有合作精神，懂得凝聚团队智慧。和他们一起工作，不用有太多顾忌，但要认真地倾听、踊跃地发言。认真地倾听别人的意见和想法，吸收别人的精华，启发自己的思路；踊跃地发表自己的看法，群策群力，依靠大家的力量，激发团队的创造力。

3. 逃避者

逃避者：低勇气、低体谅。既不表达自己的意见，又对他人的想法不感兴趣，属于袖手旁观者。

这类同事对人对事十分冷漠，行动上往往我行我素，从不顾及别人，而且喜欢逃避。

这类同事在大多数情况下，不属于争端的制造者，通常喜欢单独行动，不屑于与别人共同谋事。他们冷僻的性格，偶尔犀利的言语常常会给群体带来一定的消极影响。例如，大家都希望能参与到集体活动中来，可他们却对此置若罔闻、毫不在意，甚至我行我素。因此，大多数人都不愿意过多地接触这类同事。尽管如此，有时出于工作需要，难免要跟这类同事共事，因此学会与他们打交道就很有必要。

4. 顺应者

顺应者：低勇气、高体谅。不敢表达自己的意见，对他人的意见随声附和，属于无主见者。

这类同事渴望人人和平共处，担心与他人发生冲突，不爱出风头，个性随和。他们很少发表自己的看法，对别人的想法和提议总是表示认同，无论在什么环境和情况下，总是显得很不起眼。

这类同事实际上不是没有自己的想法，只是因为不够自信和胆怯而不敢发表自己的意见。他们缺乏进取精神，喜欢避开所有的挑战，希望能维持现状。他们会忽略让自己不愉快的事情，尽可能地让自己保持平静。尽管他们表面赞成，但不代表他们内心认同，长期压制他们的想法，只会招致其不满，对整个团队的合作不利。作为合作者，我们需要了解他们的真实想法，并让他们说出自己的意见。

知识营

“零和游戏”原理

当你看到两位对弈者时，就可以说他们正在玩“零和游戏”。因为在大多数情况下，总会有一个赢、一个输，如果我们把赢棋计为1分，而输棋计为–1分，那么这两人得分之和就是：1+(–1)=0。

补充学习资料

这正是“零和游戏”原理的基本内容：游戏者有输有赢，一方所赢正是另一方所输，即游戏的总和永远是零。

20世纪，人类在经历了两次世界大战，经济高速增长、科技进步、全球化以及日益严重的环境污染之后，“零和游戏”的观念正加速让位给“双赢”或“多赢”的观念。人们开始认识到“利己”不一定要建立在“损人”的基础上。通过有效合作，皆大欢喜的结局是有可能出现的。

案例链接

小李做错了吗？

某公司面临上市前的终极考验，所有人都在为公司的业绩而拼命。员工小李也不例外。他每天早上八点到公司，晚上九点才回家，可谓公司的“劳模”，得到了公司领导的表扬。因此在公司季度绩效考核中，小李获得了最高的成绩。

某天晚上九点，小李正走在回家的路上，接到了公司产品事业部助理的电话，叫他回来做一个PPT总结，因为产品事业部总经理第二天要开会，会用到这个PPT。小李一听，就说：“我已经在回家的路上了，现在赶回去估计得十点了，也做不成什么事情了，而且我还有点儿私事要处理。”助理说：“再晚也要赶回来，要不明天总经理开不了会！”小李一听，觉得有点儿委屈，说：“我今天忙到晚上九点，之前那么多时间你怎么不跟我说？为什么要等我回家了才跟我说！”

助理解释说自己一直在忙，忘记了，并请求他回去。小李很不想回去，说：“你有没有考虑过我的现实情况？这个PPT你也可以做，为什么非得我来做呢？”说完就生气地挂了电话。

第二天上班后，小李才知道助理受到了总经理的批评，总经理虽然没有直接批评小李，但心里已经对小李产生了“协助不积极”的印象。在这之后，助理再也没有和小李和气地说过一句话，大家都觉得是对方错了。

本例原文

思考与讨论

1. 在这场沟通中，小李赢了吗？
2. 你认为小李该怎么做？

训练营

传递信息

游戏目标

提高参与者的表述能力、聆听能力、记忆能力及传递信息的能力。

游戏程序

（1）安排组织者一名，将其他人员分为若干组，每组选出6人，并编号为1～6；组织者准备一则大家都没听过的短文。

（2）各组1号留在教室前排，其余都到室外并关门。

（3）组织者把短文念给各组的1号听，但不允许他们记录和提问。

（4）接下来，组织者请2号进来，1号把听到的内容复述给2号听，也不允许2号记录和提问，其他人不得说话。

（5）接下来，组织者请3号进来，2号把听到的内容复述给3号听。以此类推，直到各组6号接收到信息为止，并将听到的内容写到黑板上。

（6）游戏结束后，每组推荐一人分析信息传递错误的原因。

相关讨论

（1）分析导致信息传递错误的原因是什么。

（2）你觉得有什么办法可以改进信息传递的效果呢？

第三节　与同事相处的原则、技巧与禁忌

每个人都有自己独特的生活方式与性格，因而与人相处的方式会各有不同，与同事相处也不例外。所以，在与同事相处时，要因人而异，不能用同样的标准衡量每一个同事，也不能用同一种方式对待每一位同事。

一、与同事相处的基本原则

与同事相处得如何，会直接关系到自己工作、事业的进步与发展。如果同事之间关系融洽、和谐，人们就会感到心情愉快，从而有利于工作的顺利进行，更好地促进事业的发展。反之，如果同事之间相处不好，人们就会感到心情不悦，也不利于工作的顺利进行和事业的发展。

尽管不同行业、公司的职场环境有诸多差别，但是只要掌握以下原则，就可以帮助我们与同事更好地相处。

1. 学会尊重

同事之间虽然朝夕相处、彼此熟悉，但也不可随随便便、不拘小节，相互尊重是同事间和睦相处的重要原则。只有相互尊重，才能相互认可、相互悦纳。

（1）尊重人格。人格是一个人道德品质的核心。所以，每个人维护自身的人格尊严就成了维护自身形象的关键。当涉及同事人格问题的时候，一定要慎之又慎、三思而行，不能信口开河；否则，一旦侮辱了同事的人格，同事就会以十倍的力量回击你，使你难以招架。

（2）讲究批评的艺术。人们都喜欢玫瑰的花，而不喜欢玫瑰的刺。批评正如刺一样，稍不留心就会把别人的自尊心刺伤，不但达不到预期的效果，反而会引发对方的不满情绪和对抗心理。所以，批评同事时态度要客观公正，就事论事，语气平和，委婉含蓄，试着多体谅对方，采用开导的方式，这样才会更容易让人接受。

（3）尊重他人，要从小事、细节做起。与同事相处，切忌不拘小节。在日常工作中，往往会

因小事上的疏忽，而使同事心里产生误解或者不快，当事人却全然不知。因此，我们一定要有强烈的意识：尊重同事有始无终。

2. 相互体谅

每个人都有说话、做事不妥或者出错的时候，且一般都会感到不好意思，甚至觉得颜面尽失。面对这样的尴尬场面，如果能给他一个台阶下，不但能获取他的好感，而且还能与之建立起良好的人际关系。

（1）切忌尖刻地批评别人。我们批评别人的目的是帮助对方成长，而不是把对方从精神上搞垮。所以一定要在维护对方自尊的基础上进行批评，帮助其认识所犯错误及其根源和危害，让对方更好地做事。当别人遭到失败时，不要去责备他，因为他已经十分自责了；相反，要给予他鼓励和赞赏，这样不但能使他重新振作起来，还能大大增强其自信心，这是对他最好的安慰，也会使你们之间的关系更加和谐。

（2）主动帮同事解围。同事因为工作关系走到一起，是利益共同体，所以要有集体意识和大局意识，学会主动帮同事解围，而不是互相拆台。在日常工作中，不乏需要“主动解围”的场合。比如，当同事出现小差错时，要及时给予提醒；当同事需要帮忙时，如果时间允许、能力所及，可先放下自己的工作给予协助。主动帮助同事解决困难，虽然不能带来实际的物质利益，却会给彼此带来好感，有利于融洽集体中的同事关系。

3. 适当吃亏

在职场中，同事之间难免发生磕磕碰碰，也常常会遇到一些利益上的冲突或者情感上的伤害，但一般都不会太过严重。如果双方都过分计较的话，就会造成矛盾扩大化，以致将来很难共事。为了消除对立情绪，避免发生不愉快，有时需要委屈一下自己，暂时吃点小亏，把事情平息下来。在涉及利益冲突时，要把握以下几个原则。

（1）容人之过，谅人之失。当遇到矛盾和冲突时，只要不是原则问题，就应该宽容些。“人非圣贤，孰能无过”。如果你能设身处地地理解对方的心理和行为，就会发现原来你所认为的他的那些错误和缺点并不是那么令人难以接受。得理而能饶人就是厚道，厚道能让自己的路越走越宽；无理而又损人是谓霸道，霸道会让自己的路越走越窄。所以，原谅别人就是给自己留有余地。

（2）大事清楚，小事糊涂。对原则性问题要心中有数，不能含糊；而对生活中无原则性的小事，则不必斤斤计较。生活中的种种矛盾很难避免，如果一个人遇事总是过分计较，一味地追究到底，硬要讨个“说法”，烦恼和忧愁便会先“说法”而来，不利于身心健康，久而久之自己在不断的计较之中就会变成孤家寡人。

4. 平等待人

同事当中，既有身处优势的佼佼者，也有身处劣势的平庸者；有的人头脑比较敏锐，有的人则比较木讷；有的人容貌美丽，有的人则其貌不扬；甚至在工作成绩、现实表现和自身能力等方面，每个人也都存在差异。我们要平等对待每一个人，不能因为种种差异而对他人“另眼相看”。在与同事相处中，明显地表现出趋炎附势的态度，甚至为了一己之利，势利地搞起小圈子，势必会遭到其他同事的反感甚至厌恶。

5. 求同存异

求同存异需要换位思考。当工作中与同事发生分歧时，我们要多站在对方的立场上去考虑问题。这样有利于我们体会到他人内心的想法和真实的感受，了解他人的苦衷，从而发现自己想法或做法的不足。这样还有利于我们修正自己，进而与同事相处得更加和谐愉快。

6. 保持距离

与同事交往，也适用心理学上的“刺猬法则”。合适的距离，有助于友谊的发展，也有助于将复杂的人际关系简单化。如果同事之间交往过密，彼此间的个性差异若发生碰撞，反而会破坏彼此间的关系，也容易让其他同事说闲话，还容易让上司误解，认为你是在搞小圈子，动机不良。再者，同事之间虽是工作或事业上的合作者，但也是利益的竞争者，在名利面前，往往会充当对方的掣肘者。反之，与同事相处，终日正襟危坐，一脸严肃，人家会认为你不合群、孤僻、不易交往。所以，与同事相处，既要密切配合，又要保持适当的距离。在现代社会中，那种不即不离、不远不近的同事关系，被认为是最难得和最理想的状态。

二、与同事相处的基本技巧

同事也是有血有肉有情感的普通人，只要用以真心换真心的方式相处，彼此一定能够成为朋友。当然，同事毕竟是特定环境下的朋友，与普通意义上的朋友有所不同。同事之间往往存在既合作又竞争的关系，很多时候还会出现利益冲突。因此，处理好与同事之间的关系，更需要一定的技巧。

（一）办好日常的小事、杂事

初到一个新工作环境的年轻人，常常会被要求做一些很普通、很平凡的小事或琐事。领导和同事往往就是先通过这些零星小事、杂事和日常工作，来观察职场新人的能力和水平的。因此，刚走上工作岗位的年轻人，一定不要不情愿做小事、杂事，而要努力做好每件小事、杂事，并从每一件小事、琐事中得到锻炼和提高，逐渐显现自己的真才实学和能力。多做点像烧水、扫地、沏茶倒水、招呼客人、擦桌子、接电话等一类不起眼的小事，不仅能培养、锻炼我们，还有助于我们给人留下良好的印象。

（二）赢得同事的配合

同事是一个可变化的概念，可以变成朋友也可以变成师长。与同事建立亲密的关系，会使自己的工作和生活受益无穷。在工作中要想赢得同事的配合，就要做到以下几点。

1. 默契感的培养

主动与同事交往，不仅有利于快速了解同事，也有利于同事间默契感的培养。和同事之间的默契感，实际就是一种心理上的感觉。要想加深同事间的了解，需要长时间的接触和观察，需要了解对方的性格、脾气、爱好，以及对方喜欢的话题等。只有对彼此的心理活动都了如指掌，同事间才会配合得天衣无缝，才能共同形成一个有凝聚力的工作团队。

2. 同事间的帮助

在单位里，同事间是需要互相帮忙的。要想得到别人的帮助，首先要帮助别人，而且帮助的人越多，得到的帮助就会越多。例如，如果同事唉声叹气地说：“活儿这么多，看来今天又得加班了。”这时，你就可以说：“看你这么辛苦，我现在事情不多，要不要我帮你啊？”这样一来，同事一定会非常感激你。而且相信以后如果你有需要帮助的时候，同事也会伸出援助之手。

3. 同事间的欣赏

亚伯拉罕·林肯曾经说过："人人都喜欢赞扬。"每个人对自己的优点或者取得的成绩，多少都有些自负心理，并因此很希望得到别人的承认，听到别人的赞美。实事求是的称赞是同事间融洽相处的润滑剂，有时候它起到的作用超乎想象。赞美同事要掌握下面几个技巧。

（1）赞美的时机。所谓人情世故，就是在无人处纠正人，在公开场合赞美人，这样才是真心为他人好。在众人面前称赞同事，有助于增进同事间的友谊，消除成见。此外，还应该在领导面前夸奖同事，使领导及时了解情况，加深对被夸奖同事的印象。

（2）赞美的场合。不管是在同事面前赞美同事，还是在领导面前赞美同事，都应该选择在公开场合，尽可能地扩大影响，如在公司的会议上或者大家一块聊天的时候称赞同事，都会达到很好的效果。

（3）赞美的内容。在同事和领导面前称赞同事提到的应该是重要、有价值的事，这样会使同事满心欢喜，愉快接受，进而产生一种满足感和感激之情。而且这种赞扬必须是实事求是的、真诚的，如果一个人的赞扬明摆着不是出自真心，那就无异于对他人的侮辱。这正是赞美和恭维之间最明显的区别，一个出自真诚，一个源自虚伪。

4. 工作之余多联系

工作中虽是同事关系，生活中却可以成为好朋友。和同事处好关系很重要的一点，就是在工作之余多走动，多联络感情。比如，同事过生日时可以送个小礼物，同事生病时可以打电话问候或是到医院去看望一下，以表达你对同事的关怀之情。如果你去外地出差，记得除了给家人带礼品外，也要给同事带点土特产。把同事培养成亲密朋友，除了可以让你的工作更加顺利之外，还会让你发现工作不再仅仅是赚钱的手段，而且是收获友谊的途径。

（三）积极面对竞争

现代社会是一个竞争激烈的社会，因而具备竞争意识是优秀员工不可缺少的素质之一。正确的竞争意识就是：竞争与合作之间并不相悖，而是相辅相成、相得益彰的关系，即竞争中有合作，合作中有竞争。面对竞争，我们应该做到以下几点。

1. 抱以积极、正确的态度

作为单位的职工，任何人都不会心甘情愿自始至终在初级岗位上工作一辈子，都期望获得赏识、重用和晋升的机会。追求工作成绩、赢得上司好感以及其他种种利害冲突，使得同事间天然地存在着一种竞争关系。对此，我们要有正确的认识，有竞争是好事，能够使我们跑得更快、发展得更好。

2. 竞争中不忘合作

每个人的能力都是有限的，要把事情做得更出色，有时候仅凭个人的力量是办不到的，如果善于与同事合作，就能够弥补自身能力的不足，达到原本达不到的目标。所以，同事间的合作是必需的。与人合作，要善于取人之长，弥己之短。合作的氛围往往会让人高效率地工作，其乐融融的环境则会让人忘却困难和劳累，因而我们应努力地团结起来，去争取更大的成功。

3. 化解矛盾共同进步

人与人之间相处久了，必然会产生一些矛盾，关键是要巧妙地化解。我们要做的是：学会自我反省、查找自身的原因，看看是不是自己疏忽大意、做法欠妥当，主动沟通以避免矛盾升级，是自己的错就勇敢承认；即使是同事错了，也要和颜悦色地向同事说明，不能因为对方一时疏忽就和其针锋相对。如果有的人确属胡搅蛮缠则可置之不理，也就是采用冷处理的方式对待。

三、与四种典型的同事相处的技巧

在现实社会中，每个人都因为其年龄、性别、职业、职位、所处环境等差异而扮演着不同的社会角色，而不同的社会角色又有着不同的行为规范。同时，由于每个人的性格、禀赋、生活背景及目的等不同，往往会产生思想上的差异和隔阂，这些都是正常的，也是可以理解的。所以和不同的人相处，有不同的要求和技巧。

1. 与竞争者相处的技巧

竞争者具有高勇气、低体谅的特性（见图 8.1）。他们勇于表达自己的意见，但对他人的意见却置若罔闻，常以自我为中心。他们有时表现得过于自信或固执，对此要分清他们是否心存恶意、是否故意与合作者作对。如果不是心存恶意、故意作对，应从正面引导、从侧面点拨，善意地提醒他们。如果善意地提醒并不能奏效，可以用事实说话。一般来说，在确凿的事实面前，再自负固执的人也不得不低下头来。如果用确凿的事实还不能让他们信服，这时就要采取强硬一点的方法予以回击，使他们认清形势。

2. 与合作者相处的技巧

合作者具有高勇气、高体谅的特性。他们既敢于发表自己的意见，也能悉心听取别人的意见并积极采纳，属于理想的合作伙伴。所以，和合作者一起工作，不用有太多顾忌，要积极地倾听、踊跃地发言。积极地倾听，就是要听取他们的意见和想法，吸收他们思想中的精华，启发自己的思路；踊跃地发言，就是要发表自己的看法，以争求大家的意见，做到群策群力。

3. 与逃避者相处的技巧

逃避者具有低勇气、低体谅的特性。他们既不表达自己的意见，又对他人的想法不感兴趣，属于袖手旁观者。所以，和逃避者打交道，不要指望很快就能与他建立起良好的关系，与他们相处需要耐心，要循序渐进。

（1）平时对他们多一些关怀。在日常交往中，千万不要表现出对他们漠不关心的态度，同时也不要装出一副热心的样子和他们套近乎，只要和他们保持一般的工作关系就好。但当他们遇到困难时，你就要毫不犹豫地伸出援助之手，这样会融化他们“冰冷的心”。

（2）邀请他们共同参与集体活动。在组织集体活动时，应邀请他们一同前往。参与集体活动多了，有助于他们从孤独的小圈子中走出来，投入到集体的怀抱，变得开朗合群。

（3）找出他们的兴趣点。在和这类同事交往时，要了解他们真正关心的事情。谈论能有效触动他们心灵“热点”的话题，会将他们的热情激发出来。而有了共同的话题，也能增强他们对大家的好感和信任，从而在不知不觉中增进他们与大家的关系。

（4）客观、公正地评价他们的成绩。在和这类同事合作的过程中，如果能对他们的成绩给予客观、公正的评价，他们会心存感激，也会进一步加强对其他同事的信任。一旦形成这种互相信任的关系，以后大家合作起来也就会更加顺畅。

4. 与顺应者相处的技巧

顺应者具有低勇气、高体谅的特性。他们不敢表达自己的意见，对他人的观点随声附和，属于无主见者。但是这并不代表他们没有想法，也不代表他们内心的认同。作为合作者，我们需要了解他们的真实想法，让他们说出自己的意见。

（1）保持足够的谦逊。他们本身有些自卑心理，害怕发表自己的意见。所以在和他们交往时，我们要格外谦逊，不要喋喋不休、自吹自擂，鼓励他们多谈自己的成绩，否则只会给他们增加压力。

（2）把他们看得很重要。充分尊重他们，主动探询他们的真实想法，请他们提出意见和建议，让他们觉得自己以及自己的想法很重要。

四、与同事相处的禁忌

如同社会上的人际交往存在一些禁忌一样，同事之间的相处也存在一些禁忌。忽视了这些禁忌，你的同事关系就容易出现问题。

1. 拉帮结派

由于每个人的性格、爱好、年龄等存在差别，同事间交往频率也难免有差异。但我们绝不能以个人的好恶划界限，在单位里面拉帮结派、排斥异己，那样会破坏同事间团结合作的关系，导致与个别同事间的关系紧张。另外，也不要因为趣味相投而搞小圈子，其他同事会对这种人敬而远之，单位领导也会对这种人十分痛恨，这种人最后也会被大家孤立。

2. 口无遮拦

同事间切忌口无遮拦，随便乱开玩笑。在同事恰逢职务提升、乔迁新居等喜事时，互相开开玩笑，有时能收到锦上添花的效果。但倘若同事遭遇不幸或烦恼，这时你仍然像往常一样开玩笑的话，就容易让人觉得你幸灾乐祸。开会的时候大家都比较严肃紧张，一般不能乱开玩笑。开玩笑时要注意措辞，准确表达自己的意思，才能收到好的效果，不要以为是开玩笑就可以乱说乱讲。要想玩笑开得好，一要措辞幽默风趣，二要内容健康向上。

3. 闲谈人非

没有人喜欢自己的秘密被公之于众，也没有人希望自己被流言蜚语所困扰。孔子说过："己所不欲，勿施于人。"意思就是，自己都不想做的事情，就不要强加给别人。在工作中，要尽量多做事少说话，不打探他人隐私、说他人闲话。工作之外，也不要对同事评头论足。

4. 推卸责任

同事间合作最忌讳的是，有功劳就往自己身上揽，出了问题就往别人身上推。一个推卸责任的人，会被人看作缺乏勇气、品格低下。不敢承担责任会失去领导和同事的信任，就算以后努力弥补，也很难改变给人们留下的不良印象。

5. 争论不休

每个人都希望能有更多的人认同自己的观点，也竭力想说服别人赞同自己的看法。但是，每个人的性格、志趣、爱好并不完全相同，对同一事情的看法就会“仁者见仁，智者见智”。所以，当与同事出现意见不合时，对于那些不是原则性的问题没有必要非得争个长短，即使是原则性的问题也要允许别人持保留意见，千万不要为了说服别人而喋喋不休，甚至争得面红耳赤。一味好辩逞强，只会让同事“敬”而远之。

6. 疑神疑鬼

有些人警觉性很高，时时处于提防状态，一见人家在议论，就疑心在说自己；有些人喜欢把别人往坏处想，动不动就把别人的言行与自己联系起来；有些人太过于敏感，别人一句无心的话，他却能听出丰富的“内涵”。过于敏感会让别人觉得与你无法相处，对你来说也是一种自我折磨和心理煎熬。

知识营

同事距离

与同事相处需要遵循真诚、友好等原则，并适度保持距离，分清工作伙伴与友情的关系。

在单位中，当然会有走得比较近的、关系比较要好的同事；否则，你的人际关系则亟须改进了。我们所说的比较亲近是指可以和同事做好友，但也不应过于亲密。这是因为：第一，容易受伤害；第二，容易惹麻烦；第三，容易被误解。

当然，并不是说一定不能和同事深交，现代社会工作压力比较大，同事间走得亲近一些也没什么不好，但需要把握好“亲近”的尺度。

补充学习素材

案例链接

被约谈的王小明

刚毕业的王小明初入职场，对未来充满了憧憬。他应聘到一家规模不大的公司。进入新环境，王小明很快就和大家打成了一片，其中王逸和他关系最为要好，他们年龄相近，同一天入职，又是同时参加培训的，更巧的是还在同一个部门。大家戏称他们是“双王”组合。王小明自己也说：“双王搭配，干活不累。”

因为王小明和王逸有很多共同爱好，比如都喜欢打篮球、爱看电影，所以他们每天中午都会一起吃饭，谈论NBA的明星球员，互相吐槽工作中的不顺心。行政前台美女在这家公司快三年了，隐晦地跟他们两个提过几次：中午也跟别人一起吃吃饭。但他们两人却不以为然。王小明下班的时候，还是会叫着王逸一起走；王逸中午休息的时候，也会叫着王小明去打球。周末空闲的时候，他们也会约着一起去打游戏、逛公园。有一次，王小明和王逸还有一个朋友一起逛公园，还把合影晒到了朋友圈，点赞的人很多，公司老板也点了赞，还评论道：周末玩得挺嗨呀！王小明没有多想便回复老板：周末休息，所以一起出去玩。

本例原文

周一上班开完早会，人力总监突然把王小明单独叫到了会议室，对他说：“我发现你和王逸走得很近，其实这样影响挺不好的。希望你们以后多加注意，不要整天待在一起。”王小明从会议室出来的时候脸色很不好看，一整天都蔫蔫的，连工作都提不起精神。

后来王小明和人聊天谈起这件事时，仍然忿忿不平。难道同事就注定不能成为朋友吗？难道因为一起玩就要被约谈吗？

思考与讨论

1. 王小明为什么会被约谈？
2. 你认为王小明应该如何做呢？

训练营

地　雷　阵

游戏目的

建立小组成员间的相互信任，促进沟通与交流。

游戏程序

（1）以2个人为一组；准备几块蒙眼布、两根约10米长的绳子、一些报纸；请2位同学做监护员。

（2）把两根绳子平行放在地上，绳距约为10米。这两根绳子标志着地雷阵的起点和终点。

（3）给每组发一块蒙眼布，其中有一个人要被蒙上眼睛。蒙好眼睛之后，开始布置地雷阵。

（4）在两绳之间尽量多地铺上一些报纸（用来代表游戏中的“地雷”）。

（5）被蒙上眼睛的成员在同伴的牵引下，走到地雷阵的起点处，挨着起点站好。然后，同伴后退到他身后两米处。（多组同时在同一场地进行）

（6）游戏同时开始，在未被蒙眼同伴的语言提示下，被蒙眼同伴穿越地雷阵。穿越过程中如碰到或撞到了地雷阵中的其他人，罚时30秒后才可继续向前移动；如触碰地雷（报纸）则出局；先走出地雷阵者获胜。

相关讨论

（1）哪个小组率先通过了地雷阵？

（2）做完这个游戏，大家感受如何？

（3）你的同伴能做到指令清晰吗？

（4）你在游戏过程中遇到了什么问题？

（5）如何将这个游戏和我们的实际生活与工作联系起来？

知识巩固与实践训练

一、不定项选择

1. 当你周围有同事生病住院时，你应该（　　）。

A. 有空就去探望，没有空就不去了　　B. 只探望同你关系密切的人　　C. 主动探望

2. 一位同事邀请你参加他的生日宴会。可是，任何一位来宾你都不认识，你应该（　　）。

A. 借故拒绝，告诉他：“那天已经有别的朋友邀请过我了”

B. 非常乐意借此机会去认识更多的人

C. 愿意早去一会儿帮助他筹备生日宴会

3. 你和一个同事共同负责一项工作，但不幸出现了一个失误，虽然这次失误并不是你的错，但结果却给别的同事添了麻烦，你应该（　　）。

A. 因为不是我的错，不道歉也可以

B. 礼貌地说：“实在是没办法，对不起”

C. 诚恳地赔礼道歉，因为不管怎样，都是自己给对方添了麻烦

4. 当一个同事突然在某一天打扮得很入时地走进办公室时，你跟他打招呼时会（　　）。

A. 说道："服装有什么必要去讲究呢？随便一点不是更好吗？"

B. 羡慕地说："我也要像你那样学会打扮。"

C. 认为："装束能体现人的内心，她的内心世界一定很丰富吧！"

5. 你希望一位执拗的同事按你的建议去做，你应该（　　）。

A. 首先巧妙地赞扬他，尽量使他相信该建议至少有一部分是出自他的头脑

B. 告诉他如果想获得更好的成果，就应该按照你的建议去做，并认为这个建议会给他带来荣誉

C. 直接告诉他要怎么做，不考虑任何后果

二、情境训练

请阅读下列材料，并回答后面的问题。

你和一个同事因为上次考核加薪的事关系变得有些疏远了，不久之后，上司找到你们办公室除他之外的所有同事进行谈话，想更清楚地了解他的情况。在谈话时，其他同事提到了他的一些优点，上司微笑着听完之后，特别点名征求你的看法，你将如何回答？

如果有三种可供选择的回答，你会选择（　　）。为什么这样选择呢？

A. "那人果真这样吗？"然后强调其缺点

B. "我该怎么说才好呢？"

C. 你赞扬道："我也这么认为。"

三、思考与讨论

简述与同事相处的正确方法。

四、案例分析

拉近距离，搞好同事关系

李雨菲在董事会办公室做文秘工作，由于工作出色，总是得到领导的公开表扬。由于李雨菲的办公室位于公司办公楼的最上层，很多同事并没有亲眼看到她的敬业和努力，所以不少人对她十分妒忌，认为她不过是会拍马屁而已。当李雨菲执行上级领导分配下来的工作时，一些同事不仅会表现出不配合的姿态，还会连连出难题，使她无法开展工作。虽然李雨菲做事比较低调，但还是难以改变大家对她的态度。

有一天，李雨菲在电梯里听到一个女同事对另一个女同事说："你见过公司的李雨菲吗？听说这一次咱们的工作都是她安排下来的，为了讨好领导，真不让咱们轻省。"另一个女同事悄声说："小点儿声。"然后用眼神暗示电梯里还有"外人"。李雨菲马上明白了，原来她们俩根本不认识自己。她看了一眼那个说自己坏话的女同事胸前的工作证，记下了对方的名字。

快下班的时候，她打电话给那名女同事找她聊天。在李雨菲看来，既然这名同事能在公司里堂而皇之地说自己坏话，应该没有很深的城府，而越是这种"大嘴巴"，就越便于为自己宣传树立正面形象。来到李雨菲的办公室，那名同事已经惭愧得抬不起头了。那一天，李雨菲落落大方地约这名同事吃饭、聊天，谈到自己的工作是多么苦恼，职场生活让自己忙得没有时间去打理个人生活，而且一点儿也没有表面上那么风光等，她得到了对方的理解和安慰。后来，两个人越聊越投机，好像是相交多年的好朋友。从那以后，李雨菲多了一个铁杆粉丝。果然，培养了这个敢讲敢说、好打抱不平的"自己人"之后，她的工作变得顺手多了。

本例原文

思考与讨论

1. 李雨菲是如何与女同事进行沟通的？
2. 如果你是李雨菲，你会怎样做？

自我认知

第一印象能力测评

一、测试题目

根据自己的具体情况，选择适当的选项。

1. 与人初次会面，经过一番交谈，你能对他（她）的言谈举止、知识能力等方面做出积极、准确的评价吗？（　　）

A. 不能　　B. 很难说　　C. 我想可以

2. 和别人告别时，下次相会的时间地点是（　　）。

A. 对方提出的　　B. 谁也没有提这事　　C. 你提议的

3. 当第一次见到某个人，你的表情是（　　）。

A. 热情诚恳，自然大方

B. 大大咧咧，漫不经心

C. 紧张局促，羞怯不安

4. 你是否在寒暄之后，很快就能找到双方共同感兴趣的话题？（　　）

A. 是的，对此我很敏锐

B. 我觉得这很难

C. 必须经过较长一段时间才能找到

5. 你与人谈话时的通常坐姿是（　　）。

A. 两膝靠拢　　B. 两腿叉开　　C. 跷起“二郎腿”

6. 你同他人谈话时，眼睛望着何处？（　　）

A. 直视对方的眼睛

B. 看着其他的东西或人

C. 盯着自己的纽扣，不停玩弄

7. 你选择的交谈话题是（　　）。

A. 两人都喜欢的　　B. 对方所感兴趣的　　C. 自己所热衷的

8. 第一次交谈，你们说话分别所占用的时间（　　）。

A. 差不多　　B. 他多我少　　C. 我多于他

9. 会面时你说话的音量总是（　　）。

A. 很低，以致别人听得较困难

B. 柔和而低沉

C. 高亢热情

10. 你说话时的姿态是（　　）。

A. 偶尔做些手势

B. 从不指手画脚

C. 我常用姿势补充语言表达

11. 你讲话的速度（　　）。

A. 相当快　　B. 十分缓慢　　C. 快慢适中

12. 假如别人谈到了你不感兴趣的话题，你将（　　）。

A. 打断别人，转移话题

B. 沉默、忍耐

C. 仍然认真听，从中寻找乐趣

二、计分方法

在表 8.1 中记录相应选项得分，将分值汇总统计，得分解析可参阅附录中的“自我认知参考意见”。

表 8.1　沟通技能测试计分表

题目序号	各选项分值			得　分
	A	B	C	
1	1	3	5	
2	3	1	5	
3	5	1	3	
4	5	1	3	
5	5	1	3	
6	5	1	3	
7	3	5	1	
8	3	5	1	
9	3	5	1	
10	3	5	1	
11	1	3	5	
12	1	3	5	
得分合计				

第九章 Chapter 9 与上司沟通的技巧——抬起你的头

学习目标

1. 了解不同类型的上司。
2. 了解为什么和上司难相处。
3. 掌握与上司相处的技巧。

关键概念

上司　命令型上司　教练型上司　支持型上司　授权型上司

导引案例

支持上司就是成就自己

有一所民办大学的校长，属于创新型领导，他对原办公室主任在工作中求稳、按部就班的做事风格非常不满意，于是任命了一位设计专业出身、创新能力很强的“80”后做办公室主任。

这位办公室主任明显属于非业务型领导。任命一宣布，原办公室副主任就有一些不满，认为应该提拔自己，怎么会派了一个不懂业务的人来管理自己呢？所以他很不服气，与新上司在工作中的配合也出现了问题。

当这位办公室副主任十分苦恼的时候，一位朋友给了他指点：办公室是为领导服务的，肯定要符合领导对创新的要求。一个人在公司的升职不是一蹴而就的，而是要看时机。能不能与自己的上司、公司各类风格的副总们很好地配合，其实对办公室人员本身就是一个考验。校长对办公室工作有很大期许，如果办公室的工作不能令其满意，对任何人都没有好处。只有千方百计让上级领导满意，自己的职业发展才能出现新的契机。

一番开导后，他恍然大悟，于是在所有的业务层面，都给予了新上司积极的支持和配合，很快就赢得了新上司的信任，两个人把办公室工作做得有声有色，半年多时间就得到了学校领导的认可。而他在这个过程中不仅被赋予了原有工作的权限，还跟着新上司学到了新的工作思路和经验。

两年以后，办公室工作在新上司迥然不同的创新思路的引领下面貌一新，建立了非常合理的流程。之后这位办公室主任被调往其他部门，曾经苦恼的办公室副主任则顺利地升职为新的办公室主任。

本例原文

思考与讨论

1. 案例中办公室副主任遇到了怎样的困扰？
2. 办公室副主任是怎样成就自己的？

一个人进入新的工作环境，首先要学会与人沟通，不仅要学会与同事沟通，还要学会与上司沟通。与上司进行适时、恰当的沟通，可以缩短上下级之间的距离，与上司建立和谐的关系，有利于自己在企业的生存和发展。另外，和谐的上下级沟通关系还有利于培养自己积极进取、豁达乐观的心态，并充分发挥自己的主观能动性，为团队事业的发展提供强大的原动力。所以无论是员工，还是管理者，只有重视上下级之间的沟通，才能保持团队事业的良性发展。

第一节　认识你的上司

在一个人的职业生涯中，对于个人的发展和提升来说，自身的天赋和努力是前提和基础，而上司的赏识和认可则是主要原因。那么，如何看待上司呢？如何与上司进行沟通呢？

一、和上司难相处的原因

在职场中，很多人都觉得上司很严肃，不知道如何与其沟通，因而也就很难相处。上下级之间难以相处的主要原因包括：地位不同、利益不同、群体关系复杂和性格冲突。

1. 地位不同

社会地位简称“地位”，是指社会成员在社会系统中所处的位置。它也泛指财产、权力和权威的拥有情况，常用来表示社会威望和荣誉的高低程度。地位不同的人，生活圈子不同，生活方式也不同，时间久了，在性格、习惯以及心理方面就会出现一些差异，从而使双方产生隔膜，彼此难以相处。这种情况具有普遍性，具体到上司和下属之间，由于地位的差别，掌握的权力不同，下属和位高权重的人相处时，存在很多约束和禁忌。这种约束和禁忌必然会导致防御意识的产生，进而发生交流障碍，使上下级相处变得困难。

2. 利益不同

上司和下属之间有着不同的利益，且这些利益往往相差很远，双方为了各自的利益，常常有意无意地进行防守反击。一旦这些利益不能协调一致，就不可避免地会影响双方的关系，导致交往困难。因为上司手中掌握着给下属加薪、升职的权力，通常属于强势的一方。在工作中，上司可以严格要求下属按自己的意见工作。如果上司为了公司或者自己的利益，向下属提出过高、令下属无法履行的职务要求，或对下属的工作百般挑剔，下属就会进行防御或反击，采取一些保护自己的行为，从而引发双方的矛盾冲突。

3. 群体关系复杂

群体是指在共同目标的基础上，由两个以上的人所组成的相互依存、相互作用的有机组合体。群体关系是群体为了共同的目标所形成的群体意识、群体行为和群体凝聚力的总称。作为一个群体，一个单位由很多人组成，这些人之间包括上下级之间、同事之间的关系或部门之间的关系，以及这些人同客户之间的关系，构成了一个复杂的人际关系网。上司和下属的关系只是其中的一部分，处在这个复杂的关系网之中，必然会增加相处的难度。上司在复杂的群体关系面前，可能会出现无法公平地兼顾每一个下属；没有充分的时间和精力同下属好好沟通；受他人言论影响，错误判断下属；因他的上司施压，做出令自己不满的决定等情况。而下属在复杂的群体关系面前，则可能会出现无法充分了解上司，从而对上司做出错误判断，顾虑增多，不能真诚对待上司等情况。以上这些情况，都会使上下级关系变得难以处理。

4. 性格冲突

上司与下属之间，通常情况下是融洽和谐的，但也不乏冲突、争执等现象。这些现象的产生有很多原因，有时候是上司和下属在性格上的冲突，包括兴趣、性情等诸多其他纯个人因素的差异。具体而言，兴趣差异会使双方互不理解，而性情差异则容易使双方产生摩擦，有时还会出现令人尴尬的场面：双方唇枪舌剑，互相指责，不欢而散。这种现象轻则引起同事议论，影响上司的威信；重则招来“满城风雨”，使上司难以开展工作。

二、四种典型的上司

要想和上司进行良好的沟通，确定上司的行为类型是很重要的。对于上司，每个人心中都会有不同的评价标准。这里我们按照行为方式，将上司的行为分为指挥性行为和支持性行为。

指挥性行为是一种单向沟通，是一种职责性的行为，它的作用偏向于帮助下属提升能力。上司会明确告知下属工作过程及步骤（what、when、where、how），并严格监督和检查。在这个过程中，下属是跟随者，上司是决定者，是解决问题的人。

支持性行为是一种双向沟通，是一种辅导性的行为，它的作用偏向于帮助下属提升意愿。上司对下属的努力表示支持，促使下属自动自发地达成目标；鼓励和赞美下属，以提高其自信心；拓展下属思维，鼓励其冒险。在这个过程中，上司是引导者，下属是实行者，是解决问题的人。

按照上司的指挥性行为和支持性行为偏向的不同，可以把上司分为命令型、教练型、支持型、授权型四类，如图 9.1 所示。

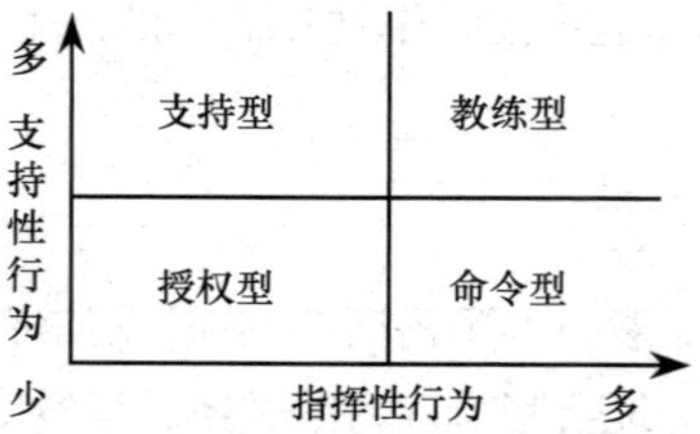

图 9.1　上司的四种类型

1. 命令型上司

命令型上司是指凭借领导职权与权威，以命令、指示等方式告知下属做什么、如何做、何时做以及到何地去做的领导类型。其对下属支持性行为少，指挥性行为多。这类上司喜欢使用陈述句，很少使用反问句和疑问句；说话喜欢使用“我”和“你”，很少使用“我们”，语气中带有明显的强制性。

这种类型的上司总是以自我为中心，喜欢单向沟通方式，常常以命令的口吻向下属明确而详细地布置工作任务和完成任务的程序及方法，不善于倾听；他们往往要求下属立即不折不扣地服从并快速行动，不喜欢下属直接说“不”。他们更关心的是工作的完成度，对下属的关注度很低；他们强调制度，注重秩序，喜欢严格监督下属工作；他们强调控制，注重细节，重视回避风险，关注短期发展，较少注重长期性、宏观性战略。有一种玩笑式的说法：命令型上司是温瑞安小说中“四大名捕”的集合体，特点是“铁手、无情、冷血和追命”，虽然这只是一种漫画式的表述，但从中还是可以窥探出命令型上司的一些特点。

2. 教练型上司

教练型上司是指主要运用学习理论和强化、激励的教练技能，促成下属发展的领导类型。这种类型的上司对下属的训练既涉及工作中心态、思维和行为的改变，也涉及与工作相关的知识技能的改变。其对下属支持性行为多，指挥性行为也多。教练型上司讲话的语气比较缓和，但权威性仍然很高，喜欢站在主导地位来谈话，并且商量的余地不大。

教练型上司最显著的风格就是帮助下属更好地为团队工作，为企业不断培养员工。上下级之间虽然存在双向交流，但决策控制权仍然在上司手中。他们对下属和工作的关注度都非常高，能帮助下属认识自己的长处与短处，并会引导下属将其与个人抱负和职业发展联系起来；帮助下属制订实现目标的具体计划，并就下属在实施计划时的角色和职责与其取得一致意见，同时给予下属充分的指导与反馈；他们十分擅长授权，会将挑战性的工作分配给下属，哪怕这些工作并不能被很快完成。

3. 支持型上司

支持型上司是指上司全面支持下属的工作，尊重、关心下属的情感和需要，愿意倾听下属的观点、意见和想法的领导类型。其对下属支持性行为多，指挥性行为少。这种类型的上司说话喜欢使用疑问句，如果是肯定句，语气中很少会透露出强硬感，商量的余地非常大。

支持型上司经常举行团队会议，问多说少，愿意激励下属主动解决问题和完成任务，会主动帮助下属制定个人职业发展规划，并提供资源、意见和保障等。他们对下属的关注度很高，但是对工作的关注度比较低。他们会花足够的时间听取下属的意见和建议，以促使下属建立起信任、尊敬和忠诚。这一类上司在领导行为中体现了很浓的人性化色彩。

4. 授权型上司

授权型上司是指上司通过一系列领导行为将领导权力与下属共享，主要通过激发下属内部动机、自我效能感、情感承诺等来影响下属的工作绩效、工作态度和创造力，培养其自我领导能力，最终达到自我领导目的的领导类型。其对下属支持性行为少，指挥性行为也少。他们说话更多的是以“你”为中心，不太使用疑问句，内容以下达工作目标为主，却很少讲解，一般不会有太多可讨论的内容出现。常用的典型句式有“非你莫属”“按照你的想法去做吧”“不用问我了”等。

这种类型的上司对下属和工作的关注度都比较低；专注于大方向的确立，倾向于将精力放在制定发展战略上；经常委托下属去完成决策过程，相信下属的能力，会给予下属非常充分的自主权；重视最终结果，不太在乎下属究竟会用什么办法去完成；非常重视公私分明，他们的领导行为多体现为观察和监控。

知识营

如何做个好下属？

除最高层领导外，每个职员都有上司。如果你的工作完成得很好，业绩也不错，且下属很爱戴你，可就是上司并不喜欢你，你就很难得到提拔和晋升。因为你只知道做好自己的工作，只知道怎么管理自己的下属，却不在意上司怎么看你。而如果你想让上司喜欢你、器重你、提拔你，则可以参考余世维先生给出的以下建议。

（1）主动报告你的工作进度。

（2）对上司的询问有问必答，而且要清楚。

（3）努力学习，充实自己，以了解上司的思想。

（4）接受批评，不犯同样的错误。

（5）不忙的时候，主动帮助别人。

（6）毫无怨言地接受任务。

怎么让上司喜欢你？

（7）对自己的工作主动提出改进意见。

案例链接

王丹和她的女上司

王丹和她的女上司段丽丽非常合得来，两人不仅在工作中相处融洽，就是爱好也惊人地相似。比如她们喜欢用同一品牌的化妆品，喜欢同一品牌的服饰，喜欢同一个电影明星，喜欢一起逛街……

因此，两个人在一起的时间也就多一些。有一次，两人不约而同地穿了一件不同款式却绝对扎眼的衬衫，当她们在更衣室相遇后，便嬉笑着"骂"彼此是妖精。于是王丹私下里就称段丽丽"老妖精"（丽丽比王丹大两岁），段丽丽也乐得回一句"小妖精"。办公室本是个盛产流言的地方，她们的亲密自然招致了别人的非议。段丽丽从此留了心，她想慢慢地疏远王丹，可是王丹并没有意识到这点。

一天，段丽丽正在自己的办公室接待一位客户。王丹敲门后进来，以为没有别人就冲着段丽丽问："嗨，老妖精，今天晚上去看电影怎么样？我搞到了两张票。"段丽丽的脸色立即变得很不自然，只说了一句："你风风火火的像什么样子？这是在办公室！"

本例原文

王丹这才发现在那张宽大的黑色沙发上还坐着一个老头儿。不久，王丹被调到了市场部，离开了自己十分喜欢的人事部门。

思考与讨论

1. 王丹和她的女上司的关系出了什么问题？
2. 王丹为什么会被调换工作岗位？

训练营

四国大战

活动目的

该项目体现的是团队成员之间的配合，主要是让大家明白制订周密的计划及详细的行动规则的重要性，培养团队成员对领导者的服从与信任。

活动程序

（1）每轮分为 4 个小组，每个小组若干人。游戏中 4 个小组分别代表英、法、德、美四个国家，每"国"皆拥有若干辆"坦克"（由若干名组员扮演），另有指挥官一名。

（2）用绳子围成一个方形的场地作为战场，场地内设置若干障碍（可用饮料瓶代替）以及若干"炮弹"（可用纸团代替）。

（3）每轮中各"国"派一辆"坦克"进入战场，入场时"坦克"的眼睛会被蒙起来，且带着 2 颗"炮弹"，队员不可踏出边界。每轮战事开始后，每辆"坦克"需避免被他"国"的"坦克"用"炮弹"击中，同时要设法击中其他"坦克"。

（4）被"炮弹"击中或碰倒障碍的"坦克"需立即离场，同时游戏暂停，有"坦克"退场的"国家"则派新的"坦克"上场。

（5）在战场上，如果"坦克"将携带的"炮弹"掷完，还可以捡"炮弹"再掷。

（6）任何一方只要将其他四"国"的"坦克"全部消灭，就会成为最后的赢家。

相关讨论

（1）比赛开始前，团队是如何制定行动规则的？

（2）比赛中，每个队员是否听从了领导者的指挥？

（3）正在战斗的队员有没有听到多人在指挥，如何分辨真正的领导？

（4）分析团队成功与失败的原因。

第二节　与上司相处的原则、技巧与禁忌

一、与上司相处的基本原则

上下级关系的本质是相互依存、相互成全，上司需要通过下属的努力来达成自己的管理目标，下属则需要通过上司的支持和提携来实现自己的职业发展目标。上下级关系最终会发展成什么样的格局，不仅仅取决于上司，也取决于下属。因此，下属如果想有一个良好的上下级关系，就必须主动去发展并“经营”这种关系。在与上司的相处中，除了要遵守工作中人与人相处最基本的原则外，还要注意一些特殊原则。

1. 坚定拥护上司

在单位里，上司的利益和下属的利益通常是紧密相关的，上司都希望下属能对他忠诚、听他的指挥、拥护他。如果上司发现下属与自己不是一条心，甚至有背叛之心或者是“墙头草，随风倒”的话，就会对这个人产生强烈的反感，也会想办法尽快让这样的人从自己的身边消失。所以，下属在不断增强自身实力的同时，还要注意坚定地拥护上司，尊重上司的权威，对上司忠诚，并用行动来表示支持。这样，不但能够得到上司的认可和赏识，而且还会在工作中得到上司的帮助。

2. 真诚赞美上司

每个人都希望自己能得到赞美，上司也不例外，也希望能从别人的赞美中看到对自己工作的肯定。赞美不代表阿谀奉承、溜须拍马，看到别人的长处并进行表扬和赞美，是对他人的一种尊重和肯定。不管上司是怎样的人，他的身上总会有许多闪光点，关键在于下属会不会发现以及懂不懂赞美。下属要懂得留意上司的言谈举止，甚至服饰打扮，善于抓住机会，适时赞美和表达出自己的好感。下属的赞美不但可以使上司的自尊心得到满足，还能赢得其好感与信任。身为上司，如果知道自己被下属喜欢，那他喜欢下属的感觉也就会油然而生了。这也是人际沟通中，人与人相互愉悦的结果。

3. 主动进行沟通

在职场中，管理者由于身份、地位、权力或者工作繁忙等原因，很难对下属有过多的关注，而且大多数管理者都习惯单向沟通，即等着下属来找他沟通，却很少主动跟下属沟通，除非是出了什么事。在这种情况下，上司难免会对下属缺乏了解。也就是说，上司希望并喜欢下属主动去跟他沟通。主动沟通者更容易与上司建立并维持良好的人际关系，更可能在人际交往中获得成功。所以，那些信守“沉默是金”者，无异于慢性自杀。如果在工作中遇到了问题，却不主动与上司沟通，那么问题不仅得不到解决，还会变得越来越严重，从而给工作带来不良的后果。因此，在工作中要想有所作为和有所提高，就必须积极主动地与上司沟通。

4. 注意沟通的技巧

在同上司交流之前，一定要明白交流的目的，并做好充分的准备。在交流过程中，要尽量避

免冗长无味或意思重复的陈述；表达要完整，关键环节应详细讲解，不太重要的地方可以简略带过；最好是使用商量的语气。

在听上司讲话时，要做到全神贯注，不要遗漏和错听讲话内容，如果没有听清，一定要再次询问。待听清楚上司的讲话之后，再去分析其言外之意。

5. 多提改善建议

职场上，常提意见的有两种下属：一种是什么都看不惯，总喜欢提意见，然后把问题抛给上司；而另一种是在提出意见以后，还能提出相应的改善方法、思路或建议。

从领导的角度来看，善于提建议是一名好员工应当具备的素质之一，因为只有忠诚于企业、有强烈主人翁意识、善于思考的员工，才会积极地为了自身和企业更好的发展而提出有价值的建议。需要指出的是，下属要学会站在领导，甚至单位发展的高度来看问题，这样，下属的想法和建议才会更加全面和成熟。

6. 适度展现自我

做好自己的本职工作是获得提拔的一个非常必要的前提，而适度展现自我则是取得成功的一种极好的途径。一个过于迁就、盲从大流、毫无主见的人，在公司中会没有存在感，而且会越来越平庸。尤其是在工作中，忙碌的上司不会无缘无故地注意到普通的下属，所以下属就得学会在适当的时候表现自己，让上司看到自己的能力。

二、与上司相处的基本技巧

发展与上司的关系最重要的技巧就是要把握上司的性格特征、行为方式、个人习惯及爱好等，然后有针对性地改变自己的工作习惯和思路，积极寻求平衡的相处之道。

（一）掌握请示与汇报工作的技巧

对很多上司来说，判断下属是否能干和是否尊重自己的重要标准，就是下属是否会经常向他请示和汇报工作。作为下属，要做到凡事多请示、汇报。汇报工作时，要掌握以下技巧。

1. 工作安排要边听边记

如果领导安排的工作过于复杂的话，一定要边听边记。在日常工作中，为什么上司布置一个任务后，下属执行的偏差那么大呢？很重要的一个原因就是有沟通漏斗的存在。为了不漏掉重要信息，在上司安排工作的时候，下属就要做好记录。

同样，下属在向上司汇报工作的时候，也会出现一定的偏差。所以，下属也要提前把需要汇报的内容记录下来，以免遗漏关键信息，导致工作差强人意，不符合上司的意图。

2. 将任务理解透彻

如果上司明确指示完成某项工作，下属一定要用最简洁有效的方式弄清上司的意图和工作的重点。在上司下达完命令之后，要立即对自己的记录进行整理，并向上司复述一遍，看是否还有遗漏或者自己没有领会清楚的地方，然后请上司确认。如果有不明白的地方，应立即向上司请教，还要清楚上司给予的资源和支持。有些人在上司布置任务后连声赞好，可是完成的结果却很不理想。原因就在于对上司指示完成的工作任务没有理解透彻。所以，当接到任务时，要注意以下事项：①多问自己几个为什么；②多考虑完成任务可能会遇到的问题和障碍；③有不明白的地方要随时向上司请教；④在脑子里有一个成形的计划。

3. 以成果为导向拟订和实施计划

作为下属，在接受任务之后，应该积极开动脑筋，对即将实施的工作有一个初步的认识，向上司提供一下初步解决方案，在方案中详细阐述自己的行动计划与步骤。尤其是要制定明确的工作进度时间表，这样不仅便于按照拟订好的计划行事，也便于上司进行监控。具体来说，可以利用 6W2H 分析法来制订可行的实施计划。

6W 即所要完成的任务，是什么（what）；什么时候完成（when）；要在哪里完成（where）；完成它需要哪些人（who）；为什么要这么做（why）；有哪几种不同的选择方案（what）。2H 即如何去做（how）；要花多少费用和时间（how much）。

4. 巧妙向上司提出意见和建议

在按照计划开展工作的过程中，要留意自己的工作进度是否和计划书一致，无论是工期提前还是延迟都应该及时向上司汇报，让上司了解整个工作的进度及取得的成效，不要等到所有工作结束后，才将整个工作的情况和盘托出。待向上司汇报完工作进度后，还要及时请上司对工作任务给予指点、提出意见和建议。在工作中，经常向上司汇报是有益无害的。

5. 呈报令人满意的工作总结

对于一项工作，不能认为结束后就万事大吉，应该及时进行总结并向上司汇报。总结时，要把在开展工作中遇到的困难、预期目标和最后达到的目标都陈述清楚，还要把成功的经验和其中的不足之处一一列出，以便在将来的工作中能够得到改进和提高。这样不仅能让上司对工作的完成情况和执行人的能力有全面了解，同时也能让上司感到下属对自己的尊重。汇报工作总结是与上司沟通的一种重要方式。

（二）说服上司的方法

说服上司是一门艺术。由于上下级之间地位以及职务的差异，下属说服上司跟说服同事以及竞争对手大不相同。

1. 了解上司的观点

要想得到上司的赏识并说服他，就必须想方设法了解上司的观点。了解上司观点最有效的方法是“察言观色”。既可以是直接观察，即观察上司的一言一行，以熟悉他的处世方式，分析他的思维方式，进而了解他的性格特征。还可以是间接观察，即观察上司所欣赏的人和喜欢的事物，通过了解上司所欣赏的人和喜欢的事物来了解他的性格特征。通过把直接观察和间接观察结合起来并加以分析，就会对上司有个比较全面的了解，而对上司的了解是下属做事情的依据。

2. 站在上司的角度想问题

要想和上司互动成功，就应该多站在上司的角度来考虑问题。学会换位思考，一方面理解上司的苦衷，不要遇到事动辄就向上司抱怨，当上司理亏时要给他以台阶，避免当众纠正上司的错误；另一方面要协助上司解决他没有考虑到的问题或者感到棘手的问题，以让上司赏识和重用你，从而使自己获得更多的晋升机会。总之，下属能站在上司的角度，设身处地地为上司着想，那么上司自然也会乐于与这样的下属沟通。

3. 准备充分应对上司的质疑

一般来说，上司都喜欢有备而来的下属，因为与这样的下属沟通交流，能谈及深层次的问题，也容易达成共识。同时在沟通中，上司也能汲取下属思想中的一些精华。因此，下属要想成功地说服上司，就必须做好前期的准备工作。这些准备工作包括以下几点。

（1）多设想一些上司可能会问到的问题，并提供多种对策。

（2）完整地把握事态和相应数据，分析问题要有理有据，尽量避免出现含糊不清或想当然的情况。

（3）表现出你对解决此问题的立场和决心，从而让自己的话更有说服力。

（4）表达简明扼要，重点突出，争取用较短的时间把事情讲明白。先讲结果，即你要达到什么目的，再讲过程，最后做一些重点的分析。

三、与四种典型的上司相处的技巧

每个人都有自己的性格特征、爱好特点、心理需求，上司也不例外。在了解如何与不同类型的上司相处之前，要先了解他们不同的性格特征、爱好特点，尤其是心理需求。这样才能在与他们交往的过程中区别对待，运用不同的沟通技巧，获得更好的沟通效果。

（一）与命令型上司相处的技巧

一般来说，命令型上司最重要的心理需求是保持威严。因此，在和这种类型的上司相处时，要始终记住一点：不要挑战他的权威。具体需注意以下五个方面。

1. 以工作为中心

命令型上司对工作非常认真，往往在工作中投入很大的精力，如果下属在工作中经常谈论工作以外的话题、做工作以外的事情，他们会很不满意。因此与命令型上司相处时，下属要时刻记得以工作为中心，不谈论工作以外的话题，不做工作以外的事情。

2. 把决策权交给上司

命令型上司希望一切都在自己的掌握中，喜欢“我决定”的感觉。因此，下属必须尊重命令型上司的权威，由他们掌握决策权，而不能越俎代庖替上司做决策。

3. 请示汇报要及时

命令型上司非常希望能够了解每个下属的每步工作，喜欢一切都在掌握中的感觉。因此，下属遇事应及时请示、汇报，这样才可以得到这种类型上司的赏识。

4. 掌握言辞的分寸

命令型上司非常注重工作时的上下级关系。他们认为，只有上下级关系清晰，才能将命令顺利地传达到位，才能使上下一致完成任务。而上下级关系中最应当注意的就是对言辞分寸的掌握，下属在清楚地表达自己意思的同时，还要体现出对上司的尊重。

5. 多问怎么做事

命令型上司习惯于发布指示，却不喜欢做太多的解释。因此，下属在接受任务时，不要问为什么，而要多问该怎么做。这样不仅能赢得上司的赏识，同时也能更好地理解自己将要做的工作。

（二）与教练型上司相处的技巧

一般来说，教练型上司最重要的心理需求是认可和尊敬。因此，在和这种类型的上司相处时，应该注意不要冒犯他的权威，但也不要疏远他，而要经常与他进行语言沟通。

1. 多寻求支持帮助

教练型上司非常愿意帮助并指导下属，以使下属发现自己的能力和弱点。因此面对教练型上司，下属应该多寻求他们的支持和帮助，这样的请求上司往往会欣然接受，下属也能借此提升自己的能力。同时，下属还要向上司表达自己的感谢，只要是上司提供的帮助，哪怕属于他职责范围内，都应该向他表示感谢。

2. 主动沟通交流

教练型上司非常关注下属的成长，包括工作中的成长和生活中的成长。因此，下属一旦感觉自己有了进步，就应该及时告知上司，以便让上司看到他的努力有了收获而感到满足。如果工作中出现了状况，一定要主动去找上司交流，最好是准备一份书面材料，写明失误或是失败的原因、得到的教训以及未来的对策。不要推卸责任，不用多加解释，因为这种类型的上司都比较通情达理，会为下属着想。

（三）与支持型上司相处的技巧

一般来说，支持型上司最重要的心理需求是尊重和轻松。因此，在和这种类型的上司相处时，应该注意不要无视上司的热情。由于这种类型的上司关注下属多于关注工作，所以他们与下属之间的隔阂并不大。相比于其他类型的上司，支持型上司是比较好相处的。

1. 大胆表达意见

支持型上司喜欢以讨论的方式来谈工作问题，会给下属留有更多的发挥空间，提供更多的锻炼机会。因此，下属在支持型上司面前一定不要太谦虚，而要勇于表现和承担，将自己的想法大胆、详尽地说出来。当下属竭尽全力出谋划策时，支持型上司会对此感到满意，认为自己的领导方式起到了作用，从而进一步坚定自己的人性化管理方式。这样，上下级之间的沟通就会更容易。

2. 促进私人交往

支持型上司是四类上司中唯一公私不太分明的一类。他们喜欢把自己的着眼点更多地放在个人身上，反而对工作的关注度不太高。他们常常花很多时间来处理与下属的关系，希望能够了解下属的生活，以便更好地帮助下属。因此，同这种类型的上司进行私人交往应适度，要使公私两方面的关系都能得到协同发展。

（四）与授权型上司相处的技巧

一般来说，授权型上司最重要的心理需求是团队绩效和个人成就。他们会通过适当授权来激发下属的主动性和积极性，希望下属能参与工作计划和目标的制定，鼓励团队合作和个人发展。因此，在和这种类型的上司相处时，最重要的一点就是要发挥主观能动性，让他看到你主动工作。

1. 积极建言献策

授权型上司会通过适当授权、鼓励下属参与决策，给予下属一定的工作自由度和自主性，提供发挥其主动性和创造性的空间，进而使下属的责任感、义务感和对工作的控制感得到提升。授权型上司喜欢与下属打成一片，拉近与下属的距离。因此，下属对工作要积极主动，在和授权型上司谈论工作时，要少问怎么做、多问做什么，同时要积极建言献策。

2. 主动承担任务

授权型上司非常重视下属独立工作的能力，鼓励下属自我影响、自我管理、自我控制，要求下属能够独立解决问题，一旦把任务交给下属，这个任务就以下属为主，不希望下属事事请示，更不希望下属把任务推回给上司，这样会干扰上司的工作，令他失望。因此，下属在接受任务时，一定要认真倾听上司的讲话，问清楚他的要求、工作性质、最后完成的期限等。当上司要求下属做超出自己经验和技术范围的工作时，下属最好向上司说明完成任务所需要的帮助，而不应该害怕在上司面前承认自己的不足。对难以做到的事情，要明确地表示："对不起，我做不到。"

总之，在实际的工作过程中，要把握因人（不同的人）、因时（不同的阶段）、因事（轻重缓急）、因地（地区差异），来调整应对各类上司的对策，不能拘泥于条条框框。

四、与上司相处的禁忌

要想与上司和谐、愉快地相处，除了要充分了解上下级关系中的难点外，还要懂得与上司相处的各种禁忌。

1. 谈论非工作话题

应该始终记住，上下级关系是建立在工作的基础上的，和上司搞好关系的目的，是为了促进各自的工作，创造更好的业绩。下属应该注意控制非工作性谈论，即在工作时间避免谈论工作以外的话题。下属要以自我发展为重，尽量不要把私人情感过多地带到工作中来。要想发展同上司的友谊，还是用业余时间比较合适。

2. 不管理情绪

人们在日常生活中都有这样的体会：心情好时，做什么事都得心应手；心情糟时，做什么事都不顺利。这就是情绪对人的影响。所以，要想不被情绪左右，就要做情绪的主人。在工作中，不管上司对你说什么或者做什么，作为下属都要努力做到平和对待，可以通过上司的言行猜测他的意图，但绝不可以把自己的猜测等同于他的本意。上司的表扬，不一定是真的赏识下属，也许只是那天他心情好而已；上司的批评，也不一定就意味着讨厌下属，也可能只是那天他心情很糟罢了。所以，作为下属要始终保持清醒的头脑，不要随着上司言行的变化而情绪波动。

3. 过分苛求上司

"过分苛求"显然就是过分地严格要求。心理学家常常将"过分苛求"比作一把"双刃剑"，它不仅会给对方带去痛苦，也会给自身带来伤害。

在上下级关系中，"过分苛求"会让下属总是关注上司，而不是关注自身，从而丧失自我反思的机会、丧失自我进步的动力。"过分苛求"会让下属极端地关注细节，而不能从整体上看待上司，形成“一叶障目，不见泰山”，以致总是揪着上司的缺点不放，而看不到上司的优点。因此，作为下属要理解上司也是个普通人，不是十全十美的人，也会有瑕疵，从而用宽容代替苛求。

4. 防御性沟通

防御性沟通指有的人在讲一件事情的时候，总是习惯先绕个弯子，即模棱两可地表态后，又故作从容，实际上却留意着对方的一举一动，这是他们保持高度防御意识的表现。在这种状态下，人们急于保护自己，以致不能倾听对方在说什么，没有机会思考如何解决问题。

导致下属产生防御性心理的原因有很多，例如有些上司比较偏向于使用评价性陈述，因为这种陈述通常会涉及对下属的判断，如果这种判断是消极的，作为下属就可能会做出防御性反驳；有些上司总是企图控制他人，他们相信自己总是正确的，任何其他意见（甚至事实）都不值一听，这时作为下属就常常会对自己的观点进行辩解，并在心里拒绝接受。作为下属必须主动寻求消除防御性心理的方法，主动忽略上司言行中的刺激因素，多从自身做起改善同上司的关系，而不是指望上司改变。

5. 试图逃避责任

避免或逃避责任和惩罚是人的一种本能。大多数人在“有利”与“不利”两种形势的抉择中，都会选择趋吉避凶。通过各种“免责”行为，暂时逃脱责任，避免承担额外的心理压力。逃避责任有两种比较常见的表现形式：一是没有坚定的立场，对上司的意见照单全收。如果工作不顺利，就怪领导不力，把自己的过错、失败都归因于客观方面；二是过度自责，当出现问题时，承认是自己的过错，在上司面前不停地检讨，却不想方设法去弥补损失、吸取教训。这只是表面上的承担责任，实际上也是在逃避责任，希望通过自责逃过别人的责备、逃避承担自己的错误所导致的不良后果。

工作中出现错误并不可怕，可怕的是不敢承认错误，而是找借口推卸责任。一个人害怕承担责任，不能积极寻找解决问题的方法，就无法改正错误并更好地完成任务，从而难以提高自己的工作能力。其实，承认错误并改正错误，也是负责的表现。

6. 掌握不好分寸

与上司相处，要注意掌握分寸。作为下属一定要记住自己和上司在单位中的地位不同，彼此之间是上下级关系，任何时候都不能忽视这一点。

既不能同上司关系过密，让人感到不同寻常，这样会使上司过分地要求我们，也会导致其他同事的不信任，还可能会使人暗中与我们作对；也不能同上司的关系太过疏远，这样会让上司几乎遗忘我们，在他们心目中变得无足轻重，也不利于我们工作的开展；更不能把上司当作敌人、同他们对立起来。要尽量客观地对待上司，他们地位高，责任也大，面对压力可能会表现出一些不太好的情绪，但其实很少会真正地针对下属个人。

知识营

沟通漏斗

沟通漏斗呈现的是一种信息的传递与有效接收由上至下逐渐减少的趋势，因为漏斗的特性就在于“漏”。

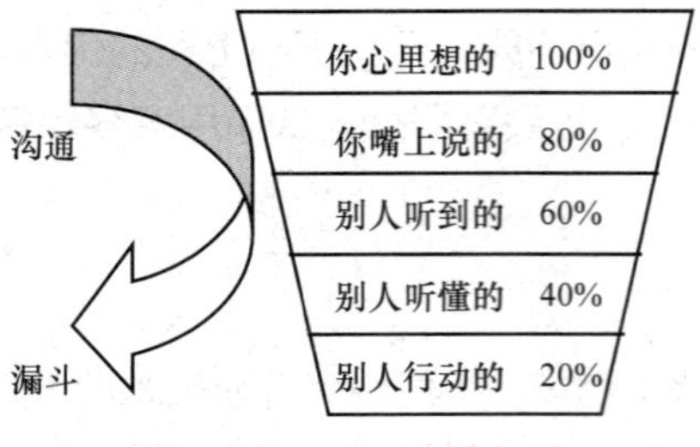

图 9.2 沟通漏斗

对沟通者来说，沟通漏斗是指如果一个人心里想的 100%的信息，在众人面前、在开会的场合用语言表达时，这些信息就已经漏掉了 20%，即说出来的只剩下 80%了。而当这 80%的信息进入别人的耳朵时，由于文化水平、知识背景等关系，就只剩下了 60%。实际上，真正被别人理解、消化的信息大概只有 40%。等到这些人遵照领悟的 40%的信息具体行动时，已经变成了 20%。图 9.2 就是沟通漏斗的直观表现。

案例链接

小王做错什么了？

前段时间小王刚入职一家公司，当时面试小王的是他现在的主管。面试通过后，因为是老乡，主管把小王直接安排在他的麾下。主管有意培养小王，当有上级领导来访时，他会让小王出面接待，想以此锻炼小王待人接物的能力。

但是因为半月前的一件事，小王失去了主管的信任。

半月前，一男一女两位领导要过来参观。主管安排小王负责接待，小王拍胸脯向主管保证说没问题。当领导到达公司时已接近中午，简单参观交流了一番，就到了午餐时间。于是主管问小王订的哪家酒店，小王一脸茫然，说道："你没跟我说订酒店的事情啊。"主管当时差点没气晕过去，让他赶紧安排一家酒店，还说领导当天要住下，一定要订好房间。小王听完吩咐，就赶紧去安排了。

到了晚上两位领导入住酒店的时候，得知小王只开了一个房间，别提多尴尬了。最可气的是，酒店房间都订满了……这件事后，两位领导对小王的意见非常大，打电话到主管那里对他点名批评。

事后主管追问小王此事，小王一脸无辜地说道："我以为他们是夫妻呢。"主管听了小王的回答，更是气不打一处来："这么重要的事情，自己不清楚难道不知道问一下吗？"从此以后，主管再也没有交给过小王任何事情。

思考与讨论

1. 主管为什么放心不下小王做事情呢？
2. 小王在接待领导的过程中有什么问题？他应该怎样做才对？

学会体谅领导的难处

佚名

在某公司做信息技术主管的胡明，因为业绩突出，绩效考核成绩优秀，被公司提升为信息技术部部长。职位的提升意味着公司的认可，胡明自然是喜不自禁，可上任没多久，他就开始愁眉不展了。

公司副总裁杨总对他的部门管理非常严格，对他的管理方式也诸多挑剔，可谓事无巨细，这样的情况多了，胡明很是郁闷。他认为杨总不太懂信息化管理，还在不断地找他麻烦。而且他觉得杨总是针对自己，随后与其不断发生摩擦，造成双方关系异常紧张。

当胡明开始犹豫是走还是留的时候，想到了情商很高的老朋友安仪，也许他能帮忙支招，使自己渡过眼前的职场危机。安仪仔细地听胡明述说了事情的原委，详细地询问了相关情况，然后很老到地帮胡明分析："其实你们杨总是典型的完美型人格，这种人希望能把每件事都做得尽善尽美，他会时刻反省自己是否犯错，也会及时纠正别人的错误。不纠正别人的错误，他就会觉得自己没有尽到责任。"

安仪看着听得入神的胡明，接着说："拥有这种人格的人在日常管理中对于各类事情总是要求很高，同时也希望他的下属能像他一样，凡事都进行系统性思考，不允许有丝毫的瑕疵，尤其是你刚升任信息技术部部长，他的要求就会更加严格。而你在工作中偏重于依靠自己的努力，本着尽量不给上司找麻烦的原则，很多问题都是自己想办法解决，这样做只会使上司不了解你的工作，怕你出差错……”

思考与讨论

1. 胡明为什么会郁闷？
2. 你认为胡明今后应该怎样做？

训练营

按摩传数

活动目的

了解团队成员各自的能力对达成目标的重要性，感受到沟通、合作、激励、融洽的人际关系以及遵从团体规范的重要性，明白分工协作是团队良性互动的前提。

活动程序

（1）以6人为一组，每组选出一名观察员，检查其他组的执行情况，其余5人站成一列。

（2）每组最后一人到游戏组织者处看一个三位数的数字，然后通过按揉前一位组员的背部将这一数字“传”给他。依次传递，直到第一个人清楚地知道这一数字后，举手示意完成，由观察员登记答案，本组游戏结束。

（3）在传递过程中互相不能说话，不能来回观看，不能来回移动；只能通过按揉手法传递信息，否则视为犯规；每轮传递结束后，最后一位组员举手示意后在5秒之内写出答案，并不得更改。

（4）游戏共分三个轮次，传递三个不同的数字，累计得分高者胜出。

（5）游戏时间每轮为90秒。回答正确者给予小组相应加分，犯规者及答案错误者不得分。

相关讨论

（1）怎样才能快速、正确、完整地传递信息？

（2）在传递数字信息时，为什么会出现失误？

（3）这个游戏对我们的生活和学习有什么启示？

知识巩固与实践训练

一、选择与分析

选出你认为最恰当的答案，并认真思考其中的原因。

1. 你上司的上司邀请你共进午餐，回到办公室，你发现你的上司颇为好奇，此时你会（　　）。

   A. 粗略描述，淡化内容的重要性

   B. 不透露半点儿蛛丝马迹

   C. 告诉他详细内容

你选择的理由是：________________

2. 在一次公司全体员工大会上，你们部门遭到了点名批评，其他部门的许多员工也趁机对你们大加指责，作为部门经理的秘书，你该（　　）。

   A. 一言不发，以沉默来接受批评

B. 趁人不注意轻声安慰经理几句

C. 主动站出来向大家说明实际情况，表明还有其他方面的原因，希望大家能设身处地地体谅一下

你选择的理由是：________________

3. 约翰是一位60多岁的新西兰人，他对守时赴约的要求极其严格。一天，有个广告代理商与他约好谈一个广告的设计问题。由于司机不熟悉来公司的路线且遇交通堵塞，广告代理商迟到了半个小时。当广告代理商匆忙赶到时，约翰却没有与他谈论广告之事，反而起身离开了办公室。约翰的中国助理知道老板平时就是这样对待约会迟到的人，但是今天要谈的事对后面好几项工作都很重要。他虽然很着急，但是又拿老板没办法。你对这件事的看法是（　　）。

A. 老板的助理有一定的责任，他既然知道外籍老板对时间的苛刻要求，就应该事先提醒广告代理商，这样广告代理商就会事先做好准备，即使遇上堵车这样的不可控事件，也一定会在路上就联系一下，说明缘由，不至于最后闹得不欢而散

B. 责任主要在广告代理商对此事不够重视，准备不足

C. 约翰的做法太不近人情

你选择的理由是：________________

二、情境训练

请你依据下面的情境回答问题：吴天昊是某大型食品企业生产部的经理。由于其部门职员的一时疏忽，一大批出口产品某项指标过高，没有达到出口质量标准。由于这次生产事故造成的损失比较严重，所以企业领导要求吴天昊做一个紧急的电话汇报。

假如你是吴天昊，将如何对这件事进行表述？

____

____

____

三、思考与讨论

简述与各种类型上司沟通的技巧。

四、案例分析

一次成功的沟通

林景新

几年前，黄旭从外企市场经理的职位上被一家颇具实力的民营软件公司"挖"走，成为其广州公司的总经理。由于看准了市场机会，加上技术实力过硬，公司得到了迅速的发展，在业界也有了一定的知名度。作为总经理的黄旭，对公司的未来充满信心。

随着行业技术的快速发展、竞争形势的不断严峻，黄旭感觉压力越来越大。在一次大客户招标会上，黄旭原本以为凭着公司实力肯定能独占鳌头，没想到半路上冒出一个更强劲的竞争对手将订单夺去，这对黄旭的打击很大，使他产生了一种强烈的危机感，并开始被一种挥之不去的焦躁感所困扰。

在这种焦躁感的压迫之下，黄旭开始向公司员工施加压力，对所有员工提出了更严格甚至苛刻的要求。但这一切努力不仅没有取得预期成果，反而导致公司几名核心骨干由于受不了黄旭的"高压"政策而辞职，使公司的发展受到了很大影响。

为了挽救公司不断下滑的颓势，黄旭准备投入300万元收购一家濒临破产的公司。公司高层都认为此举无异于自杀，但在上下级关系紧张的公司氛围中，谁也不敢提出反对意见。市场总监陈乐虽然屡谏受阻，

但实在不忍心看着自己的上司受到焦躁症的困扰而不断做出错误的决策，最后导致整个公司崩溃。陈乐改变了当面力劝黄旭的做法，而是悄悄与某权威市场咨询机构合作，就公司及行业的情况做出一份详尽的分析报告，并以此有说服力的数据及理性的分析报告让黄旭明白自己的错误。同时，在将此报告呈交黄旭之前，陈乐先与公司几个高层进行了认真的讨论，决定在高层闭门会议上，以分析报告为基础，由每个人针对性地发表建议，而不是像以往一样纯粹地对黄旭的决策提出反对意见。

待一切准备就绪之后，陈乐召开了一次公司发展研讨会。在会上，专家权威的观点以及大量的数据分析，使黄旭受到很大的震动。陈乐向大家展示了公司近几年发展情况的对比图，所有人都清楚地看出这几年来公司各个方面的业务都在不断地走下坡路，公司所采取的措施根本没有达到止血的效果。

陈乐的策略是成功的——在这次会议上，没有一个人对公司发展提出尖锐的批评意见，但黄旭却从中清楚地看到自己一系列决策错误对公司所造成的负面影响，而大家的建议，更使他意识到公司目前虽然处于低谷，但是仍然存在再次崛起的机会——如果他不再执意孤行，而是能够听从下属意见，大家同心协力的话，公司业绩要想复苏并不是难事。

这次会议不仅使得总经理黄旭幡然醒悟，也使得陈乐的才能得到了所有人的认可。一年后，陈乐升任公司的副总经理。

本例摘自《现代企业文化（上旬）》2008年04期林景新《“史上最牛女秘书”事件启示多多》一文，该文内容丰富，建议读者通过互联网搜索并阅读。

思考与讨论

1. 面对问题，陈乐做出了怎样的选择？
2. 这个案例给了你怎样的启发？

自我认知

与领导沟通能力的简易测评

以说服领导为例，如实在表9.1中用最快的速度选择答案，测试自己与领导沟通的能力。

计分方法和得分解析可参阅附录中的“自我认知参考意见”。

表9.1　与领导沟通的能力简易测评表

序号	问　　题	选　　项			得分
		一贯如此（3分）	经常如此（2分）	很少如此（1分）	
1	能自始至终保持自信的微笑，音量适中				
2	善于选择在领导心情愉悦、精力充沛的时候进行沟通				
3	已经准备好详细的资料和数据佐证你的方案				
4	对可能提出的问题胸有成竹				
5	语言简明扼要、重点突出				
6	和领导交谈时友善，能充分尊重领导的权威				
得分合计					

第十章

Chapter 10

与下属沟通的技巧——打开你的心扉

学习目标

1. 了解对待下属的几种观点。
2. 了解不同类型的下属。
3. 掌握与下属相处的基本技巧。
4. 掌握与四种典型下属沟通的技巧。

关键概念

X理论　Y理论　Z理论　良驹型下属　黑马型下属　笨熊型下属　黄牛型下属

导引案例

微信风波

百家号·职视角，2018年8月12日

我们部门一共有不到10个人，都是技术人员。过去，当我们完成一天的工作后，都是在邮件上进行汇报，第二天老板也会以邮件的形式给我们分配任务。

最近，我们部门新来了一位运营主管。他和我们说：为了加强日常交流，我们部门要建立微信群。在群里，我们可以随时汇报工作，讨论解决工作中的问题，不仅在上班时，下班时也可以。

任务下达后的第一天，我们都在群里汇报了工作。快9点时，我们觉得没什么事就下班吃夜宵去了。大家难得一起吃饭，所以就喝酒聊天，谁也没看手机。快吃完时，一个同事突然说：快看手机，主管在群里生气了。

我们赶紧打开微信群，发现有20多条未读信息。主管对我们每个人的工作都进行了点评，而且还提出很多工作中的问题让我们解答。他见我们都没有回复信息，觉得是我们一起商量好了不回，并且不配合他的工作。他说我们没有把他放在眼里，不尊重他。而最后一条信息的内容是：鉴于你们对工作不负责任的态度以及你们的工作汇报结果，你们这个月的绩效记为0，之前的也全部无效。

我们都非常生气，于是一起商量该怎么办。第二天主管上班时发现我们都没在，就试图联系几个人，结果电话都打不通。那天我们商量好都不去工作，让主管意识到他的错误。后来老板知道了，开会骂了我们一顿。至于主管和老板是怎么聊的，我们也不知道。

之后，主管用微信讨论工作和汇报工作的形式虽没有变，但不再随意扣我们的钱了。而且主管和我们之间一直有隔阂。没到半年，主管就主动离职了。

思考与讨论

1. 你认为主管的做法有问题吗？

2. 如果你认为主管的做法有问题，他的问题出在哪里？如果你认为主管的做法没有问题，又是为什么？

3. 从这个案例中，你能得到什么启示？

一般来说，在一个社会组织中，除了最基层的群众外，任何管理者都有各自的下级，因而都面临着如何处理与下级关系的问题。而处理好这种关系，对于做好本级管理工作十分重要。管理者所做的每件事都离不开沟通。管理者做决策需要信息，信息要通过沟通得到；管理者发布实施决策，仍需要沟通。一个高效的管理者必须是一个有效的沟通者，即能使用有效的沟通技巧来消除团队的冲突与矛盾，促进团队的可持续发展。而低效或者无效的沟通，会使管理者陷入无穷的问题与困境之中。

第一节　认识你的下属

下属一般是指处于执行层面的员工，虽然他们的职位相对较低、权力比较有限，但他们的工作积极性会极大地影响组织的发展。因此，每一个管理者都不能轻视自己的下属。要管理好下属，首先要了解他们。

一、看待下属的几种观点

管理者能否经营好自己的部门，在很大程度上取决于他们是否能充分发挥下属的长处以及主观能动性。作为管理者，如何看待下属的长处和短处，做到人尽其才，如何引导下属的工作思路，以符合其目标要求，是一个重要而又很难拿捏分寸的问题。看待下属通常有以下几种观点。

观点一，主要内容为：①人本性懒惰，厌恶工作，绝大多数人都没有雄心壮志，宁可被领导责骂也不愿负责任；②对大多数人必须用惩罚、威胁等强制性办法，才能使他们为达到组织目标而努力；③激励只在生理和安全需要层次上起作用；④绝大多数人的创造力都很差。

这种观点认为，企业管理唯一的激励办法，就是以经济报酬来激励生产，只要增加金钱奖励，便能取得更高的产量。所以这种理论特别重视满足职工生理及安全的需要，同时也很重视惩罚，认为惩罚是有效的管理手段。这种观点在管理学中被称为“X 理论”。

观点二，主要内容为：①从本性上来说，人们并不厌恶工作，如果给予适当机会，人们会喜欢工作，并渴望发挥自身才能；②大多数人都愿意对工作负责，会努力寻求发挥自身能力的机会；③使用惩罚和威胁等强制性办法并不能使人们为达到组织目标而努力；④激励在需要的各个层次上都起作用；⑤每个人都有想象力和创造力，因此人是“自动人”。

这种观点认为，激励员工的办法是尽可能把员工工作安排得富有意义，并具有挑战性；使员工工作之后产生自豪感，满足其自尊和自我实现的需要；设法使员工能够做到自我激励。只要激发员工的内在动力，使其实行自我控制和自我指导，在条件合适的情况下就能实现组织目标与个人需要统一起来的最理想状态。这种观点在管理学中被称为“Y 理论”。

观点三，主要内容为：①员工是可以被调教的，也是可以被培养的，但存在风险；②强调企业文化建设，对待员工既重视有形刺激（物质方面），又重视无形刺激（精神方面）；③管理的精髓在于关心人、理解人、相信人、尊重人、培养人；④企业时刻关心职工的利益，职工就会关心企业的前途和命运，从而营造一种和谐的工作氛围，实现职工与企业利益的一体化。这种比较中性的观点在管理学中一般被称为"Z理论"。

这三种观点并没有绝对的优劣之分，管理者须因人而异，采用不同的观点对待下属。一个单位里可以说哪种人都有，如果持一种观点来看待所有的下属，就会失之偏颇。

X理论、Y理论和Z理论

X理论在18世纪末至19世纪末的整整一个世纪中占据了统治地位。其核心观点是要证明人是"经济人"，代表人物是泰勒，但明确提出"经济人"的是麦格雷戈。

麦格雷戈认为，有关人性和人的行为的假设对于决定管理人员的工作方式来讲是极为重要的。各种管理人员以他们对人性的假设为依据，可用不同的方式来组织、控制和激励。基于这种思想，麦格雷戈提出了有关人性的两种截然不同的观点：一种是消极的X理论，即人性本恶；另一种是基本上积极的Y理论，即人性本善。X理论阐述了独裁式的管理风格，而Y理论则阐述了民主式的管理风格。

Z理论是由日裔美国学者威廉·大内在1981年出版的《Z理论》一书中提出来的，该理论研究的是人与企业、人与工作的关系。

有关X理论、Y理论和Z理论，读者可参考网络百科相关词条。

二、四种典型的下属

对下属的分类有多种方法。一个人的成就大小取决于两方面的素质：一方面是工作态度，即员工为达成某项特定目标或任务而表现出来的信心、动机和专注度，也就是他在无监督情况下能达到目标的自我信念及为圆满达成目标所展现出来的兴趣和热忱，主要体现为纪律性与勤奋度、协作性和责任感、与同事是否能和睦共处等；另一方面是工作能力，即员工为达成某项特定目标或任务而必须具备的知识、技能或经验，包括知识和工作经验（专业技能）、计划能力和判断能力、洞察能力、团队合作能力、创新能力以及工作绩效等。

依据下属的工作能力和工作态度两个维度，可以把下属分为四种类型：能力强，态度好的，我们称之为"良驹"；能力强，态度一般的，我们称之为"黑马"；能力一般，态度好的，我们称之为"黄牛；能力一般，态度也一般的，我们称之为"笨熊"，如图10.1所示。

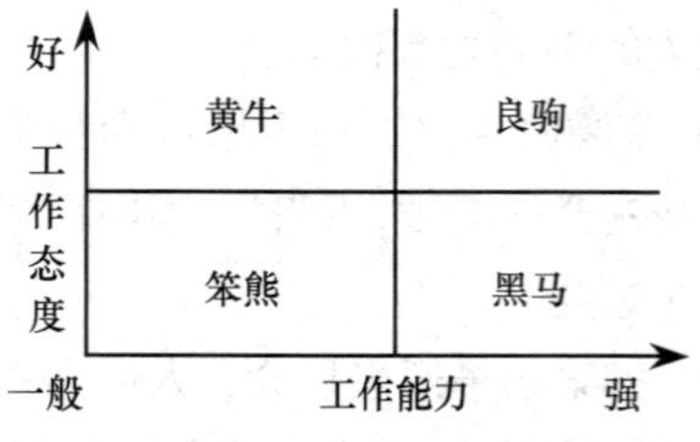

图10.1 四种典型的下属

1. 良驹型下属

良驹型下属头脑清晰、思维敏捷、遇事果断，有自己独立的见解。他们从不会被困难吓倒，往往具有"明知山有虎，偏向虎山行"的气魄，也不会因一时的挫折而情绪低落、一蹶不振。

这种类型的下属工作态度很好，工作能力较强，往往把努力工作看成自己的责任，并且可以出色地完成本职工作。不仅如此，他们还能在本单位、本部门起到良好的带头作用，经常督促同事尽忠职守，同时能向单位的上层提出很多有建设性的意见或建议。总的来说，这种类型的下属真正把单位的事情看成了自己的事情，对单位充满了感情和责任感，即使在没有监督和约束的情况下也能很好地完成自己的工作。这类下属是单位的重要支柱。

2. 黑马型下属

黑马型下属是天生的活跃派，性格开朗大胆，总是试图挑战现有的规则。他们有着强烈的冲劲、无比自信的进取精神以及坚定不移的勃勃雄心。他们对自己充满信心，对所有事情都采取攻势，对新东西尤其感兴趣，总想探个究竟。

这种类型的下属在单位中的作用具有两面性：一方面，他们能力很强，业务素质高，只要愿意去做，就没有做不了的事情。如果单位需要推行变革的话，这种类型的下属最合适。另一方面，他们的工作积极性是有限的。他们择业或工作首先是为了自己的利益，如果得小于失，通常很难激发起他们工作的积极性。另外，他们通常比较自负，缺少合作精神，爱搞小团体。

3. 黄牛型下属

黄牛型下属做事认真负责，易于管理，一般不会发生原则性错误，能够按照领导指示把事情办好。但他们对新事物、新观点接受得较慢，创造力不够，并惧怕变革，往往墨守成规，不会有突破性的表现。

这种类型的下属虽然能力不是很强，但是有着很好的工作态度、很强的敬业精神，愿意为完成工作任务加班加点，即使没有报酬也毫无怨言，所以在工作中首先想到的是团体的或单位的利益，而不是自己的私利。但是他们能力不强的这一致命弱点，使得领导总是不太放心把任务交给他们。

数量不多的黄牛型下属对单位来说是有益的，因为他们可以带头维护单位的利益。对于这样的下属应该多给予表扬，在物质上和精神上都要给予奖励。因为黄牛型下属能力弱，所以这种类型的下属不能太多，否则一个单位将缺乏持续的创新与发展能力，这对单位来说是不利的。

4. 笨熊型下属

笨熊型下属一般能力较弱，只能做一些简单的事情；同时他们的工作态度也一般，基本上把工作看成一种谋生的手段，而不是自己的事业。

在这种类型的下属当中，有些人也非常勤奋地工作，上班最早到单位，下班最晚离开，就像蜜蜂一样，忙忙碌碌，丝毫不敢怠慢一点，可是工作效率非常低。他们做事不分先后、主次，一般习惯性接到工作就做，从不思考应该如何去做才更合理、更科学，所以经常会导致该办的事情没办，不那么紧急的事情却优先办了。笨熊型下属是不受企业欢迎的员工。

知识营

领导和领导者

因为领导是管理学上的一个概念，所以一般会把领导这个词置于管理学中来理解。

在管理学中，对领导的解释是：领导是以实践为中心展开的，由社会系统中的领导主体根据领导环境和领导客体的实际情况确定本系统的目标和任务，并通过示范、说服、命令、竞争和合作等途径获取和动用各种资源，引导和规范领导客体、实现既定目标，完成共同事业的强效社会工具和行为互动过程。

成功的领导依赖于合适的行为、技能和行动，领导的三种主要技能是技术技能、人际技能和概念技能。领导的原则包括：①最重要的是懂得沟通；②愿景比管控更重要；③信念比指标更重要；④团队比个人更重要；⑤授权比命令更重要；⑥平等比权威更重要。

各位读者参加工作后，或高或低都会从事一些管理工作，或成为某一级别的领导。建议读者先通过网络百科“领导”词条简单了解相关知识，有时间再多读一些有关领导或管理的著作。

补充学习素材

领导者是指居于某一领导职位，拥有一定领导职权，承担一定领导责任，实施一定领导职能的人。在职权、责任、职能三者之中，职权是履行职责、行使职能的一种手段和条件，履行职责、行使职能是领导者的实质和核心。但是，领导者要想有效地行使领导职能，仅靠制度化、法定的权力是远远不够的，必须拥有令人信服和遵从的高度权威，才能对下属产生巨大的号召力、磁石般的吸引力和潜移默化的影响力。

20 世纪 70 年代，哈佛大学约翰·科特教授做了一个关于领导者素质的研究。他在对多家企业的经理进行调查之后认为，一个领导者应该具备以下五个方面的素质：行业知识和企业知识、在单位和行业中广泛和良好的人际关系、基本的技能（社会技能、概念技能和专业技能）、正确的价值观、进取精神。

案例链接

老板的做法对吗？

今日头条。孟叔谈职场 2018 年 3 月 1 日分享了一篇《工厂老师傅迟到 1 分钟被上级罚款 200 元，第 2 天上级被老板开除了！》的文章。

王师傅是深圳一家工厂的技术工，在工厂做了 12 年，有一手绝活，经他手的设备，从来没有出现过任何故障。故此老板为了留下老王，给他开出了高薪，甚至跟他的上级差不多。

厂里很多人对王师傅都非常嫉妒，尤其是王师傅的上级最耿耿于怀。他总是想找王师傅的错漏，以便把他赶走。老板对此也没怎么在意，总是睁一只眼闭一只眼。

前段时间，由于工人迟到现象严重，公司专门安装了一台考勤机，要求每个工人上班前都要先打卡，否则将被罚款 200 元。

第二天上班的时候，王师傅还是像往常一样，一到厂便直奔自己的岗位，经其他工人提醒才想起打卡一事，于是急急忙忙地跑去打卡，结果还是晚了 1 分钟，当场被上级罚了 200 块钱。

老王心里实在委屈，便找到老板提出离职，说自己只是忘了打卡，并没有迟到，还说自己受够了上级的小心眼，只要有上级在他就坚决离开。

老板赶紧找到王师傅的上级，让他把罚款退回。谁知上级理直气壮地说："规矩就是规矩，如果工人都像王师傅这样违规不被罚，那还怎么管理。"

老板听后怒了，拍着桌子说："以前你找老王的麻烦我就忍了，你作为领导，竟然这么小肚鸡肠，规矩是死的，人是活的，到底谁为工厂着想我心知肚明，你等会儿找财务结清工资，交代一下手里的工作吧，以后就不用来上班了！"这天过后，王师傅的上级便再也没有出现在工厂里。

此事经曝光后，有人为王师傅的上级喊冤，认为明明是老板定下的规矩，自己却又破例了，不利于树立威信。也有人认为老板做得很对，只有为员工着想的老板才能留住人才。

思考与讨论

1. 你认为王师傅的老板做得对吗？

2. 本例中，老板是应该遵守厂里的制度处罚王师傅以杀鸡儆猴呢？还是应该维护给厂里带来价值的王师傅的利益呢？

训练营

师傅教拼图

游戏分组

每组 5～6 人，选出一人当师傅，其余人员为徒弟。

游戏程序

（1）每组领取一套七巧板，由“师傅”到组织者处学习一种图形的拼制方法。

（2）学习完成后，“师傅”返回本组，应教会本组每位学员如何拼制图形。

（3）小组成员全部学会，速度最快的为第一名。

相关讨论

（1）请分析获胜者取胜的原因。

（2）未获胜者应如何改进？

第二节　与下属相处的原则、技巧与禁忌

一、与下属相处的基本原则

上级领导在处理与下属的关系时，要做到以下三个“有利于”：有利于调动下属的积极性，获得下属的拥护与支持；有利于团结、凝聚下属的合力，实现共同的奋斗目标；有利于发挥领导效能，加快事业的发展。

（1）公道正派。领导者对下属要坦诚相见，时时关心和体察下属的困难，处处营造相互理解、相互帮助的和谐环境，把下属团结在自己的周围，让下属感到受尊重，这样沟通就能变得自然顺畅。

（2）知人善任。领导者对下属要知人善任，用其所长、避其所短，最大限度地挖掘下属的潜能，把每个下属都放在最能发挥其长处的岗位上，以便充分调动其积极性和主观能动性，体现其人生价值。

（3）信任理解。“用人不疑，疑人不用”，领导信任是对下属最有力的支持。领导者要相信下属对事业的忠诚，不要束缚他们的手脚，要让他们创造性地开展工作；要相信下属的工作能力，给他们充分授权，使他们遇事不推诿，大胆工作勇于负责；要理解下属，当他们在工作中遇到困难，甚至走弯路时，领导者要帮助他们克服困难、总结经验，鼓励他们继续前进。

（4）关心下属。有人说“管理就是严肃的爱”，良好的管理离不开对人性的满足。员工和管理者一样，除了工作之外，还有家庭的温暖、朋友的友情。领导者在管理中要尊重和关心下属，以下属为本，多点“人情味”，尽力解决下属日常生活中的实际困难。例如，当员工情绪低落时，领导者要设身处地地理解员工的感受；当员工抱怨时，领导者要仔细调查了解原因等。好的领导者须做到能让下属真正感觉到温暖，从而激发其工作积极性。

（5）积极沟通。除了一些特殊情况，尤其是涉及特别敏感的公司机密之外，领导者应向下属传递尽可能多的、完整的信息。当涉及一些对下属有消极影响的消息时，要精心安排消息的发布时机，但千万不能让下属等待的时间过长，否则在下属当中就会产生各种各样的猜测，甚至会人人自危。只有保证沟通的顺畅，才能消除下属因为不了解情况而产生的各种猜想与谣传。

（6）保持距离。孔子说过：“临之以庄，则敬。”这句话用在工作中意思就是，领导者不要和下属过分亲近，而要与他们保持一定的距离，这样就可以获得他们的尊敬。与下属关系过于密切，往往会带来许多麻烦，导致领导工作难以顺利进行。所以，领导者与下属保持距离，既可以避免在下属之间引起嫉妒和紧张，还可以减少下属对自己的恭维、奉承、行贿等行为，有利于树立并维护领导权威。

二、与下属相处的基本技巧

一个团队是否关系融洽、氛围积极、工作效率高，其组织者和协调管理者所发挥的作用至关重要。一个高素质、优秀的管理者必然是一个善于沟通的人。沟通研究专家R.勒德洛（Ron Ludlow）提到：高级管理人员往往花费约80%的时间以不同的形式进行沟通，普通管理者则只花费约50%的时间用于沟通。

1. 工作指令要准确传达

作为团队的管理者，要将上级的工作指令（政策、计划、规定等）准确地向下传达，不能只作“传声筒”，而应采用恰当的沟通手段发出指令，这时就必须掌握准确而完善的传达指令的5W2H分析法（又叫七问分析法）。5W即谁传达指令（who）、做什么（what）、什么时间（when）、什么地点（where）、为什么（why），2H即怎么做（how）、多大的工作量（how much）。

用这种方法去分解、明晰指令各个方面的内容、步骤和要点，将指令变成容易接受和理解的信息。这样安排工作，下属不仅接受起来快，也不会茫然无措，沟通效果自然较好。

2. 布置工作任务要及时确认

许多领导者错误地认为，在工作过程中，只要提出要求或者发出命令，下属就能够准确理解。因此，他们很少仔细考虑过怎样才能准确地传递信息。所以，往往从一开始，下属对领导者提出的要求或者发出的指令在理解上就有偏差，下属与领导者之间对结果界定的标准不一致，必然会导致工作做得很辛苦，任务却完成得不是很好的结果。有效的沟通是指令的传递者和接收者对信息的理解程度完全一致。因此，领导者在给下属布置一项任务后，要确认下属对任务已充分理解，以免出现理解偏差，从而保证下属可以准确完成工作任务。

3. 调动积极性要充分授权

授权就是领导者为了有效地进行管理控制和避免事必躬亲，将其部分权力授予下属，并以此作为下属完成任务所必需的客观手段，这样有利于激发下属的积极性和主动性。领导者要使自己摆脱烦琐的事务，集中精力思考和处理更重要的全局性问题，就要大胆充分授权。

授权与单纯的分派任务不同。分派任务只是让下属按照吩咐去做，这时下属是被动的。而授权则是把整个事情委托给下属，同时交付足够的权力让其做必要的决定，例如领导者派某个下属去印一个小册子，就要相信他能把工作做好，那么封面、附图等问题最好是让下属自己做决定。由于受被授权者的能力、经验、理解等因素的制约，在执行过程中可能会出现某些偏差，领导者可以辅以必要的督促检查，以便及时发现问题并加以修正和弥补。

4. 采用海豚式管理

海豚式管理是指管理者在实施管理行为的过程中，从强调“人的关系”和“人的资源”模式（以善待人和关于利用人为基础）转变为以原则为中心的管理模式。这里说的原则是指基本的、有关所有人类关系和组织的普遍原则，例如公平、正义、诚实、正直和信任等。这些原则是不证自明的，它们就像自然法则一样，不论你是否遵守，都在发挥作用。

“海豚式”管理者用“脑”和“心”来领导下属，既关心工作成果，也关心员工成长，是刚柔结合、有血有肉的管理者形象。具体表现在以下几个方面。

（1）尊重下属，与下属沟通时态度和善，慎重对待下属的要求，听取下属的意见，努力赢得下属的忠诚。所以，即使是强制性地传达命令，领导者也可以最大限度地化解下属的抵触情绪，让下属以平和的心态来接受命令。

（2）领导者有明确的工作目标、持之以恒的工作作风和灵活的工作方式，处理问题时沉稳、客观、果断、情理并重，实事求是地面对错误，及时寻求工作方法的改进和突破。

（3）领导者有积极的工作态度，慷慨的气度和宽广的胸怀；强调与下属分享权责，分享荣誉，礼贤下士；强调团队合作精神，愿意给下属更多的自主权。这样的领导者认为，信任性的文化是培养员工自信和自尊的最佳方式，也是企业业绩的动力之源。

三、与四种类型的下属相处的技巧

一个好的领导者，应该了解下属的不同要求，善于协调公司内部的各种矛盾，根据下属的不同情况和性格甚至爱好，因人而异地采取不同的相处、沟通方式和用人之道，使他们扬长避短，激发他们的责任感和积极性，从而达到“用人如器，各取所长”的效果。

1. 与良驹型下属相处的技巧

（1）充分信任。良驹型下属工作积极性高，具有自我管理能力。因此，对这种类型的下属，要充分信任他们，为他们制定工作目标并充分授权，让他们发挥积极性、主动性和创造性，从而灵活高效地完成工作任务。另外，他们具有督促他人的作用，所以可以把他们安排到某些关键职位或部门甚至公司领导岗位，以充分发挥他们的作用。

（2）宽容和理解。良驹型下属普遍个性很强，说话不喜欢拐弯抹角，喜欢当面提意见，批评上司时毫不避讳，甚至还可能会让上司下不了台。作为上司要有理解和宽容之心，不计较他们的直言不逊，做到用人不疑。

（3）适时提醒。作为上司要在理解和宽容的基础上，适当地和这种类型的下属加强私人沟通，提醒他们在待人接物和处理人际关系时要运用一定的技巧。

2. 与黑马型下属相处的技巧

（1）给予表扬激励。黑马型下属有着强烈的冲劲、无比自信的进取精神以及坚定不移的勃勃雄心，这些特点使他们在超强的竞争领域独领风骚。但他们通常都有点自我膨胀，好斗又傲慢，这使得他们在与上司、同事打交道时，常常会显得盛气凌人，不利于团队建设。因此对这种类型的下属，既要适时地表扬他们，让他们体会到工作的乐趣，还要经常提醒他们在为人处世方面注意有所收敛，顾全大局，多从团队利益出发考虑问题。

（2）给他们提供发挥能力的空间。根据黑马型下属能力强、业务素质高的特点，最好是给他们安排一些单枪匹马作业的工作，这样他们就能独立作业，从而减少因与同事合作所产生的沟通问题。如果能将他们的报酬与工作成绩挂钩，使他们依靠自身的努力而获得比较高的回报，则更能激发他们的工作热情。

3. 与黄牛型下属相处的技巧

（1）多多指导。黄牛型下属对工作虽然有足够的积极性和主动性，但是缺乏足够的创造力。所以应当安排他们做一些常规性工作，并对他们的工作加以指导，不然凭他们自己的能力可能难以实现工作目标。

（2）持续培训。这种类型的下属能力较低，但并不代表他们先天能力不足，而很有可能是后天学习不足造成的。如果能对他们加强培训，凭借他们的踏实努力，一定可以逐步提高自己的能力。人力资源部经理们常说的“聘人看态度，技能靠培训”，说的就是这个意思。持续不断、有针对性的培训，可以将一个黄牛型下属培养成一个良驹型下属。

4．与笨熊型下属相处的技巧

不同的下属需要
不同的领导方式
李海峰

因为这种类型的人忠诚度低、能动性弱，而且满腹抱怨，所以应设法将其转化为其他类型，或从单位中予以剔除。

当然每个人都有自己的优势，管理者应该多采取一些积极的做法。比如充当一个教练的角色，确认下属的问题所在，制定出使其改进的方法和目标，激发他们的创意和激情，指导他们直到任务完成；而且要记住，在整个过程中应始终支持和赞美他们的态度、热诚和进步。

四、与下属相处的禁忌

作为上司，平常要多和下属沟通，多关心下属，在工作上给予帮助，争取获得下属的理解与信任，从而树立威信，把大家凝聚在一起。同时，还要把握好与下属相处的分寸，注意以下一些禁忌。

1．事必躬亲

有人曾为“管理”下过一个言简意赅的定义：“管理是通过他人把事情办妥。”如果上司事无巨细、凡事亲力亲为，有能力的下属会觉得上司不信任他们，因怀才不遇而选择离开；而一般的下属则会依赖上司，事无大小都“请示”，上司在忙得不可开交的同时，就会觉得下属一无是处；而下属会觉得是上司把所有的事情都大包大揽，又以过高的标准要求自己，这样的上司太难相处，会严重影响上下级关系。所以，上司应该集中时间和精力处理重要的事务，把一般性工作分配到各部门，授权给可以胜任的人去执行，只有这样才能激发所有员工的工作积极性，提高整个部门的工作效率。

2．独断专行

上司常常有着丰富的经验，但如果过于依赖经验，主观武断，将决策大权独揽在自己手中，搞“一言堂”，听不进下属的意见，既会孤立自己，又会降低员工的责任感、积极性和主动性。所以，上司应该把工作重点放在整个组织的发展上，善于调动和任用组织中的其他人；决策时，一定要让大家畅所欲言，善于把大家的思想集中起来，充分利用集体智慧。这样做虽然弱化了上司的个人权力，却能成就组织的强大。

3．过分让步

下属在执行任务时，有问题可提前向上司请求帮助。有时候，为了很好地完成任务，有些工作完全有必要由上司出面亲自去做，但上司要能够辨别下属的真实意图是在推卸责任还是在真心求援，从而拒绝下属推卸责任的企图，做到不过分让步。如果上司经常接受下属踢回来的“皮球”，就会颠倒决策结构，即上司“成了”下属，而下属反倒“成了”上司。

4．新老有别

管理者在对待新老员工时应一视同仁，不能亲疏有别，以免造成管理者与员工之间、员工与员工之间发生矛盾。

对待老员工，要肯定他们的价值和付出，尊重他们，当他们出现错误的时候，碍于情面，可以不当面责备，但也不能放任自流、听之任之；否则，日子一长，就会变成单位里的大问题。对待新员工，要多给予关怀和帮助，不管对其期望有多高，也要留出合理的适应期，通过相应的机制安排老员工对新员工进行传帮带，使其了解企业文化、熟悉工作方式等，从而尽快进入工作状态。

5. 当众斥责

古人云："扬善于公堂，规过于私室。"意思是表扬别人最好在公众场合进行，批评别人最好在私下进行。因为每个人在公众场合都会格外注意自己的形象，而且会比平时表现出更为强烈的自尊心和虚荣心，在这种心态的支配下，每个人都乐于在大庭广众之下接受表扬，而不愿受到批评。

所以，上司应尽量避免当众批评下属，就算下属在工作中出现了重大的失误，只要不是故意捣乱和破坏，都可以在私下进行提醒或责备，以免刺伤其自尊心或让其觉得脸上无光。如果有些问题必须在大会上讲，最好是对事不对人，只要能引起所有人的警觉即可。

6. 轻易许诺

"事非宜，勿轻诺。苟轻诺，进退错。"意思就是不合义理的事，不要轻易答应。如果意气用事、轻率表态，事到临头才发现不合理，做也不是，不做也不是，那就太被动了。

上司若想掌握卓越的驾驭他人的能力，就必须做到言必信、行必果，不要轻易对人许诺，不要承诺自己办不到的事，不要做出自己无力贯彻的决定，不要发布自己不能执行的命令。一旦承诺，就要去兑现。要知道，自己可以忘记自己的承诺，但是别人通常不会忘记。

知识营

海豚式管理

海豚式管理是相对于以"X 理论"为思想基础的鳖鱼式管理和以"Y 理论"为思想基础的戛裨鱼（guppy，戛裨鱼是产于印度的一种胎生、观赏、食蚊小鱼，一般被视为柔弱的象征）式管理而言的。在此，可以称之为新的管理模式。

海豚式管理是指管理者在实施管理行为的过程中，从强调"人的关系"和"人的资源"模式（以善待人和关于利用人为基础）转变为以原则为中心的管理模式。

推荐读者通过网络百科对海豚式管理做简要了解。

职场人际关系中的刺猬理论

寒冷的冬天，两只刺猬蜷缩在一个山洞里，冻得哆哆嗦嗦。为了彼此取暖，它们互相拥抱着。可因为各自身上都长着刺，刺得对方怎么也睡不舒服。于是它们离开了一段距离，但又冷得受不了。紧接着，又凑到了一起。几经折腾，两只刺猬终于找到了一个合适的距离：既能互相获得对方的热量，又不至于被扎。这就是刺猬的生存哲学。人们发现，刺猬的这种经验用在人际交往上也很合适，于是就把这种生存哲学总结成所谓的"刺猬理论"。刺猬理论告诉大家，人与人的交往也应该像刺猬一样保持适度的距离。

心理学家的研究表明，领导者要想做好工作，就应该与下属保持较为亲密的关系，这样容易赢得下属的尊重，下属在工作时也愿意从领导的角度出发，替领导考虑，并尽可能把事情做好。但同时，领导者又要与下属保持适当的距离，尤其是在心理上。这样不仅可以保持领导的神秘感，还可以减少下属之间的胡乱猜疑，避免不必要的争斗。但以下几种情形还要区别对待：①当你只有一个下属时；②当你有几个下属时；③当你有几十个以上的下属时。

补充学习素材

上司的哲学：了解你的员工

“知人善任”可以说是好领导的标准。具体来说，要想领导好下属，就要了解自己的下属，激发下属的潜能，帮助下属走向更大的成功。正如史蒂夫·阿尼森在《领导力培养白金法则》中谈到的：“你要领导你的下属，那么前提条件就是了解你的下属，而不是把他们当作雇员。”那么，我们需要了解下属什么呢？主要有三个方面的问题：①他是谁？——了解下属的基本情况。②他想要什么？——了解下属的愿望和动机。③他能做什么？——了解下属的特殊才智。

读懂部下，你需要了解三个问题——上司的哲学

刘勇

是否拥有强大的领导力，并不在于你能做什么，而在于你的追随者能做什么。当你把优秀的下属聚拢在自己的周围，并能够把他们的优势很好地挖掘出来的时候，也正是你走向成功的时候。

知识巩固与实践训练

一、情境训练

下面是某企业销售部门经理在处理与下属的沟通中所持有的部分观点。请你判断他的观点是否正确，并说出理由。

1. 下达命令时，为了维护自己的领导尊严，我无论对谁都一视同仁，都采用严肃的口吻，并且只允许下属遵守，不允许提出质疑。(　　)

____

____

____

2. 当命令下达完之后，下属必须严格执行，作为领导，我从来都不听取下属的意见，因为任务是他们必须完成的，我只看他们能否按时完成。(　　)

____

____

____

3. 我常给下属压力，且很少表扬他们，是为了促进他们的上进心。(　　)

____

____

____

4. 我批评下属从来都是对事不对人。(　　)

____

____

____

5. 经常给予能干的下属以关心和肯定，这样可以给他们带来一种极大的荣誉感和自豪感。(　　)

____

____

____

二、判断题

下面是一些经理人对下属的做法，请在你认为正确的后面打“√”，错误的后面打“×”。

1. 特别喜欢那些爱赞美自己的下属。(　　)
2. 面对下属的赞美，经常提醒自己：“所有的赞美都只是对过去成绩的肯定。”(　　)
3. 表扬的时候，只是随口说说，从不正视下属。(　　)
4. 从不因为下属经常犯错而不表扬他们。(　　)
5. 对才能超出自己的人心存嫉妒，从不赞扬。(　　)
6. 总是喜欢当众表扬自己信任的下属。(　　)
7. 每次表扬之前，都把具体要表扬的闪光点写下来。(　　)
8. 常常以“忙”为借口，很少在平时表扬下属。(　　)
9. 和下属谈薪水问题的时候，会支走身边的其他人。(　　)
10. 面对下属的加薪要求，觉得下属主动提出加薪是不对的。(　　)

三、思考与讨论

简述与各种类型的下属沟通的技巧。

四、案例分析

成就员工的“老板梦”

1994 年，郑志辉来到深圳，先是在一家汽车维修店打工，从事汽车维修作业。几年来，他坚持不懈地钻研汽修技术，对整个维修流程了如指掌，收入也不断提高。然而他并不满足于此，与此同时还摸索其他部门的专业技术，慢慢地对钣金喷漆、汽车美容也驾轻就熟了。

一颗埋藏在郑志辉心中的创业种子在生根发芽，他放弃了高薪工作，2003 年用所有的积蓄，接手了一家转让的汽修店，开创了捷荣行第一家店。

从 2003 年到 2013 年，郑志辉先后开了 3 家汽修店。开第二家分店后，他深感力不从心，逐渐认识到自己存在文化低、知识浅、经验缺的短板，亟须学习管理知识。2010 年，郑志辉偶然接触到一些专业培训机构，初次体验后感觉对自己的帮助很大，从那之后他便经常参加一些国内知名专业培训机构的课程进行学习。

2013 年，随着学习的不断深入和企业的不断发展，他意识到要想把企业做大做强，不仅需要用大智慧来解决企业问题，这需要有更大的胸怀、更高的精神境界。他改变了员工薪酬的构成模式，推行了店长股份制，让每个店的正、副店长投资入股，成为公司经营层、管理层、分红层。这样一来，员工做事的积极性和热情空前高涨。

截至 2017 年，捷荣行已经有 6 家门店、150 多名员工，实现了多名员工的“老板梦”。

本例原文

郑志辉是从打工者到老板的创业典型，创业成功后不忘员工，带领员工一起参加培训。通过培训，员工变得更有激情、有目标，发自内心认真踏实做事，努力赢得客户信任。最终，郑志辉带领他的员工一起缔造了行业奇迹。

思考与讨论

(1) 为什么郑志辉能从一位普通打工者做到汽车服务连锁店老板？

(2) 通过本案例，谈谈你对“领导”的理解。

自我认知

领导能力测评

根据自己的理解，在表 10.1 中选择相应选项。选择完成后可从附录的“自我认知参考意见”中查找相应分值填入表中计算总分，并进行分析。

表 10.1　领导能力测评

序号	题目	根本不符合	比较符合	符合	非常符合	得分
1	只有糟糕的将军，没有糟糕的士兵					
2	人际关系能力是借助别人去完成工作的一种能力					
3	领导者的品行给企业员工带来的是激励效果					
4	开会也有技巧，有必经的过程和阶段					
5	管理者就是领导者					
6	你认为如果你微笑，下属就能按照你需要的那样努力工作					
7	智商比情商更重要					
8	在领导的长处之外发挥自己的长处					
9	经常考虑那些会影响自己未来 5 年内工作的变动因素					
10	用请教的方式向领导提意见					
11	即使没有下属，你也能做出决定并付诸实施					
12	吸引下属的一个重要因素是自己对待下属的公平性					
13	你能够非常有耐心地对待反应迟钝的下属					
14	能够抓住一切机会学习新的知识，提升自己的技能					
15	在信息不太充分的情况下，不能够冷静地做出决策					
16	非常害怕失败					
17	给优秀人才创造发展的空间					
18	每年进行一次员工满意度调查					
19	总是鼓励员工去做事情					
20	决策的过程委托下属去完成，明确地告诉下属希望他们自己去发现问题					
21	经常责备自己的下属					
22	目标完成时，你只关注结果，不在乎过程					
23	出了问题后自己首先承担责任					
24	团队的绩效与领导者的绩效无关					
25	培养自己的下属是一件“水涨船高”的事情					
26	你会定期注意专业机构举行的会议或者这方面的期刊					
27	将任何一个人提拔到一个更高的层次，都需要做相应的培训					
28	工作动力是激励的一个核心问题					
29	威胁激励有利于员工的优胜劣汰，能者上，无能者下					
30	信任下属，让他们在自己的职权内自主地开展工作					
得分合计						

第十一章 Chapter 11 与客户沟通的技巧——拿出你的真诚

学习目标

1. 了解与客户沟通的原则。
2. 熟悉不同类型的客户。
3. 掌握与客户沟通的技巧。

关键概念

客户　驾驭型客户　表现型客户　平易型客户　分析型客户

导引案例

被真诚打动的客户

刚拿到新房的小张和妻子路过做全屋定制的A店，便进去参观，业务员小李接待了他们。经过交谈，小李了解到，他们要装修房子，现在打算把可以定制的都先定好，因为妻子再过半个月左右就要生产，后面的好几个月都抽不出空来装修房子。经过沟通，小李和他们约好第二天去房子里量尺寸。

当第二天去量尺寸时，小李发现还有另外两家装修公司也在量尺寸。

之后，小李多次邀请小张夫妻来店里看效果图，确定装修风格与方案、谈价格。尽管小李给出比较低的报价，但他们还是没有定下来。看得出来，他们对于A店并不是很满意。

修改好设计方案后，小李又一次与他们联系。小张告诉小李，宝宝头一天晚上出生了，装修的事一两个月后再考虑。小李问他在哪家医院，随后买了些水果到医院探望了他们和宝宝。小张夫妻对小李的探望很是欢迎和感动。

小张的宝宝满月时，小李给小张打了电话，聊了一会儿家常，最后说了句："今天是你家宝宝的满月，祝贺你！"小张很是惊讶。之后几天，小李并没有和小张联系。

大约一个星期后，小张发信息叫小李把报价发给他。两天后，小张来到A店，把他的底价告诉了小李，说可以的话就签订合同，不行就算了。经过又一轮的价格谈判，双方最终签订了合同。

思考与讨论

1. 案例中的小张夫妻是如何被小李打动的？
2. 请结合本章知识点，总结小李和小张夫妻之间的沟通过程。

本例改编自今日头条《分享，销售案例：被真诚打动的客户（一）》一文。

沟通能力是一个销售人员最重要、最核心的技能，而良好的沟通能促进销售效果的提升。面对各种不同喜好、不同性格甚至不同心情的客户，销售人员良好的沟通技巧能使客户有兴趣倾听，进而接受销售员，最终接受产品。在销售过程中，良好的沟通还可以使销售人员发现客户的潜在需求，帮助客户形成解决问题的合适方案，并且有效解决客户的问题。更为重要的是，良好的沟通可以在销售人员和客户之间建立起信任关系。

第一节　销售沟通概述

销售的过程实际上就是沟通的过程，沟通效果决定着销售效果。在销售过程中，个性和沟通风格的不同，对于买卖双方的相互了解与理解，建立合作关系，最终提升销售人员的销售业绩至关重要。因此，销售人员不仅要熟知自己的沟通风格，还必须能够在与客户沟通之初就迅速地识别出客户的沟通风格，然后灵活地、有针对性地进行销售沟通。

一、销售关系中的沟通风格

根据人们在工作与生活中的个性特征，有效沟通主要涉及构成行为的两个基本要素，即控制性与敏感性。其中，控制性反映了个人的行为在他人眼中显示出来的坚强有力与始终如一，而敏感性则反映了个人的行为在他人眼中显示出来的个人情感或关心他人的程度。将两者结合在一起，就能确定人们的沟通风格。其详细内容参见表 11.1。

表 11.1　控制性与敏感性的个性特征

控制性较强	控制性较弱	敏感性较强	敏感性较弱
精力旺盛	精力不太旺盛	真情流露	情感深藏不露
走路较快	走路较慢	显得友善	拘谨缄默
手势较有力	手势不大有力	表情丰富	表情较少
较多地应用眼神	较少应用眼神	手势随便	较少使用手势
身体前倾	身体后倾	说话时抑扬顿挫	说话时平铺直叙
说话较快	说话缓慢	喜好聊天	对琐事不感兴趣
声音较高	声音较轻	善谈奇闻逸事	注重事实
说话时滔滔不绝	沉默寡言	注重人的因素	关心具体工作
处理问题迅速	处理问题优柔寡断	喜好与人共事	喜好独立带队
决策时坚定果断	决策时举棋不定	衣着随便	衣着讲究
喜欢冒险	回避风险	缺乏计划性	会合理安排时间
喜好与人正面交锋	不愿与人发生正面冲突		
表达时直截了当	表达时语气委婉		
急于行动	行动缓慢		
爱发脾气	脾气好		

二、客户的类型

根据敏感性与控制性的强弱，可将客户分为驾驭型客户、表现型客户、平易型客户和分析型客户，如图 11.1 所示。

1. 驾驭型客户

驾驭型性格的人独立工作能力强，立场坚定，有主见，善于把握机会。具有这种性格的人比较注重实效，当机立断，独立坦率，具有非常明确的目标与个人愿望，并且不达目标誓不罢休。这类客户的特征是：精力旺盛，行动迅速，说话直截了当，动作非常有力，表情严肃，咄咄逼人，关注自我观点，容不得反对意见，常拒人于千里之外。他们往往以事情为中心，要求沟通对象具有一定的专业水准和深度。

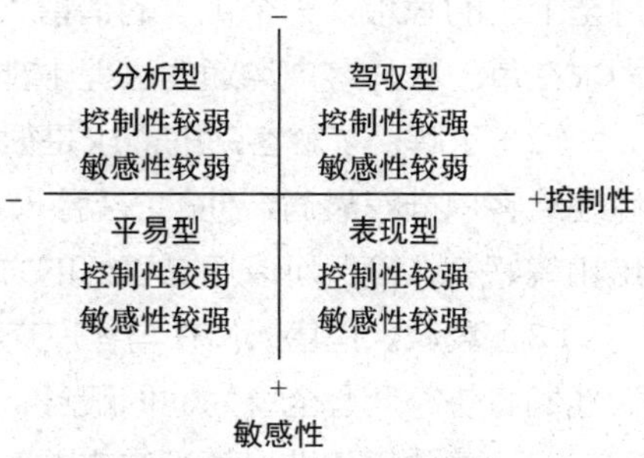

图 11.1 四种类型的客户

2. 表现型客户

表现型性格的人张扬、外向、好胜，事事都想突出自己。具有这种性格的人热情，面部表情丰富，动作多，节奏快，幅度大，善用肢体语言传情达意，喜好与人打交道，愿意与人合作，对未来充满憧憬与幻想，会以自己的热情感染他人。这类客户的特征是：衣着新潮，热爱运动，感性强于理性，爱表现自己，善于表达，喜欢被赞美，乐于在销售过程中扮演主角。但是，他们大多情绪波动大，易感情用事。

3. 平易型客户

平易型性格的人是最容易接触的，普遍淡泊名利，为了搞好人际关系，不惜牺牲自己的时间与精力，珍惜已拥有的东西。具有这种性格的人有协作精神，喜欢与人合作并常常助人为乐，富有同情心，擅长交际，对人真诚。这类客户的特征是：做事非常有耐心，肢体语言比较克制，面部表情单纯，但是往往愿意当和事佬，对于销售中的敏感问题，会采取回避的态度，他们一旦喜欢上某个企业或品牌，比较容易成为忠诚者。

4. 分析型客户

分析型性格的人只相信自己看到的东西，也只相信数据，而不会轻易相信任何人，大多数人都比较沉默寡言。具有这种性格的人擅长推理，一丝不苟，具有完美主义倾向，严于律己，对人挑剔，做事按部就班，严谨且循序渐进，有时为了息事宁人，常采取迂回对策，往往会因为过于谨慎而错失良机。这类客户的特征是：面部表情单一，肢体动作小，节奏慢，不愿抛头露面，喜欢单枪匹马，不喜欢与人合作，在销售过程中往往沉默寡言，不大表露自我情感，对数据与信息的要求特别高。

以上是对客户的大致归类，有的人只具有某一类特征，有的人同时具有多类特征。对客户类型的判断主要取决于销售人员的观察力、判断力及经验。了解并熟悉每一类客户的性格与心理特征，可以使销售人员在客户开发过程中更有针对性。

三、与客户沟通的原则

销售人员与客户在沟通时应把握一些基本原则，以使双方的沟通更有效，更迅速地达到目的，避免因沟通不当而影响客户关系。

（1）尊重。尊重是人们之间友谊的桥梁。尊重，体现在与客户的沟通上时，销售人员要有“客户至上”的思想。一个优秀的销售人员会理解和尊重客户的需求，站在客户的立场为客户着想，力求在每一次与客户沟通的过程中都主动给予客户足够的关注。

（2）了解。了解客户的需求是很重要的，只有懂得换位思考，站在客户的角度，才能有针对性地给客户推荐最适合他的产品。如果是长期合作的客户，还要了解其身份、秉性、价值观、特点和偏好等，确保可以用其喜好的方式与之沟通。

（3）真诚。销售人员在与客户交流的过程中，一定要坦诚相待，让客户感受到你是真心实意为他们着想，全心全意为他们服务，而不会欺骗他们。销售人员要把客户当成朋友，当客户遇到困难时，要伸手相助；要把客户的事当成自己的事，积极为客户排忧解难，取信于客户。

（4）守信。守信就是讲信用，讲信誉，信守承诺，忠实于自己承担的义务，答应了别人的事一定要去做。在与客户的往来中，答应的事情一定要办到，否则会影响诚信度，降低客户对你及公司的信任感。在市场经济社会中，信用是一种能为人们带来物质财富的资本。销售人员一旦失信于客户，就很难再得到客户的信任了。

知识营

什么是客户？

> 客户、消费者、顾客三者有区别吗？推荐通过网络百科“客户”词条简单了解。
>
> **客户沟通实例**

客户是指通过购买企业的产品或服务满足其某种需求的群体，也就是跟个人或企业有直接的经济关系的个人或企业。企业与中间商，与消费者，与公司内部的上下流程、上下工序等都存在着现代的客户关系。

（1）客户范畴。消费客户，B2B 客户，渠道、分销商、代销商，内部客户等都属于客户范畴。

（2）客户维护。在当下的市场中，开发一个新客户的成本是保留一个老客户成本的 5 倍左右；企业客户流失率降低 5%，其利润就能增加 25%～85%；向新客户推销产品的成功率是 15%，而向老客户推销产品的成功率是 50%；60%的新客户来自老客户的推荐。因此，如何维护客户关系正在成为企业生存的核心竞争力。

案例链接

以真诚打动客户

据大河报 2018 年 7 月 24 日报道（记者：田育臣；实习生：岳海关）郑红琼是大河报社区经理，在大河报建设路读者服务中心工作。从 2000 年加入大河报至今已有 18 年，她曾一次拿下 360 份的大订单。郑红琼说自己没什么技巧，完全是真诚服务的结果。

秋季订报从 10 月份才开始，6 月份郑红琼就开始联系客户，但对方说需要开会商议后才能决定。一等就是好几天，郑红琼并没有气馁，而是冒着酷暑不断地与对方沟通、保持联系。一次不行两次，两次不行三次，持续跟进订单的进展，同时向客户解释提前订报的优惠措施。终于，郑红琼的真诚打动了客户，对方同意订阅 360 份《大河报》。郑红琼说，从六月份到七月份虽然跑了差不多半个月，挺辛苦，但终于拿下了订单，再累也值！

郑红琼平时就十分注意和客户保持联系，送报的时候也常和客户聊天，看看客户有什么需求、自己哪方面的服务不到位。大河报要是有什么优惠，她会第一时间通知客户，也会帮他们整理回收旧报纸，时间久了就跟客户成了老朋友，客户一有订报需求，第一时间就会想到她。

思考与讨论

本案例给了你什么启发?

第二节　与客户沟通的技巧

一、与客户沟通的基本技巧

在人际沟通与交往中，只有很少一部分信息是通过语言媒介传递的，绝大部分信息都是通过非语言媒介传递的。在销售过程中，销售人员必须将语言与非语言两种方式结合使用，才能与客户进行有效的沟通。

（一）做好沟通前的准备

1. 了解客户的相关信息

销售人员必须提前了解客户的姓名、性别、职位、大致年龄、联系方式、兴趣爱好等相关信息。这些信息有助于销售人员在正式拜访客户时与客户进行更好的沟通和交流，进而促成商务合作的达成。

2. 做好相关资料的准备

在拜访客户之前，如有必要，销售人员还要带上陪同人员和相关资料，包括公司宣传资料、个人名片、笔记本电脑（需配备无线网卡）、记事本（公司统一发放，用于记录客户提出的问题和建议）、公司的合同文本、产品报价单等。另外，销售人员还要对公司提供的产品类型、单价、总价、优惠价、付款方式、合作细则、服务约定、特殊要求等情况了然于胸。

3. 制定沟通策略

一般来说，第一次沟通最重要的目的，在于建立和密切与对方的联系，因此应当根据客户的特点、需求与兴趣来选择话题。同时销售人员还要充分考虑在沟通过程中客户可能提出的疑问，并为每一个疑问做好几种不同的应答准备，以便在实际沟通中能根据具体情况灵活运用。

4. 选择或商定合适的沟通时间和地点

对于销售人员来讲，不管是电话销售、客户预约，还是登门拜访，要想取得预期的沟通效果，就一定要选择一个方便、合适的地点与客户沟通。时间则可以根据客户的情况来安排，但应避开临近客户上下班、吃饭或有其他重要事情的时间段，以免客户不能集中精力或是以此为借口匆忙结束沟通。

5. 明确沟通的底线

在沟通前，销售人员需要明确自己的底线是什么，即自己能够接受的最低条件是什么。在沟通中，销售人员要反复试探对方的底线，沟通空间只能建立在彼此的心理底线之上；否则，拥有再好的沟通技巧也难以达到很好的效果。

（二）取得客户信任

在充满竞争的市场中，产品本身的差异化已经很小，这时销售人员须意识到，竞争的核心往往不在于产品，而在于销售人员自身是否懂得“推销产品，首先要推销自我”的道理。要“推销自我”，首先必须赢得客户的信任。客户只有对销售人员产生了信任，才有可能达成交易。因此做好以下两个方面，对销售人员取得客户的信任非常重要。

1. 打造专家形象

打造专家形象，因为只有专业的才更值得信赖。

“专家销售”是销售行业的一个新名词，也就是说销售员不能仅仅是销售员，还必须是所销售产品方面的专家。销售员既要对自己所销售产品有充分了解，如原材料、生产过程及生产工艺技术、产品的性能、产品的售后保证措施等，又要掌握和产品相关行业的信息，如市场开发、维护、终端布控、品牌推广、经销商团队管理、财务管理等知识。专家型的销售人员之所以受到客户的欢迎，主要在于他们不但能利用专业知识为客户提供专业的服务，而且还能够为客户提供更多的增值服务。

例如，小张是某企业的销售人员，很多经销商对小张的评价是这样的：“和他沟通的时候，他讲得头头是道、条理清晰，内容丰富多彩，似乎对市场开发、维护、终端布控、品牌推广、团队管理、财务管理等知识无所不精，我简直怀疑他不是一名销售人员，而是一名销售专家。另外，他对超市、商场的经营等也无不涉猎，似乎没有他不懂的。他真的很厉害，那天我们谈了2个多小时，其间几乎都是他在给我讲经销商如何经营才能赚钱的方法和策略。我对他的印象特别好，他穿得很整洁，说话极有道理，条理非常清晰，态度又很谦和。我简直不想开口，而只想一直听下去。老实说，他不是在向我推销产品，而是在给我创造价值。”

2. 具备专业能力

客户购买产品的另一前提是对销售人员专业性的认可。客户往往会通过了解销售人员以往的经历，来判断其是否能协助自己解决当前的问题。所以，在向客户介绍自己的经历时，要包含以往经验、知识、交往的人群等因素，如果没有那么多经历，那就通过提供切实的解决方案来展示自己的专业性，也一样会获得客户的信任。

和客户说“行话”，就是要通过精确的专业性“提问”与“介绍”让客户相信销售人员的专业能力。例如，如果问：“你们的采购业务是如何开展的？”这样的提问非常笼统，客户一听就会认为你不懂采购。如果问：“据我所知，影响采购计划准确性的关键要素包括采购物品的准确性、采购数量的准确性、采购提前期的准确性，你是如何控制这几个要素的？”这样问，会让客户觉得你是个内行。

推销商品时，应该向客户提出“为何要决定如此……”“关于这方面，请再具体解释一下”“在什么地方使用”“大约什么价格可以接受”等切中要害的追问。这样客户的第一感觉便是：“刚才说的话，他真的是听得一字不漏！”因此，就会对销售人员产生信任感。图11.2描述了有效倾听的过程。

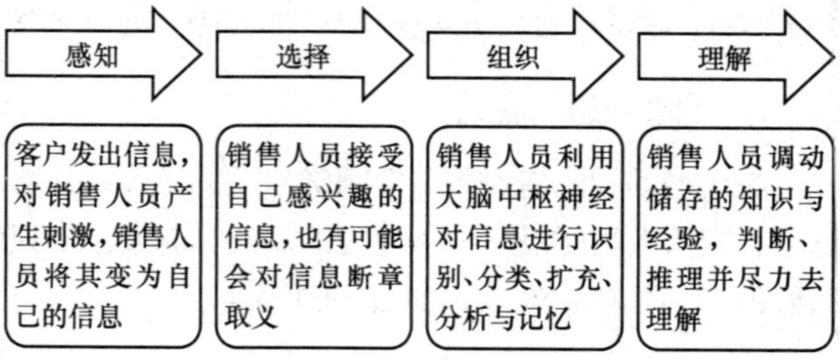

图11.2　有效倾听的过程

（三）了解客户兴趣

销售人员在成功获得客户的信任后，便进入了解客户兴趣的销售阶段。将客户分类，并掌握他们的心理需求是这一阶段的工作重点。在与客户进行销售沟通之前，销售人员十分有必要花费一定的时间和精力对客户的特殊喜好和品位等进行了解。在沟通过程中，销售人员可以通过巧妙的询问和认真的观察与分析了解客户感兴趣的话题，从而做到有的放矢。

根据年龄的不同，可以将客户分为老年客户、中年客户和青年客户；根据价值属性的不同，可以将客户分为长期客户和临时客户、低价值客户和高价值客户；根据行为属性的不同，可以将客户分为驾驭型客户、表现型客户、平易型客户和分析型客户等。

每一类客户都有其特殊的兴趣偏好，心理特征不同、喜好不同、需求不同，消费心理就会有所不同。有的客户在购买产品时，心里首先想到的就是：买这个产品，我可以得到什么，是健康、舒适还是美丽；有的客户购买产品，是为了满足某种心理需求。比如，有的客户为了满足虚荣心购买奢侈品，纯粹是为了证明自己是个很有品位、富有的人。无论面对的是哪一类客户，销售人员都要了解客户的兴趣点并对症下药，只有这样才能达到良好的沟通效果。

（四）处理疑虑

客户都害怕上当受骗，因而对销售人员提供的产品或者服务表现出疑虑也是非常正常的。特别是当客户遇到产品的单价过高、数量较大、购买风险较大，而自己又对产品不太了解的时候，这种疑虑就越发严重。

疑虑既是成交的障碍，也是成交的信号。客户在购买过程中，很有可能提出各种各样的购买疑虑。正确对待和妥善处理这些疑虑，是销售人员必备的技能。

1. 做好应对客户疑虑的准备

在销售过程中，客户提出疑虑的范围是十分广泛的。销售人员不仅要做好应对客户疑虑的精神准备，还要认真做好具体的准备工作。这些工作包括：充分而正确地了解自己的产品、性能、优缺点、价格、交易条件、使用和维修保养方法及企业的销售政策；了解市场动态，掌握同类产品的行情和竞争对手的情况，以及自己所销售产品的供求趋势等。

2. 分析客户真正的疑虑

面对客户提出的疑虑，销售人员必须借助自己的知识与经验进行深入分析，找出隐藏在疑虑背后的真正原因，了解客户提出疑虑的真正意图，从而采取相应的对策。其中，最简单的方法就是反问。例如，如果客户说："你的产品是不错，可我现在还不想买。"销售人员可以这样反问客户："既然你承认这产品很好，为什么不想现在就买呢？"通过反问的方式，可以了解客户已提出的疑虑中没有透露出来的信息。在与客户的沟通中，销售人员了解的情况越多，就越有可能发现客户疑虑背后隐藏的真正动机。而客户提出的疑虑越多、越具体，就越能说明他的兴趣、关注点和顾虑，这有利于销售人员发现解决问题的关键所在，从而采取相应的策略。

3. 有的放矢地处理疑虑

在销售过程中，客户总有这样那样的疑虑，因而对产品的购买犹豫不决。在了解客户产生疑虑的根源、对客户的各种心理障碍进行全面分析后，销售人员就可以采取正确有效的方法来化解了。

（1）消除疑虑。客户存在疑虑，说明其需要得到保证。如果销售人员能给疑虑客户"吃"一颗定心丸，那么一切都会变得简单起来。所以，销售人员要提供相关资料，以证明产品确如所说的那样能让客户受益，满足其需求。比如，客户对产品性能、售后服务等重要方面的疑虑是需要证据来证明的，这时提供案例或权威机构的认证就能有效地消除客户的疑虑。对于客户通常并不十分坚持的异议，特别是一些借口，采用“借力法”可以很好地消除客户的疑虑。其基本做法是，当客户提出疑虑时，销售人员可以回复：“这正是我认为您要购买的理由。”也就是说，销售人员要将客户的反对意见直接转换成其必须购买的理由。例如：

客户：我收入少，没有钱买保险。

销售人员：正是因为你收入少才更需要购买保险，以获得保障。

“借力法”使得销售人员能借处理异议而迅速地陈述产品能带给客户的利益，消除客户的疑虑。

（2）消除误解。在销售过程中，误解是很常见的。客户对产品的误解程度各不相同，有些客户对产品的误解已经到了相当深的地步。对于这类客户，销售人员不可过于急躁，应该首先了解客户产生误解的原因，比如客户是否曾经有过不愉快的购物经验、是否从哪里听到产品不好的消息等。当了解到误解产生的原因之后，销售人员还需要通过各种方式了解客户的需求，比如客户过去使用过的产品不能满足其哪些需要、产品具有哪些特点才能满足其需求等。只有对以上信息有了充分了解之后，销售人员才能针对具体问题采取相应的方法，最终消除客户对产品的误解，达到销售产品的目的。

（3）承认产品的缺点。产品就同人一样，没有十全十美的。所以很多时候，与其遮遮掩掩，不如坦诚以待更能赢得理性客户的认可。一旦客户认为你所陈述产品的一些缺陷中并没有其所在意的问题，就会更快做出购买的决定。

现在很多销售人员在说起产品的优点时头头是道、天花乱坠，千言万语讲不完，可一旦被问到该产品究竟有什么缺点和问题时，却是哑口无言，或者干脆回答“没有缺点”。这些销售人员心里想的只是怎样把产品卖出去，即认为只要能把产品卖出去，怎么说都行。于是，便向客户大谈该产品是多么完美，没有一点问题。然而，当客户听信了销售人员的“美言”，高高兴兴地把产品买回家后，却发现该产品有致命的缺点，那么他还会对你有好感吗？他还会再相信你，再买你的产品吗？

因此，销售人员在面对客户时不妨做“老实人”。这种策略的应用会为你赢得客户的更多信任，从而提高成交率。但要注意，运用此策略是有前提的，那就是暴露给客户的产品缺点一定要属于“瑕不掩瑜”的情况。如果其产品缺陷正是客户所忌讳的，那简直就如同撞在了枪口上，你自然就不会有好的销售业绩了。

在客户看来，产品存在缺点本质上是由于其不能满足自己某方面的需要。若真是如此，销售人员应承认并欣然接受，而不是强行争辩。销售人员要站在客户的角度去认识和理解，使自己清楚缺点对客户意味着什么，然后以总体利益去说服客户。具体做法是：在“坦率但不草率”的基础上，努力淡化客户的注意和在意程度，即“表示了解该缺点”→“把焦点转移到总体利益上”→“重提前面讨论中客户可得到的利益，淡化缺点”→“询问是否接受”。在淡化和弥补缺点的过程中，可以运用补偿法给客户提供一些补偿，并在客户关键购买因素上多做文章。其要点就是突出产品的优点对客户的重要性。例如：

客户：你们的产品价格太高了。

销售人员：价格是有点高，但一分价钱一分货，我们的质量也是最好的。对于贵公司来说，性能稳定不是更重要吗？

（五）达成协议

如果销售人员请求成交的提议获得客户的同意，即双方达成共识之后，就进入了确定协议阶段。这一阶段需要做的有以下几点。

1. 确认协议的细节

销售人员应在双方达成交易意向后，与客户一起进一步明确交易细节，主要包括产品型号、规格、数量、性能，交货日期、交货地点、产品运输方式，产品价格、付款方式、付款时间，双方违约责任，以及其他需要明确的各种事项。

2. 签订销售合同

销售人员在填写销售合同时，要与客户一一核实所填写的全部内容。注意填表动作要自然流畅，边写边与客户进行轻松的对话，目的是使这一程序得到平稳过渡，让客户对他的决定感到满意。

3. 致谢

在与客户签好销售合同后，要记得说声“谢谢”，这会给客户留下较好的印象。大多数销售人员都不知道道别时如何感谢客户，这就是他们常常收到客户的退货和得不到更多订单的原因。当销售人员向客户表示真诚的感谢时，通常会进一步赢得到客户的好感，以后会继续支持销售人员的工作。

（六）共同实施

签完合同之后，就进入共同实施阶段。在这一阶段，销售人员要根据合同的细则给客户提供相应的产品和服务，并注意以下几点。

（1）要准时给客户送货，以免因时间问题让客户受到损失。

（2）对客户所需产品的数量和品种要核对准确。

（3）如果节假日搞促销活动，要将赠予客户的附加产品及时送到客户手中。

（4）关于产品的使用，销售人员要像专家一样给客户以专业的指导。

（七）沟通后的关系维护

沟通一般都是重复性而不是一次性的。当销售人员与客户结束一次沟通后，也许会达成交易，也许会由于某些原因而无法达成交易。无论是否达成交易，都不是最终的结果：前一次沟通虽然结束了，但是下一次沟通还将继续，沟通后适时对客户进行跟踪和维护很有必要。

（1）从良好的售后服务开始。销售人员必须参与售后服务，这是与客户多接触的机会，也是把新客户发展为老客户的机会。销售人员要主动面对售后出现的问题，做好售后服务，尤其要处理好纠纷。

（2）建立好客户档案。销售人员每天都在接触不同的人，为避免遗忘一些客户，有必要建立客户档案，这对跟进老客户十分有用。客户档案的内容可以包括客户的姓名、性别、爱好、性格、年龄、生日、家庭情况、职业、收入情况、联系电话，以及购买的产品品种、数量、颜色、年限、使用情况、价格等。

（3）与关键客户经常保持沟通。销售人员应对关键客户时刻保持关注，并尽可能地利用各种机会与他们保持良好的关系。例如，在重要节日、纪念日等向他们表示问候，邀请他们参加单位的庆典、年会、客户联谊会等重大活动。对于老客户的转介绍，无论成交与否，都要及时向他们表示感谢。

二、与不同类型的客户沟通的技巧

人们的个性、文化背景、工作经历、社会地位、所处环境等的不同，导致了人们具有不同的个性与沟通风格。为了提高销售业绩，销售人员不仅要明确自己的沟通风格，而且还必须懂得如何与各种不同风格的客户打交道。

（一）驾驭型风格的销售人员与不同类型客户的沟通

1. 驾驭型客户

驾驭型客户会认为驾驭型销售人员独立并且决策迅速、效率高，但有些固执，甚至有点冷漠。与这类客户沟通时，销售人员需要事先与其确定沟通目标，为其得出独立的结论与决策提供心理空间与自由。

2. 表现型客户

表现型客户会认为驾驭型销售人员有些冷漠，缺乏情趣，还爱评判他人。与这类客户沟通时，销售人员需要导入情感，放宽时间限制，给予客户足够的考虑时间，尤其是要让对方有充分的自我表现机会。

3. 平易型客户

平易型客户会认为驾驭型销售人员办事效率高、遵守时间，但是缺乏情感，有时难以相处。与这类客户沟通时，销售人员需要显示出对他们及其家人的关注，适度放慢交易进度，为他们提供具体而实在的建议与帮助。

4. 分析型客户

分析型客户通常讲究逻辑与数据，做事时习惯以任务为导向。与这类客户沟通时，切忌性急与过度冒险，也不能显示出优越感或好胜心。为了提高沟通效率，要向他们提供详细的数据与事实，尤其是书面材料；还要提供足够的时间与空间，以让其对各种资料做出独立的评估。除此之外，还可以设定交易的最后期限并适度督促他们做出决策。

（二）表现型风格的销售人员与不同类型客户的沟通

1. 驾驭型客户

驾驭型客户在有些方面与表现型销售人员有点类似，如都具有外向、富有想象力和竞争性的特点。与这类客户沟通时，销售人员要展示出真才实学和专业能力，尽可能地让对方快速做出选择，切忌让对方感觉自己容易情绪化、流于外表或者肤浅。

2. 表现型客户

两种相同风格的人相遇时，表现型客户会认为对方外向、热情、有见解、能说会道，具有较强的进取心，但是容易情绪化。在与这类客户沟通时，销售人员需要在这种交往过程中导入程序与规范，若只是注重轻松交流而忽视产品推荐就可能会一事无成。因为有效沟通只是手段而非目的，销售人员的最终目的是提高销售业绩。

3. 平易型客户

平易型客户温馨、热情。在与这类客户沟通时，销售人员需要适度放慢沟通节奏，说话时降低音量与音调，多花时间与其建立良好的人际关系。

4. 分析型客户

分析型客户富有想象力与自我意识，可能会对销售人员的诚信与全程跟踪能力产生异议或疑问，也可能认为表现型的人说话大声，显得浮夸与情绪化。与这类客户沟通时，销售人员需要注重事实与细节，而不是煽情与激情，可以利用权威的力量与专业化的数据来支持自己的观点与论据，并对他们有适度的耐心。

（三）平易型风格的销售人员与不同类型客户的沟通

1. 驾驭型客户

驾驭型客户比较注重实效，独立而坦率，做事当机立断，具有非常明确的目标与个人愿望。他们认为平易型销售人员擅长支持与帮助他人，但做事谨慎、敏感，思路狭窄。在与这类客户沟通时，销售人员需要意识到与其交往只是为了达成交易，并非仅仅建立友好关系或者成为朋友（至少在开始阶段应如此）。所以销售人员要注意倾听客户的需求，制订严格的工作计划与日程表，提供事实性结论，让他们参考自己提供的建议做出决策。

2. 表现型客户

表现型客户性格外向，注重情感而非事实，追求成就感，具有独立性与决策力。他们认为平易型销售人员友善且乐于助人，但是对其过于谨慎的工作风格与缺乏竞争的态度不太认可。在与这类客户沟通时，销售人员要敢于提出自己的独特见解，如有必要还可以寻求外援，以获得权威的支持。

3. 平易型客户

平易型客户具有安静、友好、谦让、助人、敏感且开放的特点，但有时会显得有些害羞与犹豫不决，生怕伤害他人而过于谨慎。与这类客户沟通时，销售人员需要有坚定的信念，有时甚至可以用稍微强硬的方式（可以软硬兼施）促使对方做出决定。

4. 分析型客户

分析型客户往往谨小慎微，安静并喜欢独处，逻辑性强，但是做事过于按部就班，显得拘谨保守，故步自封。与这类客户沟通时，销售人员需要保持冷静，不要太情绪化，要讲究数据与事实，通过专业化能力与自信的表现赢得对方的尊重，而不能仅仅依靠情感来维系客户关系（因为这一招对分析型客户而言往往会失灵）。

（四）分析型风格的销售人员与不同类型客户的沟通

1. 驾驭型客户

驾驭型客户往往认为分析型销售人员讲究逻辑与准确性，做事喜欢按部就班，知识丰富，但是缺乏想象力与决策力，因而往往对其缺乏冒险精神而显得不屑一顾。与这类客户沟通时，销售人员需要将各种事实用不同的方式表达出来，无论是做产品展示还是做技术简报，都一定要简洁明了。

2. 表现型客户

表现型客户性格外向，注重情感而非事实，讲究观点而非数据。他们往往认为分析型销售人员对事实与数据过于吹毛求疵，缺乏人情味，对他人的情感无动于衷而显得过于冷漠。为了拉近与这类客户的距离，销售人员要尝试从情感上与其建立关系，利用非正式的交流，坦诚相见，满足他们交友与获得认同的需要，从而达成交易。

3. 平易型客户

平易型客户具有合作精神，表达准确，做事耐心，有时显得保守。他们可能会认为分析型销售人员缺少温馨与密切的人际关系，过分依赖数据与事实。与这类客户沟通时，销售人员需要表现出对他们的兴趣，利用自己推理与数据分析方面的特长，帮助这类客户做好资金预算。

4. 分析型客户

分析型客户擅长思考，喜欢安静，追求独立，看重事实与数据，做事严谨而有条理，但同样显得保守与刻板，甚至会为了一个数据而迟迟不肯做出决策。与这类客户沟通时，要让对方知道最后期限的重要性，更要让对方懂得："该出手时就出手"，否则往往会因过于追求完美而错失良机。

三、销售沟通中的障碍与润滑剂

（一）销售沟通中的障碍

信息交流障碍，是指信息在传递过程中出现的噪声、失真或中断现象。造成信息交流障碍的，不仅有传送者的因素，也有接收者的因素。

1. 传送者的因素

（1）目的不明。若传送者对自己将要传递的信息内容、交流目的缺乏真正的理解，即不清楚自己到底要向对方倾诉什么或阐明什么，那么信息交流的第一步便碰到了无法逾越的障碍。因此，销售人员或者客户在信息交流之前必须有一个明确的目的，即"我要通过什么方式向谁传递什么信息并达到什么目的"。

（2）表达模糊。销售人员无论是做口头陈述还是书面报告，都要表达清楚，使人心领神会、一目了然。若口齿不清、语无伦次、辞不达意、文理不通，就会产生"噪声"并造成信息传递失真，从而使客户无法了解自己所要传递的真实信息。

（3）选择失误。若销售人员对传送信息的时机把握不准，缺乏审时度势的能力，就会大大降低信息交流的价值。若选择信息交流通道失误，则会使信息传递受阻或延误传递时机。若选择目标客户失误，则会经常造成要么"对牛弹琴"，要么自讨没趣的局面，直接影响信息交流的效果。

（4）形式不当。当销售人员使用语言和非语言（如手势、表情、身姿等）形式表达同样的信息时，一定要相互协调，否则会使人"丈二和尚摸不着头脑"。当销售人员要传递一些紧急信息时，若不采用电话、传真或网络等现代化的快速通道，而是通过邮寄的方式，就会耽误时间，达不到预期目的。

2. 接收者的因素

（1）过度加工。接收者在信息交流过程中，有时会按照自己的主观意愿，对信息进行"过滤"或"添加"，使得所传递的信息被断章取义或面目全非，从而导致信息模糊或失真。

（2）知觉偏差。人们在信息交流或相互沟通中，总习惯于以自己的感受为标准，对不利于自己的信息视而不见甚至颠倒黑白，以达到自我防御的目的。无论是销售人员还是客户，双方在个性特点、认知水平、价值标准、权力地位、社会阶层、文化修养、智商和情商等方面均存在差异，这会直接影响接收者对信息的正确认识。

（3）心理障碍。有些客户由于在沟通过程中曾经受到过伤害或有过不良的情感体验，因而产生了“一朝遭蛇咬，十年怕井绳”的心理定势，对销售人员心存疑惑、怀有敌意；或者由于内心恐惧、忐忑不安，从而拒绝接收所传递的信息甚至不愿意参与信息交流。

（4）思想差异。由于一些客户与销售人员在认知水平、价值标准和思维方式方面存在差异，有时销售人员苦口婆心、不厌其烦地讲解，往往换来的却是“对牛弹琴”的局面，甚至还会造成双方的隔阂或误解，或引发冲突，从而导致信息交流的中断以及人际关系的破裂。

（二）提高信息交流效率的途径

（1）选择合适的沟通风格和方式。销售人员应根据时间、空间以及情景变化，选择合适的信息交流方式；针对不同的信息内容、传递对象，采取特定的沟通类型，以提高人际沟通和信息交流的效率。

（2）提高传送者的表达能力。通过教育与培训，使销售人员能以积极主动的态度、良好的心理素质和表达能力，将有关思想、观点、情感、产品与服务等信息准确、全面、及时地传递出去。

（3）强化接收者的反馈能力。强化接收者的反馈能力不仅包括改善接收者的感知能力和理解能力，从而准确、全面地接收信息，还包括接收者学会利用反馈表明或强化自己的观点和接受的程度，若不能及时反馈就会造成误解和沟通障碍。

（4）保持交流通道的畅通。可以从“软件”和“硬件”两个方面入手。要营造一种良好的文化氛围，导入民主协商的对话机制，杜绝官僚主义，减少中间环节，使得销售人员与客户的沟通畅通无阻，并且可以防止信息失真和噪声干扰。

（三）销售沟通中的润滑剂

积极交流不仅仅是解决问题的过程，而且是销售人员将企业的理念与价值观、产品与服务、观点与情感向客户传递，将企业的决策、战略等向客户宣传的过程，以此增强销售人员与客户之间的了解、信任与合作。销售人员若能在积极交流中增加一些“润滑剂”，就会使信息交流变得更加顺畅。

（1）赞赏。赞赏是人际沟通中风险最小、最易掌握的一种技巧，销售人员应该学会赞赏他人。首先，要从追寻客户行为中的积极因素入手；其次，要懂得让对方知道其行为使你感到愉快；最后，要注意正确使用赞赏用语，千万不能弄巧成拙或画蛇添足。

（2）幽默。在人际沟通中，幽默表现为运用机智、诙谐、含蓄的语言使人发笑、令人回味，从而营造一种良好的交流氛围。幽默不仅能让人感觉温和、委婉，而且还能缓解大家的紧张情绪，帮助人们达到积极交流和人际沟通的目的。在沟通中，销售人员切忌“油嘴滑舌”和不顾交往情景地过度“幽默”。

（3）委婉。说话委婉，可以给人以文明和高雅的感觉，反映了一个人的文化修养和内在素质。同时，说话委婉，可以使人避免陷入“一言既出，驷马难追”的困境。销售人员说话委婉，往往会给人以平等待人、平易近人而不是居高临下、盛气凌人的感觉。

（4）寒暄。寒暄就是人们见面时通常互致的问候。寒暄有时没有特定的意义，但在人际沟通中却是一种不可或缺的交流技巧。寒暄有时看起来是没话找话，但它不仅会启动交流，使陌生人相互认识，而且会使不熟悉的人逐渐变得熟悉起来，为生硬、单调的交往情景增添活跃的气氛。

销售人员应该每逢客户生日或者节假日给客户发送短信、微信或电子邮件以示祝贺，从而达到与客户拉近关系、增进感情的目的。

知识营

客户满意

客户满意是客户对企业产品和服务的直接性综合评价，是客户对企业、产品、服务和员工的认可。

客户满意的内容，包括产品满意、服务满意和社会满意三个层次。

提高客户满意度的途径有：根据服务质量的特性建立和实施面向客户的服务质量承诺、客户服务和服务补救。

建议读者通过网络百科“客户满意”词条做进一步了解。

案例链接

千方百计满足客户的“高难需求”

据河北新闻网 2018 年 9 月 12 日报道（通讯员：田海霞）2018 年以来，河北钢铁集团承钢公司（以下简称“河钢承钢”）以技术创新为引领，集结产线智力破解产品升级难题，满足客户“高难需求”，全面提升产品品质，赢得了高端客户的认可。

9 月，河钢承钢工程机械用钢大客户经理张海洋给团队成员带来了一个令人振奋的消息：“我们生产的含钒工程机械钢 S700MC 顺利通过了西南地区一家大型工程集团的资质审核，双方签订了长期直供协议。”

该终端大客户在大型工程机械制造领域名列前茅。为满足高海拔地区工程建设的工程用车需求，需要对重型混凝土搅拌车的筒体和叶片进行改款升级。由于对钢材的韧性、抗冲击性、耐腐蚀性有极高要求，而且产品必须满足轻量化需求，多家企业对此望而却步。

8 月初，张海洋和他的技术团队在与该客户深入对接过程中，了解到客户需求，当即表示河钢承钢含钒产品可以满足其要求。客户抱着试试看的想法，提出了 400 吨首批订单。张海洋火速赶回生产线，和他的团队成员展开攻关。凭借扎实的功底和近年来对前沿技术的研究，张海洋及其技术团队提出了改善韧性和提高强度的生产工艺方案。最终，这个高难度订单产品顺利下线。

张海洋带着产品来到客户生产线。在产品试用期间，他不但提供了深加工方案，而且还在提升产品抗疲劳性能方面提供了解决办法。经过检验，产品的各项性能完全满足了客户的个性化需求。河钢承钢的含钒优质工程机械用钢得到了客户的高度认可。

思考与讨论

1. 案例中的大型工程集团为什么能和河钢承钢签订长期直供协议？
2. 请谈谈案例中张海洋和他的技术团队是如何让客户满意的。

知识巩固与实践训练

一、判断题

1. 在与客户进行语言交流时，使用简单易懂的措辞很重要。（　　）
2. 与客户进行良好的视线接触很重要。（　　）

3. 即使在遇事不顺时，也应该对客户持积极的态度。(　　)

4. 当客户已经花了较长时间等候服务时，你应该微笑着感谢客户的等候，同时加快服务速度。(　　)

5. 大多数人仅要求能提供快速服务，而对是否被重视几乎没有要求。(　　)

6. 信息反馈对做好工作，与客户进行有效交流没有用处。(　　)

7. 正确地观察客户并不会为你和公司带来更多的收益。(　　)

8. 为了满足客户的需求，与客户进行的信息沟通比在同事之间进行的信息沟通更重要。(　　)

9. 和气地接受并处理任何抱怨和问题对推销员来说很重要。(　　)

10. 面对难伺候的客户时，应该保持平静，认真倾听对方所说的话，并针对问题而不是针对人，想办法满足客户的需求。(　　)

二、单项选择

下面假设了几种情况，请你做出相应选择。

1. 你正在接待一位新顾客，并准备向他问一些问题，顾客似乎也没什么特定的需要，只是想随便看一看。突然电话响起，是一位顾客致电咨询店里的一件货品。此时，你应(　　)。

A. 向来电的顾客表示你会稍后复电，然后继续向店里的顾客发问

B. 请来电的顾客稍等，然后看看店里的顾客现在是否需要服务

C. 马上接待来电的顾客，让店里的顾客先自行浏览货品

2. 你正在给顾客结账，后面还有几位顾客在等着付款。这时电话响起，来电者说：“我要买一份生日礼物，是好孩子牌 230 型童车，今晚送给孩子，但我今天很忙，不知你可否替我看看店里有没有货，有的话，我再开车来取。”此时，你应(　　)。

A. 请来电的顾客稍等，当你为现在那位顾客结账完毕后，便马上为来电的顾客查看她想要的货品

B. 向来电的顾客解释，你正在为其他顾客服务，稍后会给她复电。你要暂停手头的工作，记下她的名字和电话号码

C. 停下手头的工作，马上为来电的顾客查看货品，因为所需时间不长，并且她听来有些心急

3. 你在接待的一位顾客，在店里已经花了很长一段时间，比较了不同的商品，又查询了一件贵重商品，此时电话响起，来电者想知道报纸广告上列出的一件减价商品还有没有货。此时，你应(　　)。

A. 告诉他，等你接待完现在这位顾客，就会马上去查看减价商品是否有货，并给他复电

B. 请来电的顾客稍等，然后马上去查看减价商品的库存情况，并向店里正在接待的那位顾客表示自己很快便会继续为他服务

C. 专心为来电的顾客服务，店里那位顾客已经占用你太多的时间了

三、案例分析

曾宪玉的“曾医生病患群”

据《现代健康报》2017 年 7 月 11 日报道(记者：刘璇)2015 年 9 月，武汉市第一医院皮肤科门诊部副主任医师曾宪玉建立了“曾医生病患群”。几年来，先后入群的病患有 350 多人。按规矩，痊愈的病友应自觉退群，新病友会随时加进来，目前保持着 130 多人的“动态平衡”。每次有病人加微信的时候，曾宪玉都会告诉对方，上班时间没办法及时回复，有空时一定会回复，当天的疑问当天解答。对于有些不方便在群里上传照片的病友，曾宪玉会选择加私信，一对一地与其进行沟通。曾宪玉更多地感受到，建群后医生跟踪患者的沟通更方便了，治疗效率也因沟通的便捷性而大大提高。

2015 年 5 月，不玩微信的曾宪玉到北京跟随中医专家冯世纶学习，她所在的小组一共有六个人。其间，

治疗一个怀孕 7 个月孕妇的经历，改变了她对微信的看法。为了及时了解病情发展、追踪治疗效果，小组六名年轻医生都加了这个孕妇和她老公的微信，并组建了一个群。这是曾宪玉第一次使用微信。

“今天感觉怎么样？”“体温还高吗？”“调药方后有没有哪里不舒服？”……每天，大家都会在微信群里仔细询问孕妇的用药感受。吃了三周的中药，这位孕妇终于退烧了，一个月后顺产生下一个健康的大胖小子。她老公还特意录下了宝宝的视频，上传到群里报喜。

曾宪玉由此发现，微信不仅可以方便病人及时反馈用药感受，也方便医生随时调整药方，这种互动式体验让她很受触动。当年 9 月回武汉后，她在微信上建起了“曾医生病患群”。“我花几分钟解答病人的疑惑，就能避免病人来回跑医院的麻烦。”曾宪玉觉得，互联网让人际沟通如此便利，何不好好用在病人身上？

“医患矛盾多源于沟通不畅。”虽然牺牲了很多休息时间，但曾宪玉从来都没有觉得这是对生活的一种打扰：“只要多站在病人角度着想，就不会觉得麻烦。看到病人在我的指导下痊愈，我会非常开心。”

本例原文

思考与讨论

1. 谈谈你对曾宪玉医生创建病友群的看法。
2. 你从本案例中得到了什么启示？

四、课外实践训练

如果我是客户……

做法：要了解有效接待的重要性，其中一个方法是可以以客户的身份到一家服务性企业（比如去一家银行），然后在那里留意客户服务人员（通常是大堂经理）是如何接待我们的。

根据课外实践回答第一栏的问题，记下你的感受。然后，在第二栏写下你的意见，讲出如果是你，你会怎样做。

当时的情形/你的感受	如果与客户服务人员交换身份，你会怎样做
进入营业厅后，等了多久才有服务人员来接待你？	
服务人员是如何和你打招呼的？他们说了些什么？	
服务人员有没有试图与你谈话？如果有，采用的是什么方式？	
服务人员有没有称赞你很懂金融知识，让你觉得自己是专家？	
服务人员有没有说什么，让你觉得他了解你的需要？如果有，是什么内容？	
服务人员的态度是否让你觉得舒服？为什么？	

自我认知

销售能力测试

下面的销售能力测试题，应在三分钟内完成。计分方法和得分解析可参阅附录“自我认知参考意见”。

1. 假如客户向你询问产品的有关问题，而你不知道如何回答，你将（　　）。
   A. 以你认为对的答案，用好像了解的样子来回答
   B. 承认你缺乏这方面的知识，然后去找正确答案
   C. 答应将问题转呈给业务经理
   D. 给他一个听起来很好的答案

2. 当客户正在说话，而且很明显说错时，你会（ ）。
A. 打断他的话并予以纠正
B. 继续聆听，然后换个话题
C. 继续聆听并指出错误之处
D. 采用反问的方式使他自己发觉错误
3. 在开发客户时，假如你觉得有点泄气，你会（ ）。
A. 请一天假不去想公事
B. 强迫自己更卖力地去想办法
C. 尽量减少拜访
D. 请业务经理和你一道去拜访
4. 对于一个经常让你吃闭门羹的客户，你会（ ）。
A. 不必经常去拜访
B. 根本不去拜访他
C. 经常去拜访并试图改善这种情况
D. 请业务经理换人试试
5. 碰到对方说“你的价格太贵了”，你会（ ）。
A. 同意他的说法，然后改变话题
B. 先同意他的看法，然后给出理由
C. 不理会客户的说法
D. 强有力地进行辩解
6. 对于客户提出的相反意见，你会（ ）。
A. 保持沉默不予回应
B. 变换话题，并继续促销
C. 继续举证，以支持你的观点
D. 同意他的看法，不作反驳
7. 当你进入客户的办公室时，他正好在阅读，他一边阅读，一边听你说话，那么你会（ ）。
A. 开始你的销售说明
B. 向他说你可以等他阅读完了再开始
C. 请求换一个合适的时间再拜访
D. 请求对方专注聆听
8. 你想用电话与一位客户约定拜访时间，但接电话的是客户的秘书，这时你会（ ）。
A. 告诉她你希望和客户商谈
B. 告诉她这是私事
C. 向她解释你的拜访将带给客户莫大的好处
D. 告诉她你希望同客户谈谈你的产品
9. 面对一个激进型客户，你会（ ）。
A. 比较客气
B. 非常客气
C. 证明他错了
D. 恭维他
10. 对付一位悲观的客户，你会（ ）。
A. 说些乐观的事
B. 对他的悲观想法一笑了之
C. 告诉他他的悲观想法是错误的
D. 引述事实并指出你的论点是完美的
11. 在销售印刷品视觉辅助工具时，你会（ ）。
A. 在他阅读时，解释产品特点
B. 先销售视觉辅助工具，然后把重点告诉他
C. 把辅助工具留给他，让他自己在阅读时试用
D. 希望他能现场试用
12. 客户告诉你，他正在考虑竞争者的产品，在他征求你对竞争产品的意见时，你会（ ）。
A. 指出竞争产品的不足
B. 称赞竞争产品的优点
C. 表示了解他人的产品，然后继续推销自己的产品
D. 开个玩笑以引开话题
13. 当客户有购买意向表示时，如他问“什么时候可以送货”，你应该（ ）。
A. 告诉他送货时间，然后继续介绍产品特点
B. 告诉他送货时间，并请求签下订单
C. 告诉他送货时间，并询问他还有什么问题
D. 告诉他送货时间，并等候客户的下一反应
14. 当客户有怨言时，你会（ ）。
A. 打断他的话，并指出其错误之处

B. 注意聆听，虽然你认为自己公司错了，但有责任予以否认

C. 同意他的说法，并将错误归咎于你的业务经理

D. 注意聆听，判断其怨言是否合理，如不合理，则立即纠正

15. 假如客户要求打折，你会（　　）。

A. 答应回去后向业务经理请示

B. 告诉他没有任何折扣了

C. 解释公司的折扣规定，然后尽力向其介绍产品的优点

D. 不予理会

16. 当零售店对你说“这种产品销售不好”时，你会（　　）。

A. 告诉他其他零售店销售成功的实例　　B. 告诉他产品应该按照正确的方式陈列

C. 极力否认　　D. 向他询问销路不好的原因，必要时将货取回

17. 在获得客户订单后，你会（　　）。

A. 高兴地感谢他后才离开

B. 和他略为交谈其爱好

C. 谢谢他并恭喜他的决定，再扼要地强调一下产品的一些特征

D. 请他到附近的酒店去喝一杯

18. 在开始介绍产品之前，你会（　　）。

A. 试图去发觉对方的嗜好，并交换意见

B. 谈谈天气

C. 谈论今早的新闻

D. 尽快谈些你拜访他的理由，并说明他可获得的好处

19. 以下情况中，（　　）是销售员充分利用时间进行学习的时机。

A. 更新客户资料时　　B. 跟客户聊天时

C. 在参加销售部门的会议时　　D. 和同事聊天时

20. 当你的客户被第三方打扰时，你会（　　）。

A. 继续销售不予理会　　B. 停止销售并与客户另行约定时间

C. 建议第三方在其他时间再来拜访　　D. 请客户去喝一杯咖啡以避开第三方的打扰

附　录 Appendix　自我认知参考意见

第一章　我们生活在社会关系中

人际关系综合诊断量表得分解析

0～8 分：说明受测者善于交谈，性格开朗，主动关心别人，对周围朋友很好，愿意与他们在一起，彼此相处得不错。

9～14 分：说明受测者与朋友相处有一定的困扰，人缘一般，与朋友的关系时好时坏，经常处于起伏变化之中。

15～28 分：说明受测者在与朋友相处时存在严重困扰。若超过 20 分，则表明人际关系行为困扰程度很严重，而且在心理上有较为明显的障碍：受测者可能不善交谈，也可能性格孤僻，不开朗，或者有明显的自高自大、讨人嫌的行为。

人际关系综合诊断量表分项得分解析及行为纠正方法

下面根据表 1.1 中各个小栏上的得分，具体说明受测者与朋友相处的困扰行为及其纠正方法。

1. 记分表Ⅰ栏

记分表Ⅰ栏上的小计分数，显示出受测者在交谈方面的困扰程度。

5 分（不含 5 分，下同）以上：说明受测者不善交谈，只有在极需要的情况下才同别人交谈，无论是愉快还是烦恼，都难以表达自己的感受；受测者不是个很好的倾听者，往往无法专心听别人说话或只对个别话题感兴趣。

3～5 分：说明受测者的交谈能力一般，能够诉说自己的感受，但不能讲得条理清晰。如果受测者与对方不太熟悉，开始时往往表现得比较拘谨与沉默，不太愿意与对方交谈，但这种状况一般不会持续太久。经过一段时间的接触，受测者可能会主动与人搭话，这方面的困扰就会随之减轻或消除。

0～2 分：说明受测者有较高的交谈能力和技巧，善于利用恰当的说话方式来交流思想感情，因而在与别人建立友情方面，往往更容易获得成功。

2. 记分表Ⅱ栏

记分表Ⅱ栏上的小计分数，显示出受测者在交际与交友方面的困扰程度。

5 分以上：说明受测者在社交活动与交友方面存在严重的行为困扰。例如，在正常集体活动与社交场合，比大多数同伴更为拘谨；当有陌生人或老师在场时，往往感到更加紧张；往往过多考虑自己的形象，从而使自己越来越多地处于被动和孤立的境地。

3～5 分：说明受测者在社交与交友方面存在一定的困扰。受测者不喜欢一个人待着，需要有朋友相伴，但不善于创造条件并积极主动地寻找知心朋友。

0～2 分：说明受测者对人较为真诚和热情，不存在人际交往困扰。

3. 记分表Ⅲ栏

记分表Ⅲ栏上的小计分数，显示出受测者在待人接物方面的困扰程度。

5 分以上：说明受测者缺乏待人接物的机智与技巧。在实际的人际交往中，受测者也许会有意无意地伤害别人，或者过分羡慕别人以致在内心嫉妒别人。因此，可能受到别人的漠视、排斥，甚至愚弄。

3～5 分：说明受测者具有多面性，也许是一个较圆滑的人。对待不同的人，受测者有不同的态度；而不同的人，对受测者也有不同的评价。受测者可能会讨厌某人或者被某人讨厌，抑或非常喜欢一个人或者被另一个人喜欢。受测者的朋友关系在某些方面是和谐的、良好的，在某些方面又确实是紧张的、恶劣的。因此，受测者的情绪很不稳定，内心极不平衡，常常处于矛盾状态。

0～2 分：说明受测者较尊重别人，敢于承担责任，对环境的适应性强。受测者常常以自己的真诚、宽容、责任心强等个性特点，获得众人的好感与赞同。

4. 记分表Ⅳ栏

记分表Ⅳ栏上的小计分数，显示出受测者与异性朋友交往的困扰程度。

4 分以上：说明受测者在与异性交往的过程中存在较为严重的困扰。也许受测者对异性过分思慕，或者对异性持有偏见，这两种态度都有片面之处。当然，也许是不知如何把握好与异性交往的分寸而使自己陷入困扰之中。

3～4 分：说明受测者与异性交往的行为困扰程度一般。有时受测者可能觉得与异性交往是一件愉快的事，有时又可能觉得这种交往似乎是一种负担，不知道如何与异性交往最适宜。

0～2 分：说明受测者知道如何正确处理与异性朋友之间的关系。受测者对异性朋友持公正的态度，能大方自然地与他们交往，并且在与异性朋友的交往中，得到了许多从同性朋友那里得不到的东西。受测者可能是一个比较受欢迎的人，无论是同性朋友还是异性朋友，大多数人都比较喜欢和赞赏受测者。

第二章　人际交往从认识自我和他人开始

自我认知测试得分解析

179 分以上：意志力强，头脑冷静，有较强的领导欲，事业心强，不达目的决不罢休。外表和善，内心孤傲，对有利于自己的人际关系比较看重，有时显得性格急躁，咄咄逼人，得理不饶人，对不利于自己的人际关系积极想办法改善，不轻易认输。思维较理性，对爱情和婚姻的看法很现实。对金钱的欲望一般。

140～179 分：聪明，性格活泼，人缘好，善于交朋友，心机较深。事业心强，渴望成功。思维较理性，崇尚爱情，但当爱情与婚姻发生冲突时，会选择有利于自己的婚姻。对金钱的欲望强烈。

100～139 分：爱幻想，思维较感性，以是否与自己投缘为标准来选择朋友。性格较孤傲倔强，有时较急躁，有时又优柔寡断。事业心较强，喜欢从事有创造性的工作，不喜欢按常规办事。言语犀利，不善于妥协。崇尚浪漫的爱情，但想法往往不切实际。对金钱的欲望一般。

70～99 分：好奇心强，喜欢冒险，人缘较好。事业心一般，对待工作，随遇而安，善于妥协。善于发现有趣的事情，但耐心较差；敢于冒险。渴望浪漫的爱情，但对婚姻的要求比较现实。不善于理财。

40～69 分：性情温良，重友谊，踏实稳重，但有时也比较狡黠。事业心一般，能认真对待本职工作，但对自己专业以外的事情没有太大兴趣，喜欢有规律的工作和生活，不喜欢冒险，家庭观念强。比较善于理财。

40 分以下：散漫，爱玩，富于幻想。聪明机灵，待人热情，爱交朋友，但对朋友没有严格的选择标准。事业心较差，更乐于享受生活，意志力和耐心都较差，我行我素。有较好的异性缘，但对爱情不够认真，容易妥协。没有理财观念。

第三章　我们周围的人际关系

处世能力测试得分解析

统计你所圈各个字母的次数，找出自己选择次数最多的字母代号。

选择答案 A 的次数最多，说明处世态度过于消极，凡事与世无争，实际上心中并不一定服气，对任何有争论性的事都不愿意表态，希望他人做决定或承担责任。当人们了解你的时候，也许会同情你，但以后又会对你产生反感。

选择答案 B 的次数最多，说明处世能力较差，不善于待人接物，往往属于好斗型性格，遇到不顺心的事容易暴跳如雷，甚至粗鲁地骂人。从表面来看，你也许能占得上风，其实却得不到他人的尊重，还会使人们憎恶、害怕或疏远你。

选择答案 C 的次数最多，说明你具有一定的处世所需要的克制能力，能把怨气和不满的情绪隐藏起来，比前面两种人更善于处理人与人之间的关系，只是有时为人不够真诚坦率，会让人感到你比较虚伪，或让人不能完全理解你。

选择答案 D 的次数最多，说明你有积极的处世态度，较强的克制能力，尊重他人，对人诚恳坦率，不喜欢虚假和装模作样，因此人们尊重你，愿意和你交往。

第四章　人们为什么会互相交流

情商简易测试得分解析

15 分以上：你对自己的能力很有信心，因此当处于情感边缘时，你不会被击垮。即使你在愤怒时，也能有效地自我控制，保持着彬彬有礼的君子风度。在控制情感方面，你是出类拔萃的，与他人相处得也很融洽。但是，你不要太依赖于社交技巧而忽视了成功所需的其他重要因素，如艰苦奋斗的作风和好的创意。

7～15 分：你虽意识到自己和他人的情感，但有时会忽视它，不明白这对你的幸福是多么重要。你对下一步自身的提升和买一幢漂亮的房子等诸如此类事情的关心支配着你的生活。然而，无论实现多少物质目标，你仍然感到不满足。试着分析和理解你的情感，并且按照它去行动，你会更幸福。记住，人们可能会压制你，使你暂时消沉，但是你总是能够从挫折中吸取教训，重新创造你的优势。

7 分以下：你必须多一点对别人的关心，而少注重自己。你喜欢打破社会常规，并且不会介意通过疏远别人来获得自己想得到的东西。你可能在短期内就会取得一定成就，但人们不久就将开始抱怨你。控制住你易冲动的天性，不是以粗鲁的方式，而是试着去通过迎合他人来得到你想要的一切。如果你得分不高，不要沮丧。你要学会控制你的消极情绪，充分利用你的积极情绪。

第五章　人们怎样互相交流

沟通技能测试得分解析

10～20 分：因为你经常不能很好地表达自己的思想和情感，所以经常不被别人了解；许多事情本来是可以很好解决的，正是由于你采取了不恰当的方式，所以有时会把事情弄得越来越糟。但是，只要你学会控制好自己的情绪、改掉一些不良的习惯，就随时可能获得他人的理解和支持。

21～30 分：你懂得一定的社交礼仪，尊重他人；你能通过控制自己的情绪来表达自己，并能实现一定的沟通效果。但是，你缺乏高超的沟通技巧和积极的主动性，其实只要你继续努力，就可取得良好的沟通效果。

31～40 分：你很稳重，是控制自己情绪的高手，所以他人一般不会轻易知道你的底细；你能不动声色地表达自己，有很高的沟通技巧和人际交往能力；只要你能正确地意识到自己性格的不足，并努力进行优化，定能取得更好的沟通效果。

第六章　我们需要掌握的人际沟通技巧

表达能力简易测试得分解析

32 分以上：具有高度自我表达能力：非常善于自我表达，经常能适当、及时地表露自己的意见与感受。

25～32 分：具有中偏高度自我表达能力：大多数时候能表露自己的意见与感受，只是偶尔做不到。

16～24 分：具有中偏低度自我表达能力：偶尔能自我表达，但大多数时候不能表达自己的意见和感受。

16 分以下：具有低度自我表达能力：常自我否定，不能表露自己的意见与感受。

表达能力提升指导

如果得分偏低，那么可以在生活中学习自我表达的方法，以便有效地处理人际关系。以下是进行自我表达时可以参考的方法，概括为“坚定的原则与温和的态度”。

坚定的原则是指自我表达的内容一定要明确，不能模棱两可。一般来说，为了能够完整、准确地描述自己的意见，有效的自我表达通常可分成四个语意群：①描述情境；②表达情绪；③提出意见；④征询讨论。例如，如果图书馆内有人在大声说话，你可以这样对他讲：你们的声音太大了，我无法专心看书，我认为图书馆不是说话的地方，或者你们可以到外面去说话。这四句话分别实现了上述四种语意功能。

温和的态度是指自我表达的方式不能过于激烈，否则会使对方很难接受你的意见；当然也不能过于软弱，否则对方根本不会把你的言论放在心上。具体要注意的方面包括：目光温和的接触、脸部表情放松、语气坚定平稳、说话流利、保持适当距离。

第七章　初入职场——职场中的人际关系

职场能力简易测试计分方法

总是：4 分；经常：3 分；有时：2 分；很少：1 分；从不：0 分。

职场能力简易测试得分评价

72 分以上：工作情商良好。说明你目前的工作状态很好，工作起来很顺手，能够与同事和睦相处。当然，你可以做得更好，不妨再给自己一些压力，使自己的目标更高些，这样会有利于你的发展。可以说，你已经是一个合格的员工，应该再接再厉，保持良好的状态。

50～72 分：工作情商一般。你在工作中会存在一些缺陷，需要提高自身素养，迎头赶上。

50 分以下：工作情商比较低。你在工作中会存在许多问题，不妨与同事们多交流，多学习他人的长处，改善自己的不足。千万不要自暴自弃，工作情商是可以通过学习得到提高的。多珍惜学习的机会，你就可以成为一名很好的职员。

第八章　与同事沟通的技巧——伸出你的手

第一印象能力测评得分解析

0～22 分：第一印象差。也许你会感到吃惊，因为很可能你只是依着自己的习惯行事而已。你本心是很愿意给别人一个美好印象的，可是你的不经心、缺乏体贴或言语无趣，无形中为他人做出了关于你的错误的勾勒。必须记住交往是种艺术，而艺术是不能不修边幅的。

23～46 分：第一印象一般。你的表现中存在着某些令人愉快的成分，但同时又偶有不够精彩之处，这使得你不会给别人留下恶劣的印象，却也不会产生很强的吸引力。如果你希望提高自己的魅力，首先必须在心理上引起重视，努力在“交锋”的第一回合显示出最佳形象。

47～60 分：第一印象好。你的适度、温和、合作给第一次见到你的人留下了深刻的印象。无论对方是你工作范围抑或私人生活中的接触者，都会有与你进一步接触的愿望。你的问题在于只注意那些单向的对你“一见钟情”者。

第九章　与上司沟通的技巧——抬起你的头

与领导沟通的能力简易测评选项分值

一贯如此：3 分；经常如此：2 分；很少如此：1 分。

与领导沟通能力的简易测评得分解析

14～18 分：你能在工作中自觉运用沟通技巧，是一个非常受欢迎的人，上级很赏识你。

7～13 分：你已经掌握了很多沟通技巧，并已经尝试着在工作中运用。你的上级认为你是一个有潜力的人，但你还需不断加紧努力。

0～6 分：你应该抓紧时间学习和上级的沟通技巧，因为你现在和上级的关系不融洽。适当地改善沟通技巧，可以帮助你充分发挥自己的才能，去争取更为广阔的发展空间。

第十章　与下属沟通的技巧——打开你的心扉

领导能力测评选项分值

根本不符合、比较符合、符合、非常符合的分值依次为 1、2、3、4 分。

领导能力测评得分解析

30～56 分：领导素质较差。也许你非常想从事领导这一职务，但是你必须正视自身的不足，强烈建议你加强这方面的学习，一切可以重新开始。

57～83 分：领导素质一般。要想成为出色的领导者，就应该接受长期和系统的培训。

84～112 分：基本上具备领导者的素质。只是必须多学习别人优秀的地方，在理论和实践能力上更上一层楼。

113～140 分：具备一名优秀领导者的基本素质，只要坚持不断地学习，加强理论基础，就会成为成功的领导者。

你的得分是多少呢？你是否具备当领导的素质？如果你是一个没有控制欲的人，最好不要让自己成为一个领导者。

第十一章　与客户沟通的技巧——拿出你的真诚

销售能力测试评分标准及得分汇总表

题目序号	选项分值				得分	题目序号	选项分值				得分	题目序号	选项分值				得分
	A	B	C	D			A	B	C	D			A	B	C	D	
1	2	5	3	1		8	1	1	5	2		15	2	3	5	1	
2	1	3	5	2		9	5	1	1	1		16	1	1	5	2	
3	1	5	1	3		10	3	2	1	5		17	3	1	5	1	
4	1	1	5	3		11	1	5	1	1		18	3	1	1	5	
5	1	5	3	2		12	1	3	5	1		19	3	5	2	1	
6	2	1	2	5		13	1	3	5	1		20	1	2	5	3	
7	1	5	3	2		14	1	2	1	5							
得分合计																	

销售能力测试得分解析

100 分：专业销售员；

90～99 分：优秀销售员；

80～89 分：良好销售员；

70～79 分：一般销售员；

60～69 分：待训练销售员；

60 分以下：需要自问“我选择销售这个行业是对的吗？”

主要参考文献

[1] 陈企华. 2003. 怎样应对难相处的同事. 北京：中国纺织出版社.
[2] 程杰元，谷振红，张海燕. 2000. 管理沟通案例. 伊犁：伊犁人民出版社.
[3] 楚风. 2006. 性格与人际关系. 北京：中国纺织出版社.
[4] 戴晨志. 2003. 人际沟通高手. 上海：上海人民出版社.
[5] 杜慕群. 2009. 管理沟通. 北京：清华大学出版社.
[6] 弗洛伊德. 2011. 沟通的力量：成功人际交往 12 法. 李育辉，译. 北京：机械工业出版社.
[7] 韩健. 2010. 从平凡走向卓越. 北京：北京工业大学出版社.
[8] 胡巍. 2005. 管理沟通：案例 101. 济南：山东人民出版社.
[9] 勒德洛. 1999. 有效沟通. 李博，译. 北京：中信出版社.
[10] 李建军，俞慧霞. 2006. 与客户有效沟通的 N 个技巧. 北京：中国纺织出版社.
[11] 李谦. 2009. 现代沟通学. 北京：经济科学出版社.
[12] 李向峰. 2010. 从零开始学点管理学. 北京：中国纺织出版社.
[13] 李政权. 2007. 检修：管理者自我提升的必修课. 北京：中国经济出版社.
[14] 理查德·卡斯威尔. 2006. 性格影响力. 杨舒媛，译. 北京：东方出版社.
[15] 林志刚. 2004. 如何与上级沟通. 北京：北京大学出版社.
[16] 雷池. 2004，说话的艺术：把话说到心窝里. 北京：中国致公出版社.
[17] 刘爱华. 2004. 如何进行有效沟通. 北京：北京大学出版社.
[18] 刘珊. 2010. 卓有成效的自我管理. 北京：中国华侨出版社.
[19] 众行管理资讯研发中心. 2004. 有效的职场沟通. 海口：南海出版公司.
[20] 柳青，蓝天. 2006. 有效沟通技巧. 北京：中国社会科学出版社.
[21] 罗宾斯. 1997. 管理学. 4 版. 黄卫伟，译. 北京：中国人民大学出版社.
[22] 罗庆. 2012. 活用人际关系的力量. 北京：中国城市出版社.
[23] 牧之，张晓萍. 2010. 有效沟通大全集. 上海：立信会计出版社.
[24] 任彩维. 2003. 客户服务技巧. 广州：广东经济出版社.
[25] 桑德拉·黑贝尔斯，里查德·威沃尔. 2002. 有效沟通. 5 版. 李业昆，译. 北京：华夏出版社.
[26] 孙艺. 2004. 如何与下属沟通. 北京：北京大学出版社.
[27] 王超. 2012. 卓越员工自我管理. 北京：北京工业大学出版社.
[28] 王秀阁. 2010. 大学生人际交往理论与方法. 北京：人民出版社.
[29] 许晓青. 2013. 人际关系管理实务. 上海：复旦大学出版社.
[30] 阎观潮，张玉波. 2005. 职场起步：职场新人求职就业必备手册. 北京：机械工业出版社.
[31] 余世维. 2009. 有效沟通Ⅱ. 北京：北京大学出版社.
[32] 远望图书部. 2002. 职场中人应知应会. 武汉：武汉大学出版社.
[33] 约翰·阿代尔. 2008. 人际沟通. 燕清联合，译. 海口：海南出版社.
[34] 张超. 2012. 有效与客户沟通的 55 个技能. 北京：中国纺织出版社.
[35] 张丽俐，侯典牧. 2013. 客户心理与沟通. 北京：中国经济出版社.
[36] 张梅. 1999. 心理训练. 武汉：华中理工大学出版社.
[37] 赵浩. 2010. 一本书读懂说话的艺术. 北京：石油工业出版社.
[38] 众行管理资讯研发中心. 2002. 有效的沟通——沟通篇. 广州：广东经济出版社.

更新勘误表和配套资料索取示意图

说明 1：本书配套资料将不定期更新、完善并上传到人邮教育社区网站（www.ryjiaoyu.com）。

说明 2：在人邮教育社区网站注册后可直接下载本书配套学习资料。

说明 3：本书**教学用资料**仅供采用本书授课的教师（即学生订购本书的教师）下载，**教师身份**、**用书教师身份**需网站后台审批（参见示意图）。

说明 4：扫描二维码可查看本书现有的“更新勘误记录表”“意见建议记录表”。如您发现本书或配套资料中有需要更新、完善之处，望及时反馈，编辑和作者将尽快处理。

更新勘误及意见建议记录表

联系邮箱：13051901888@163.com

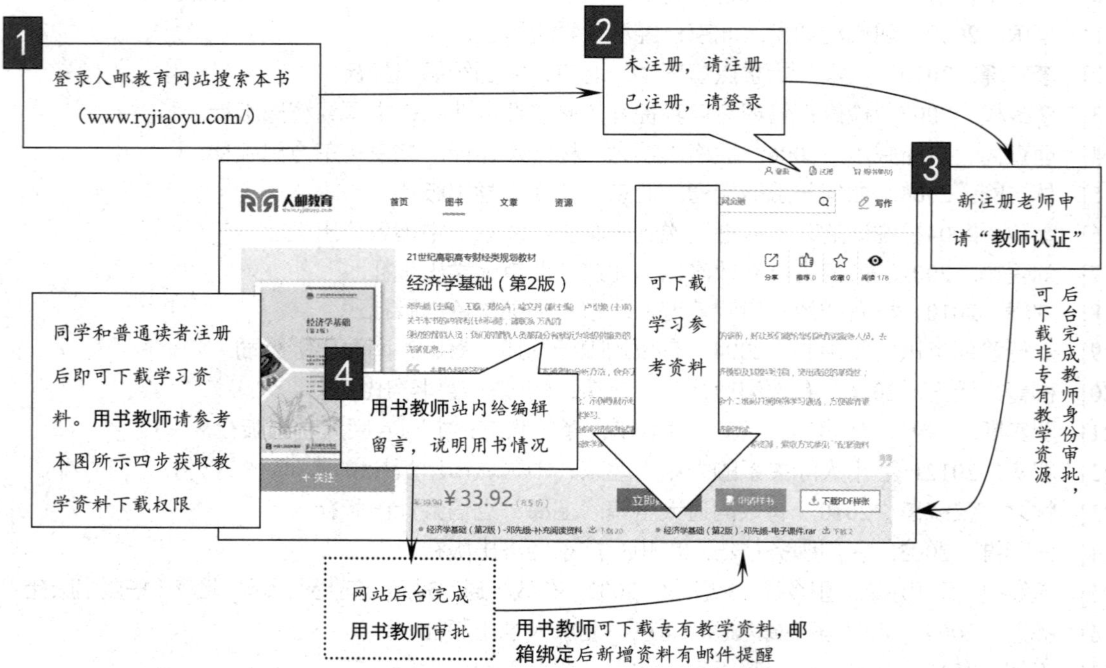